한국
남부발전

NCS기반 필기전형

한국남부발전
NCS기반 필기전형

초판 2쇄 발행	2022년 10월 5일
개정 2판 발행	2024년 4월 5일

편 저 자 | 취업적성연구소

발 행 처 | ㈜서원각

등록번호 | 1999-1A-107호

주   소 | 경기도 고양시 일산서구 덕산로 88-45(가좌동)

교재주문 | 031-923-2051

팩   스 | 031-923-3815

교재문의 | 카카오톡 플러스 친구[서원각]

홈페이지 | goseowon.com

PREFACE

우리나라 기업들은 1960년대 이후 현재까지 비약적인 발전을 이루었다. 이렇게 급속한 성장을 이룰 수 있었던 배경에는 우리나라 국민들의 근면성 및 도전정신이 있었다. 그러나 빠르게 변화하는 세계경제의 환경에 적응하기 위해서는 근면성과 도전정신 이외에 또 다른 성장 요인이 필요하다.

최근 많은 공사·공단에서는 기존의 직무 관련성에 대한 고려 없이 인·적성, 지식 중심으로 치러지던 필기전형을 탈피하고, 산업현장에서 직무를 수행하기 위해 요구되는 능력을 산업부문별·수준별로 체계화 및 표준화한 NCS를 기반으로 하여 채용공고 단계에서 제시되는 '직무 설명자료'상의 직업기초능력과 직무수행능력을 측정하기 위한 직업기초능력평가, 직무수행능력평가 등을 도입하고 있다.

한국남부발전에서도 업무에 필요한 역량 및 책임감과 적응력 등을 구비한 인재를 선발하기 위하여 고유의 NCS기반 필기전형을 치르고 있다. 본서는 한국남부발전 채용대비를 위한 필독서로 한국남부발전 NCS기반 필기전형(직무적합평가, 직무능력평가)의 출제경향을 철저히 분석하여 응시자들이 보다 쉽게 시험유형을 파악하고 효율적으로 대비할 수 있도록 구성하였다.

신념을 가지고 도전하는 사람은 반드시 그 꿈을 이룰 수 있습니다. 처음에 품은 신념과 열정이 취업 성공의 그 날까지 빛바래지 않도록 서원각이 수험생 여러분을 응원합니다.

STRUCTURE

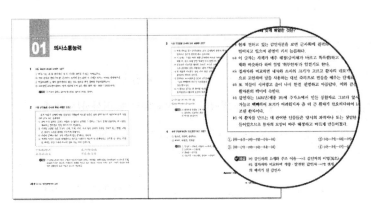

출제예상문제

적중률 높은 영역별 출제예상문제를 상세하고 꼼꼼한 해설과 함께 수록하여 학습 효율을 확실하게 높였습니다.

한국사 및 영어

한국사와 영어능력과 관련한 출제예상문제를 수록하였습니다.

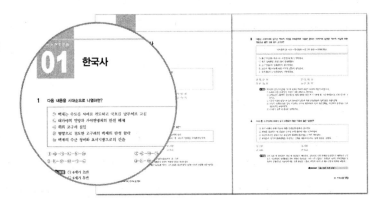

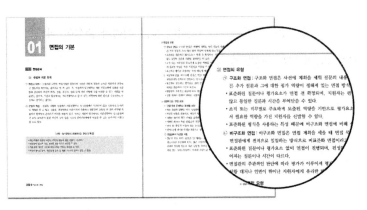

면접

면접기출을 수록하여 취업의 마무리까지 깔끔하게 책임집니다.

CONTENTS

01

기관소개
및 채용안내

CHAPTER

01 한국남부발전 소개

1 소개

한국남부발전은 탄소중립을 선도적으로 실천하는 에너지 공기업으로 깨끗하고 안정적인 전력공급과 국민신뢰를 위한 ESG 경영을 최우선의 가치로 두고 있다. 태양광, 풍력, 연료전지 등 신재생에너지와 친환경 LNG 전원의 확대를 통해 더욱더 깨끗한 에너지를 생산하고, 스마트발전소, 가상발전소 등 설비 디지털화와 수소 융·복합 사업개발을 통해 새로운 에너지 산업의 글로벌 스탠다드를 이끌어 나가기 위해 최선을 다하고 있다.

2 KKOSPO 2035 중장기 경영전략

미션	안전하고 깨끗한 에너지로 지속가능한 미래를 창출하여 국민 삶의 질 향상에 기여한다			
비전	친환경 에너지를 선도하는 국민기업			
핵심가치	도약	혁신	사람	개방
전략방향	성과지향 경영혁신	미래 에너지산업 주도	저탄소 발전체제 전환	지속가능경영 선도
2035 경영목표	• 부채비율 200% 미만 • KOSPO 혁신지수 A	• 신성장 매출액 3조 원 • 신성장 순이익 3,000억 원	• 노후석탄 LNG 전환 100% • 온실가스 감축률 55%	• 중대재해 사고 ZERO • 청렴도 1등급
전략과제	• 재무관리 안정성 강화 • 효율성 제고 관리체계 개편 • 디지털 기반 생산성 향상	• 대용량 중심 재생에너지 확대 • 해외 거점 개발 및 사업 다각화 • 수소산업 생태계 선도	• 화력사업 그린에너지 전환 • 설비 효율화 및 연료 믹스 최적화 • 친환경 종합감축 체계 구축	• 안전 최우선 경영 • 청렴·공정한 신뢰경영 선도 • 민간지원 협력강화

3 사업소개

(1) 신재생에너지

① **신인천 연료전지** ··· 세계 최대 규모 연료전지 발전소로써 19만 가구에 전력 공급, 3만 가구에 난방열 공급

② **삼척 소수력발전소** ··· 순환수 방류수를 사용하여 2개의 발전로 전기를 생산

③ **솔라시도 태양광 발전소** ··· 국내 최대 태양광 발전소. 지역주민 참여를 통한 수익공유로 지역경제 활성화에 기여

④ **정암 풍력 발전소** ··· 국산 저풍속 발전기 최초 적용한 국산풍력 4호 발전단지. 주변환경과의 조화를 통한 환경친화형 발전단지로서 환경 친화적 풍력발전단지의 롤모델로 평가받음

⑤ **남제주 바이오중유 발전소(#1, 2)** ··· 준공당시 설계연료는 벙커C유였으나 친환경 정책에 따라 1, 2호기 순차적으로 바이오중유 연료변경 시행

⑥ **성산ESS** ··· 제주지역 초초 상업용 풍력연계형 에너지 저장장치로써 풍력발전기의 불규칙한 출력을 양질의 전력으로 변환하여 공급

(2) 해외사업

IPP(Independent Power Producer)	• 칠레 Kelar 복합화력 • 칠레 PMGD 태양광 • 미국 Niles 복합화력 • 요르단 Tafila 풍력
Q&M(Operation&Maintenance)	• 요르단 Al Qatrana 복합화력
시운전(Commissioning)	• 말레이시아 풀라우인다 복합화력 • 파나마 가툰 복합화력

4 사업소

인간과 자연의 생명공동체를 구현

(1) 하동빛드림본부

- 설비용량 : 4,000ᴍᴡ, 발전방식 : 기력발전, 사용연료 : 유연탄
- 발전소 특징
- – 완벽한 환경오염 방지시설
- – 발전소 공원화 추진
- – 저렴한 발전원가 및 높은 열효율

(2) 신인천빛드림본부

- 설비용량 : 1,800ᴍᴡ, 발전방식 : 복합사이클, 사용연료 : LNG
- 발전소 특징
- – 대용량, 고성능 복합화력
- – 환경친화적 발전단지
- – 경인지역에 안정된 전력공급
- – 부하추종 운전으로 전기품질 향상
- – 일일기동, 정지 운전으로 전력계통 안정에 기여

(3) 부산빛드림본부

- 설비용량 : 1,800ᴍᴡ, 발전방식 : 복합사이클, 사용연료 : LNG
- 발전소 특징
- – 최첨단의 환경친화형 발전소
- – 세계 최초 회사장 부지 활용

(4) 남제주빛드림본부

- 남제주…설비용량 : 200ᴍᴡ, 발전방식 : 기력, 사용연료 : 중유
- 남제주 복합…설비용량 : 160ᴍᴡ, 발전방식 : 복합사이클, 사용연료 : LNG
- 한경풍력…설비용량 : 21ᴍᴡ, 발전방식 : 풍력
- 한림복합…설비용량 : 105ᴍᴡ, 발전방식 : 복합사이클, 사용연료 : LNG
- 성산풍력…설비용량 : 20ᴍᴡ, 발전방식 : 풍력
- 발전소 특징
- – 품질경영 ISO 9001, 환경경영 ISO 14001, 안전경영시스템 (KOSHA 18001, K-OSHMS 18001), 공간안전 인증사업소
- – 다기종 발전기 보유 (기력, 복합화력, 풍력)
- – 아시아 최대용량 풍력발전기 (3천 kW), 도내 최대용량 기력발전기(10만 kW)
- – 무재해 37년 사업소 (1981년 6월 이후)

(5) 영월빛드림본부

- 설비용량 : 848㎿, 발전방식 : 복합사이클, 사용연료 : LNG
- 발전소 특징 : 대용량, 고성능 복합화력

(6) 안동빛드림본부

- 설비용량 : 362㎿, 발전방식 : 일축형 복합사이클, 사용연료 : LNG
- 발전소 특징
- 親환경
- 高효율
- 창조文化 발전소

(7) 삼척빛드림본부

- 설비용량 : 2044㎿, 발전방식 : 기력, 사용연료 : 유연탄
- 발전소 특징
- 신기술
- 환경친화적 발전단지
- 경인지역에 안정된 전력공급

(8) 신세종빛드림건설본부

- 설비용량 : 전기 630㎿급＋열 340Gcal/h, 발전방식 : 열병합발전, 사용연료 : 액화 천연가스(LNG)
- 발전소 특징
- 친환경기술 적용 환경오염물질 최저 발전소 구현
- 친환경 집단에너지 보급을 통한 주민생활 편익 증진
- 도심형 맞춤 발전소 건설

채용안내

1 KOSPO 인재상

(1) 가치 창출에 앞장서는 실천인

차별화된 생각과 능동적 행동으로 기존 사업과 신규 사업에서 차이를 만들어내며(value-added) 새로운 가치를 창출하는 실행력을 갖춘 인재

(2) 디지털 혁신을 리드하는 도전인

현실에 안주하지 않고 4차 산업혁명의 경영환경 속에서 Digital Intelligence를 활용하여 발전사업과 조직문화의 변화를 이끄는 도전과 열정을 갖춘 인재

(3) 상생과 협력을 추구하는 소통인

세대 간의 다름(Difference)을 인정하고, 개방된 자세로 소통하며 선후배간의 협력과 사회 책임에 최선을 다하는 인재

2 복리후생

(1) 급여 및 복리후생

① 사택제공, 주택구입 및 임차자금 지원

② 수도권대학자녀 재경학사관 운영

③ 복리후생비지급 … 중고생학자금 보조비 등

④ 건강관리 … 직원 건강진단

⑤ 생활연수원 운영 ··· 속초, 수안보, 무주, 제주, 여름철 하계휴양소 운영

⑥ 사내근로복지기금 운영 ··· 경조금지급, 대학학자금 무이자 융자, 생활안정 자금 대출 지원 등

⑦ 선택적 복지제도 운영 ··· 개인별 기준포인트 범위 내에서 연간설계에 따라 자율적으로 선택

(2) 신규채용 결격사유

○ 우리 회사 인사관리규정 10조에 해당하는 자

- 피성년후견인 또는 피한정후견인

- 파산자(破産者)로서 복권되지 아니한 자

- 금고(禁錮) 이상의 형을 받고 그 집행이 종료되거나 집행을 받지 아니하기로 확정된 후 5년을 경과 하지 아니한 자

- 금고(禁錮) 이상의 형을 받고 그 집행유예기간이 만료된 날로부터 2년을 경과하지 아니한 자

- 금고(禁錮) 이상의 형의 선고유예를 받은 경우에 그 선고유예 기간 중에 있는 자

- 징계(懲戒)에 의하여 해임의 처분을 받은 때로부터 5년을 경과하지 아니한 자

- 법원의 판결 또는 법률에 의하여 자격이 상실 또는 정지된 자

- 불량한 소행의 사실이 있는 자(신원조회 결과 특이사항이 발견된 자 등) 또는 비위로 인한 면직사실 이 있는 자

- 병역기피의 사실이 있는 자

- 제9조의 규정에 따른 입사제출서류에 허위사실이 발견된 자

- 신체검사 결과 불합격으로 판정된 자 (채용 건강검진 결과로 대체하여 제출하였을 경우 업무수행이 불가능하다고 판단된 자)

- 「부패방지 및 국민권익위원회의 설치와 운영에 관한 법률」 제82조에 따른 비위면직자 등의 취업제 한 적용을 받는 자

- 공무원 또는 「공공기관의 운영에 관한 법률」에서 정한 공공기관에서 부정한 방법으로 채용된 사실 이 적발되어 채용 취소 처분을 받은 때로부터 5년이 지나지 아니한 자

- 「성폭력범죄의 처벌 등에 관한 특례법」 제2조에 규정된 죄를 범한 사람으로서 100만원 이상의 벌 금형을 선고받고 그 형이 확정된 후 3년이 지나지 아니한 자

- 미성년자에 대한 다음 각 목의 어느 하나에 해당하는 죄를 저질러 파면 · 해임되거나 형 또는 치료 감호를 선고받아 그 형 또는 치료감호가 확정된 자(집행유예를 선고받은 후 그 집행유예기간이 경 과한 자를 포함한다)

  가. 「성폭력범죄의 처벌 등에 관한 특례법」 제2조에 따른 성폭력범죄

  나. 「아동 · 청소년의 성보호에 관한 법률」 제2조 제2호에 따른 아동 · 청소년대상 성범죄

3 지원자격

(1) 공통

① 연령 ··· 제한없음(단, 회사 규정에 따른 정년(만 60세)을 넘지 않은 자)

② 외국어 ··· 제한없음

③ 병역

　㉠ `대졸수준-일반/장애/보훈, 별정직 : 군필 또는 면제(현역의 경우 최종합격자 발표일 이전에 전역 가능한 자)

　㉡ 고졸수준-일반 : 병역기피사실이 없는 자

④ 기타

　㉠ 우리 회사 인사관리규정 제10조 결격사유에 해당하지 않는 자

　㉡ 채용 직후 즉시 근무 가능한 자

　㉢ 자격 및 경력요건 구비시점 : 공고마감일(접수 마감일) 기준

(2) 학력 및 전공

① 대졸수준-일반/장애/보훈, 별정직 ··· 학력, 전공, 외국어 제한 없음

② 고졸수준-일반 ··· 최종학력이 '고등학교 졸업'인 자

　※ 전문대 · 대학 졸업자 또는 졸업예정자(최종학기를 이수 · 등록한 자) 지원불가
　※ 정해진 최종학기(4년제의 경우 8학기) 이수시 학점부족으로 졸업을 못하더라도 최종학기를 이수 · 등록하였다면 지원불가
　※ 입사일 전 최종학기를 이수 · 등록하는 자는 합격 제외
　※ 고졸학력만 제시하여 합격된 전문대 · 대학 졸업자 및 졸업예정자가 사후 적발된 경우에는 합격취소 및 해임

4 전형방법

(1) 지원서 접수 및 심사

직무능력기반 지원서 심사(장애, 보훈 전형 면제)

(2) 필기전형

신입(대졸수준-일반/장애/보훈, 고졸수준-일반)	별정직(후생담당원)
직무적합평가, 직무능력평가, 전공기초, 한국사 및 영어	NCS기반 선발평가(인성검사, 직무능력평가)시행

① 신입(대졸수준 - 일반/장애/보훈, 고졸수준)

ㄱ **인성평가** : 직무적합평가(인성) - E, F등급 부적합 (A~F 등급)

ㄴ **직무능력(100)**

직무능력평가(K-JAT) : 100점 만점 환산 ⋯ 직무수행(KOSPO 요구역량), 직업기초능력

ㄷ **전공기초(100)/대졸수준**

신입 (대졸수준-일반, 장애)	• 사무(100점, 각 50문항) : 2개 분야 중 택1 -법정분야 : 법학, 행정학 분야 지식 -상경분야 : 경제학, 회계학, 경영학 분야 지식 • 기술(100점, 50문항) : 지원분야 기사 수준
신입(대졸수준-보훈)	• 사무(100점, 50문항) -상경분야 : 경제학, 회계학, 경영학 분야 지식 • 기술(100점, 50문항) : 지원분야 기사 수준
신입(고졸수준-일반)	기술(기계, 전기/100점, 50문항) : 지원분야 기능사 수준

ㄹ **한국사, 영어(50)**

한국사	영어
객관식 20문항, 25점	객관식 20문항, 25점

ㅁ **과락기준** : 가점 제외 필기전형 합계점수가 전체배점(250점) 40% 미만 득점자

② 별정직

ㄱ **인성검사** : 직무적합성평가(인성) - E, F등급 부적합 (A~F 등급)

ㄴ **직무능력평가(K-JAT)** : 직무수행+직업기초능력 (100점 만점)

ㄷ 가점 제외 필기점수가 전체배점의 40% 미만 시 과락 처리

(3) 면접전형

신입(대졸수준-일반/장애/보훈, 고졸수준-일반)	별정직(보건관리원, 기술담당원)
• 1차 면접 : PT, GD, 실무역량, NCS직업기초능력 및 직무수행능력 검증 면접 • 2차 면접 : 인성 및 조직 적합성 평가	• 1차 면접 : NCS경험, 상황대응능력 검증 • 2차 면접 : 인성 및 조직 적합성 평가

(4) 합격예정자 결정

2, 3단계 전형 성적 합산하여 고득점자 순 1배수 선발

(5) 적부판정 및 최종합격

신체검사, 신원조회, 비위면직자 사전조회, 제출서류 진위여부 확인 후 최종합격자 발표

PART

02

직무적합평가(인성)

인성검사의 개요

1 허구성 척도의 질문을 파악한다.

인정성검사의 질문에는 허구성 척도를 측정하기 위한 질문이 숨어있음을 유념해야 한다. 예를 들어 '나는 지금까지 거짓말을 한 적이 없다.' '나는 한 번도 화를 낸 적이 없다.' '나는 남을 헐뜯거나 비난한 적이 한 번도 없다.' 이러한 질문이 있다고 가정해보자. 상식적으로 보통 누구나 태어나서 한번은 거짓말을 한 경험은 있을 것이며 화를 낸 경우도 있을 것이다. 또한 대부분의 구직자가 자신을 좋은 인상으로 포장하는 것도 자연스러운 일이다. 따라서 허구성을 측정하는 질문에 다소 거짓으로 '그렇다'라고 답하는 것은 전혀 문제가 되지 않는다. 하지만 지나치게 좋은 성격을 염두에 두고 허구성을 측정하는 질문에 전부 '그렇다'고 대답을 한다면 허구성 척도의 득점이 극단적으로 높아지며 이는 검사항목전체에서 구직자의 성격이나 특성이 반영되지 않았음을 나타내 불성실한 답변으로 신뢰성이 의심받게 되는 것이다. 다시 한 번 인성검사의 문항은 각 개인의 특성을 알아보고자 하는 것으로 절대적으로 옳거나 틀린 답이 없으므로 결과를 지나치게 의식하여 솔직하게 응답히지 않으면 과장 반응으로 분류될 수 있음을 기억하자!

2 대체로', '가끔' 등의 수식어를 확인한다.

'대체로', '종종', '가끔', '항상', '대개' 등의 수식어는 대부분의 인성검사에서 자주 등장한다. 이러한 수식어가 붙은 질문을 접했을 때 구직자들은 조금 고민하게 된다. 하지만 아직 답해야 할 질문들이 많음을 기억해야 한다. 다만, 앞에서 '가끔', '때때로'라는 수식어가 붙은 질문이 나온다면 뒤에는 '항상', '대체로'의 수식어가 붙은 내용은 똑같은 질문이 이어지는 경우가 많다. 따라서 자주 사용되는 수식어를 적절히 구분할 줄 알아야 한다.

3 | 솔직하게 있는 그대로 표현한다.

인성검사는 평범한 일상생활 내용들을 다룬 짧은 문장과 어떤 대상이나 일에 대한 선호를 선택하는 문장으로 구성되었으므로 평소에 자신이 생각한 바를 너무 골똘히 생각하지 말고 문제를 보는 순간 떠오른 것을 표현한다. 또한 간혹 반복되는 문제들이 출제되기 때문에 일관성 있게 답하지 않으면 감점될 수 있으므로 유의한다.

4 | 모든 문제를 신속하게 대답한다.

인성검사는 시간제한이 없는 것이 원칙이지만 기업체들은 일정한 시간제한을 두고 있다. 인성검사는 개인의 성격과 자질을 알아보기 위한 검사이기 때문에 정답이 없다. 다만, 기업체에서 바람직하게 생각하거나 기대되는 결과가 있을 뿐이다. 따라서 시간에 쫓겨서 대충 대답을 하는 것은 바람직하지 못하다.

5 | 자신의 성향과 사고방식을 미리 정리한다.

기업의 인재상을 기초로 하여 일관성, 신뢰성, 진실성 있는 답변을 염두에 두고 꼼꼼히 풀다보면 분명 시간의 촉박함을 느낄 것이다. 따라서 각각의 질문을 너무 골똘히 생각하거나 고민하지 말자. 대신 시험 전에 여유 있게 자신의 성향이나 사고방식에 대해 정리해보는 것이 필요하다.

6 | 마지막까지 집중해서 검사에 임한다.

장시간 진행되는 검사에 지칠 수 있으므로 마지막까지 집중해서 정확히 답할 수 있도록 해야 한다.

CHAPTER

02

인성검사 PART 1

※ 한국남부발전의 직무적합평가는 약 230문항으로 40분간 치러진다. 주어진 문장을 보고 자신의 생각이나 행동과 부합하는 정도를 고르거나, 여러 개의 문장 중 자신의 성향과 가장 가깝거나 먼 것을 고르는 유형 등으로 출제된다.

┃1~50┃ 다음 질문에 평소 자신이 생각하고 있는 것이나 행동하고 있는 것에 대해 아래에 주어진 응답요령에 따라 답하시오.

응답요령
- 응답 1 : 제시된 문항들을 읽은 다음 각각의 문항에 대해 본인이 동의하는 정도를 ①(전혀 그렇지 않다), ②(그렇지 않다), ③(보통이다), ④(그렇다), ⑤(매우 그렇다) 중 하나에 표기하면 된다.
- 응답 2 : 제시된 문항들을 비교하여 상대적으로 본인의 성격과 가장 가까운 문항 하나와 가장 거리가 먼 문항 하나를 선택하여야 한다.
- ※ 응답 2의 응답은 가깝다 1개, 멀다 1개, 무응답 2개이어야 한다.

1

문항	응답 I					응답 II	
	①	②	③	④	⑤	멀다	가깝다
(1) 나는 전기에 대한 과목을 좋아한다.							
(2) 나는 항상 식욕이 왕성하다.							
(3) 나는 교통법규를 잘 지키는 편이다.							
(4) 직업에는 귀천이 없다고 생각한다.							

2

문항	응답 I					응답 II	
	①	②	③	④	⑤	멀다	가깝다
(1) 나는 작은 소리에도 쉽게 잠에서 깬다.							
(2) 아버지는 좋은 사람이다.							
(3) 나는 범죄에 대한 기사를 읽는 것을 좋아한다.							
(4) 나의 손발은 항상 따뜻하다.							

3

문항	응답 I					응답 II	
	①	②	③	④	⑤	멀다	가깝다
(1) 나의 일상은 늘 흥미로운 일들로 가득 차 있다.							
(2) 나는 언제나 활력이 넘친다.							
(3) 나에게 시비를 거는 사람이 한 명도 없었다.							
(4) 변비로 고생한 적이 없다.							

4

문항	응답 I					응답 II	
	①	②	③	④	⑤	멀다	가깝다
(1) 상당한 긴장 속에서 하루하루를 살고 있다.							
(2) 입 밖으로 꺼낼 수 없는 나쁜 말을 가끔 한다.							
(3) 내 팔자는 사나운 것 같다.							
(4) 매스껍거나 구토를 가끔 경험한다.							

5

문항	응답 I					응답 II	
	①	②	③	④	⑤	멀다	가깝다
(1) 웃음을 참지 못한다.							
(2) 타인에게 나쁜 일을 당하면 반드시 보복해야 한다.							
(3) 가끔 집을 떠나고 싶다는 생각이 든다.							
(4) 나를 이해해주는 사람은 아무도 없는 것 같다.							

6

문항	응답 I					응답 II	
	①	②	③	④	⑤	멀다	가깝다
(1) 곤경에 처했을 때에는 입을 다물고 있는 것이 상책이다.							
(2) 귀신을 본 적이 있다.							
(3) 연예인이 되고 싶다고 생각한 적이 있다.							
(4) 새로운 일을 쉽게 시작하지 못 한다.							

7

문항	응답 I					응답 II	
	①	②	③	④	⑤	멀다	가깝다
(1) 위기나 어려움에 맞서지를 못한다.							
(2) 일주일에 하루 이상 소화불량으로 고생한다.							
(3) 이유 없이 욕설이 튀어 나온 적이 있다.							
(4) 악몽을 자주 꾼다.							

8

문항	응답 I					응답 II	
	①	②	③	④	⑤	멀다	가깝다
(1) 한 가지 일에 매달리지 못한다.							
(2) 남들이 하지 못한 경험을 한 적이 있다.							
(3) 건강에 대해 매우 걱정한다.							
(4) 먼저 아는 체를 하지 않는 이상 먼저 말 걸지 않는다.							

9

문항	응답 I					응답 II	
	①	②	③	④	⑤	멀다	가깝다
(1) 어렸을 때 남의 물건을 훔친 적이 있다.							
(2) 친한 친구를 경쟁상대로 생각해 본 적이 있다.							
(3) 내 몸 안에 파괴본능이 있는 것 같다.							
(4) 가끔 거짓말도 필요할 때가 있다고 생각한다.							

10

문항	응답 I					응답 II	
	①	②	③	④	⑤	멀다	가깝다
(1) 잠을 깊게 들지 못한다.							
(2) 1년에 한 번씩 꼭 감기에 걸린다.							
(3) 사람들을 고의적으로 괴롭힌 적이 있다.							
(4) 내 판단력은 누구보다 뛰어나다고 생각한다.							

11

문항	응답 I					응답 II	
	①	②	③	④	⑤	멀다	가깝다
(1) 가끔 가슴이 아픈 고통을 겪는다.							
(2) 참을성이 없다.							
(3) 자주 손발이 저린다.							
(4) 움직이는 것보다 공상에 잠기는 편이 많다.							

12

문항	응답 I					응답 II	
	①	②	③	④	⑤	멀다	가깝다
(1) 나만큼 알지도 못하는 사람에게 명령을 받으면 기분이 나쁘다.							
(2) 나는 매일 신문을 꼭 봐야 한다.							
(3) 지금까지 올바로 살아왔다고 생각한다.							
(4) 다시 태어난다면 다른 성별로 태어나고 싶다.							

13

문항	응답 I					응답 II	
	①	②	③	④	⑤	멀다	가깝다
(1) 가족들과 화목하게 지내고 싶다.							
(2) 소설보다는 시를 더 좋아한다.							
(3) 내 친구들을 부모님은 좋아하지 않는다.							
(4) 타인으로부터 동정심을 받는 것은 불쾌하다.							

14

문항	응답 I					응답 II	
	①	②	③	④	⑤	멀다	가깝다
(1) 제3의 세계가 존재한다고 믿는다.							
(2) 나는 중요한 사람이라고 생각한다.							
(3) 가끔 동물을 학대한 적이 있다.							
(4) 우울해 보인다는 소릴 들어본 적이 있다.							

15

문항	응답 I					응답 II	
	①	②	③	④	⑤	멀다	가깝다
(1) 기분이 좋지 않으면 짜증을 낸다.							
(2) 남들이 놀리는 것에는 아무렇지 않다.							
(3) 일을 하는 것이 가끔 시간낭비라고 생각한다.							
(4) 나는 논쟁에서 쉽사리 궁지에 몰리지 않는다.							

16

문항	응답 I					응답 II	
	①	②	③	④	⑤	멀다	가깝다
(1) 나 스스로를 비관해 본 적이 있다.							
(2) 자신감이 부족한 편이라고 생각한다.							
(3) 인생은 충분히 살 만한 가치가 있다고 생각한다.							
(4) 오늘 해야 할 일을 내일로 미루어본 적이 있다.							

17

문항	응답 I					응답 II	
	①	②	③	④	⑤	멀다	가깝다
(1) 후회할 일을 많이 한 거 같다.							
(2) 가끔 근육이 경련을 일으킬 때가 있다.							
(3) 남에게 지기 싫어 거짓말을 한 적이 있다.							
(4) 은행을 털고 싶다는 생각한 한 적이 있다.							

18

문항	응답 I					응답 II	
	①	②	③	④	⑤	멀다	가깝다
(1) 몸에 살이 찌는 것이 너무 싫다.							
(2) 나에게 가장 힘든 것은 나 자신과의 싸움이다.							
(3) 경기나 게임은 내기를 해야 더 재미있다.							
(4) 주변에 무슨 일이 일어나건 신경 쓰지 않는다.							

19

문항	응답 I					응답 II	
	①	②	③	④	⑤	멀다	가깝다
(1) 나는 내 주변 사람들보다 유능한 것 같다.							
(2) 내가 하지도 않은 일을 마치 내가 한 것 같은 기분이 들 때가 있다.							
(3) 나는 행복한 편이라고 생각한다.							
(4) 화를 자주 내는 편이다.							

20

문항	응답 I					응답 II	
	①	②	③	④	⑤	멀다	가깝다
(1) 누군가가 나를 해치려 들 것 같은 생각이 자주 든다.							
(2) 스릴을 느끼기 위해 위험한 행동을 자주 한다.							
(3) 가끔 두통에 시달린다.							
(4) 내 말투는 늘 한결같다.							

21

문항	응답 I					응답 II	
	①	②	③	④	⑤	멀다	가깝다
(1) 식사를 할 때 예의 없단 소릴 들어본 적이 있다.							
(2) 들키는 게 무서워 정직해야 한다고 생각한다.							
(3) 학교 다닐 때 나쁜 짓을 한 적이 없다.							
(4) 능력만 있다면 누구나 성공할 수 있다고 생각한다.							

22

문항	응답 I					응답 II	
	①	②	③	④	⑤	멀다	가깝다
(1) 곤경에 처하면 늘 남의 탓을 한다.							
(2) 피를 보면 놀라고 가슴이 뛴다.							
(3) 이유 없이 짜증이나 화를 낸 적이 있다.							
(4) 놀이공원에 입장료를 내지 않고 몰래 들어가 본 적이 있다.							

23

문항	응답 I					응답 II	
	①	②	③	④	⑤	멀다	가깝다
(1) 꽃이나 화초를 가꾸는 것을 좋아한다.							
(2) 옳다고 생각한 일은 끝까지 밀어 부친다.							
(3) 누군가가 잘해 주면 숨은 의도가 있다고 의심부터 한다.							
(4) 내 주변 사람들은 모두 다 행복하게 살고 있다.							

24

문항	응답 I					응답 II	
	①	②	③	④	⑤	멀다	가깝다
(1) 사후의 세계가 존재한다고 믿지 않는다.							
(2) 이상형이 절대 바뀌지 않는다.							
(3) 생각이 너무 많아 그것을 말로 다 표현 못할 때가 있다.							
(4) 결정을 내리지 못해 기회를 놓친 적이 있다.							

25

문항	응답 I					응답 II	
	①	②	③	④	⑤	멀다	가깝다
(1) 매일매일 일기를 쓴다.							
(2) 법은 지켜야 하며 어긴 사람을 벌을 받아야 마땅하다.							
(3) 비판이나 꾸지람을 들으면 속이 몹시 상한다.							
(4) 음식을 만드는 것을 좋아한다.							

26 문항	응답 I					응답 II	
	①	②	③	④	⑤	멀다	가깝다
(1) 내 행동은 주위 사람들의 행동에 의해 좌우된다.							
(2) 나는 정말 쓸모없는 인간이라고 생각한 적이 있다.							
(3) 의리를 지키는 사람이 가장 멋지다고 생각한다.							
(4) 게임에서 지는 것은 정말 싫다.							

27 문항	응답 I					응답 II	
	①	②	③	④	⑤	멀다	가깝다
(1) 이유 없이 누군가를 때리고 싶을 때가 있다.							
(2) 가위에 눌려 본 적이 있다.							
(3) 누군가가 나를 미행한다고 느낀 적이 있다.							
(4) 눈물이 많은 편이다.							

28 문항	응답 I					응답 II	
	①	②	③	④	⑤	멀다	가깝다
(1) 조금이라도 지루한 것은 참지 못한다.							
(2) 거의 매일 술을 마셔야 잠을 잘 수 있다.							
(3) 쉽게 피곤해지지 않는다.							
(4) 타인에게 속았다는 느낌을 받으면 분노가 치민다.							

29 문항	응답 I					응답 II	
	①	②	③	④	⑤	멀다	가깝다
(1) 지금까지 한 번도 졸도한 적이 없다.							
(2) 유명 인사들과 친하게 지내고 싶다.							
(3) 높은 곳에서 아래를 내려다보면 겁이 난다.							
(4) 한 번도 법적인 문제에 휩싸인 적이 없다.							

30

문항	응답 I					응답 II	
	①	②	③	④	⑤	멀다	가깝다
(1) 남들이 나를 어떻게 생각하든 신경 쓰지 않는다.							
(2) 모임에서 장기자랑을 하는 것은 불편하다.							
(3) 학창시절 학교를 결석해 본 적이 없다.							
(4) 수줍음을 많이 타는 성격이다.							

31

문항	응답 I					응답 II	
	①	②	③	④	⑤	멀다	가깝다
(1) 거지에게 돈을 주는 것은 옳지 못한 일이다.							
(2) 오랫동안 글을 읽어도 눈이 피로해지지 않는다.							
(3) 처음 만나는 사람과 대화하기가 어렵다.							
(4) 행동한 후 그 행동에 대해 후회한 적이 많다.							

32

문항	응답 I					응답 II	
	①	②	③	④	⑤	멀다	가깝다
(1) 몹시 화가 나면 자제력을 잃는다.							
(2) 당황하면 땀이 나고 어쩔 줄 몰라 한다.							
(3) 내가 무엇을 하려고 했는지 기억 못 할 때가 있다.							
(4) 내 정신 상태에 문제가 있는 것 같다고 가끔 느낀다.							

33

문항	응답 I					응답 II	
	①	②	③	④	⑤	멀다	가깝다
(1) 나는 내 주변의 모든 사람들을 다 좋아하지는 않는다.							
(2) 농담이나 애교로 이성의 관심을 사고 싶다.							
(3) 나는 어머니를 사랑한다.							
(4) 여가 생활을 할 시간이 없다고 생각한다.							

34

문항	응답 I					응답 II	
	①	②	③	④	⑤	멀다	가깝다
(1) 주변 사람들에게 도움을 청하는 경우가 많다.							
(2) 독립심이 매우 강하다.							
(3) 남에 대한 험담하는 것을 즐긴다.							
(4) 나를 괴롭히는 친구에게는 반드시 복수를 한다.							

35

문항	응답 I					응답 II	
	①	②	③	④	⑤	멀다	가깝다
(1) 쓸데없는 걱정을 자주 한다.							
(2) 새로운 곳을 찾아다니는 것을 좋아한다.							
(3) 이유 없이 불안하고 초조한 적이 있다.							
(4) 지금까지 나의 도리나 의무를 잘 지켜왔다고 생각한다.							

36

문항	응답 I					응답 II	
	①	②	③	④	⑤	멀다	가깝다
(1) 고민을 쉽게 털어버리지 못하고 계속 집착한다.							
(2) 한 자리에 오래 앉아 있질 못한다.							
(3) 외모에 대해 고민을 한 적이 없다.							
(4) 나만이 간직하고 있는 소중한 비밀이 있다.							

37

문항	응답 I					응답 II	
	①	②	③	④	⑤	멀다	가깝다
(1) 쉽게 화내고 쉽게 풀어진다.							
(2) 집을 나설 때 문단속이 잘 되었는지 걱정을 한다.							
(3) 농담을 주고받는 것이 좋다.							
(4) 땀을 자주 흘리는 편이다.							

38

문항	응답 I					응답 II	
	①	②	③	④	⑤	멀다	가깝다
(1) 잘못된 행동을 한 사람과도 친하게 지낼 수 있다.							
(2) 피부 한두 군데에 감각이 없다.							
(3) 매일 많은 양의 물을 마신다.							
(4) 아무도 믿지 않는 것이 가장 안전하다고 생각한다.							

39

문항	응답 I					응답 II	
	①	②	③	④	⑤	멀다	가깝다
(1) 남에게 무슨 일이 일어나건 상관하지 않는 것이 좋다.							
(2) 여러 사람들과 있을 때 적절한 화제 거리를 생각하기가 어렵다.							
(3) 울적할 때 뭔가 신나는 일이 생기면 기분이 풀린다.							
(4) 곤경에 빠지면 누구라도 거짓말을 한다고 생각한다.							

40

문항	응답 I					응답 II	
	①	②	③	④	⑤	멀다	가깝다
(1) 나는 예민한 편이다.							
(2) 음식을 가리지 않고 다 잘 먹는다.							
(3) 나는 누구도 사랑해 본 적이 없다.							
(4) 잠을 잘 때 꿈을 거의 꾸지 않는다.							

41

문항	응답 I					응답 II	
	①	②	③	④	⑤	멀다	가깝다
(1) 모르는 사람 앞에 나가 이야기 하는 것은 무척 어렵다.							
(2) 사람들과 함께 있을 때도 나는 외로움을 느낀다.							
(3) 잘하지 못하는 일은 아예 하지도 않는다.							
(4) 친구를 쉽게 사귀는 편이다.							

42

문항	응답 I					응답 II	
	①	②	③	④	⑤	멀다	가깝다
(1) 나는 내 주위에 사람이 있는 것이 싫다.							
(2) 사람들이 남을 돕는 것을 속으로는 싫어한다.							
(3) 쓸데없는 걱정으로 밤을 새 본 적이 있다.							
(4) 나는 늘 돈 걱정을 한다.							

43

문항	응답 I					응답 II	
	①	②	③	④	⑤	멀다	가깝다
(1) 부당하다고 생각되는 일은 절대 하지 않는다.							
(2) 한 가지 일에 집중하는 것을 잘 한다.							
(3) 하고 있는 일도 남들이 대단치 않게 여기면 포기해 버린다.							
(4) 누군가가 죽었으면 하고 바랄 때가 있다.							

44

문항	응답 I					응답 II	
	①	②	③	④	⑤	멀다	가깝다
(1) 다른 사람들에 비해 나는 걱정이 없다고 생각한다.							
(2) 누군가가 틀림없이 나에 대해 욕을 하고 있다고 느낀다.							
(3) 길을 걷다가 마주치기 싫은 사람이 있으면 되돌아간다.							
(4) 모임에 나가는 것을 좋아한다.							

45

문항	응답 I					응답 II	
	①	②	③	④	⑤	멀다	가깝다
(1) 남들의 버릇을 유심히 살펴보는 버릇이 있다.							
(2) 타인에게 모욕적이고 상스러운 말을 들은 적이 있다.							
(3) 기대 이상으로 친절하게 구는 사람은 경계한다.							
(4) 나는 이성적인 사람이라고 생각한다.							

46

문항	응답 I					응답 II	
	①	②	③	④	⑤	멀다	가깝다
(1) 약속시간을 어기는 것을 정말 싫어한다.							
(2) 다른 사람을 괴롭히는 것이 즐거울 때가 있다.							
(3) 성격이 급하다는 소릴 자주 듣는다.							
(4) 내 능력이 보잘 것 없다고 생각한 적이 있다.							

47

문항	응답 I					응답 II	
	①	②	③	④	⑤	멀다	가깝다
(1) 사람들이 내게 한 말을 금방 잊어버린다.							
(2) 사소한 일이라도 행동하기 전에 생각을 해야 한다.							
(3) 버스나 기차에서 낯선 사람과 이야기를 잘 한다.							
(4) 여러 사람보다는 단 둘이 이야기하는 것이 더 좋다.							

48

문항	응답 I					응답 II	
	①	②	③	④	⑤	멀다	가깝다
(1) 어떤 일을 외면하기 위해 꾀병을 부린 적이 있다.							
(2) 일이 잘못되어 간다고 느끼면 바로 포기해 버린다.							
(3) 누군가에게 사랑받고 싶다고 느낄 때가 있다.							
(4) 기회만 주어지면 대통령이 되고 싶다.							

49

문항	응답 I					응답 II	
	①	②	③	④	⑤	멀다	가깝다
(1) 내 주변 사람이 성공했다는 소릴 들으면 내가 패배자 같다.							
(2) 다시 과거로 돌아가고 싶다고 바랄 때가 종종 있다.							
(3) 나는 혼자 있을 때가 가장 행복하다.							
(4) 나에게 어떻게 살아야 한다고 충고하면 화부터 난다.							

50

문항	응답 I					응답 II	
	①	②	③	④	⑤	멀다	가깝다
(1) 내 생각을 꼭 남들에게 말해야 한다고 생각하진 않는다.							
(2) 술에 취했을 때에는 평소보다 용기가 100배 많아진다.							
(3) 비싼 옷을 입어보고 싶다.							
(4) 현재의 나 자신에게 만족하지 않는다.							

CHAPTER 03

인성검사 PART 2

|1~77| 다음 주어진 상황들 중에서 본인의 성향에 맞는 부분에 표기하시오.

	매우 아니다	아니다	보통 이다	그렇다	매우 그렇다
1. 나는 약속을 잘 지키는 편이다.	①	②	③	④	⑤
2. 나는 쉽게 화를 내지 않는다.	①	②	③	④	⑤
3. 야구장에 가면 군중 속에서 흥분감을 느낀다.	①	②	③	④	⑤
4. 짜증내거나 투덜대고 난 후 후회하는 일이 많다.	①	②	③	④	⑤
5. 남들의 인생철학은 듣고 싶지가 않다.	①	②	③	④	⑤
6. 주변에서 일어나는 일 때문에 기분이 종종 상한다.	①	②	③	④	⑤
7. 일이 안 풀릴 때에는 주변 사람들에게 도움을 요청한다.	①	②	③	④	⑤
8. 사람이 많은 장소는 되도록 가지 않는나.	①	②	③	④	⑤
9. 사람들의 호의를 오해한 적이 있다.	①	②	③	④	⑤
10. 나는 늘 침착하고 거의 감정적으로 되지 않는다.	①	②	③	④	⑤
11. 새치기를 하는 사람을 보면 그냥 지나치지 않는다.	①	②	③	④	⑤
12. 무례하고 성가신 사람에게는 거칠게 대해야 한다.	①	②	③	④	⑤
13. 타인으로부터 칭찬을 들으면 불편해진다.	①	②	③	④	⑤
14. 궁지에 몰려도 나에게 불리한 행동은 하지 않는다.	①	②	③	④	⑤
15. 내가 가장 따르고 존경하는 사람은 어머니이다.	①	②	③	④	⑤
16. 사람들은 나를 가까이 하기 어렵다고 말을 한다.	①	②	③	④	⑤
17. 산 속 오두막집에서 혼자 살면 행복할 것 같다.	①	②	③	④	⑤
18. 여유 시간을 혼자 집에서 보낸다.	①	②	③	④	⑤
19. 나는 고집이 센 편이다.	①	②	③	④	⑤
20. 고치지 못하는 나쁜 버릇이 한두 가지 있다.	①	②	③	④	⑤
21. 나에게 일어나는 모든 일의 책임은 나에게 있다고 생각한다.	①	②	③	④	⑤
22. 중요한 결정을 내려야 할 때에는 무기력해진다.	①	②	③	④	⑤

	매우 아니다	아니다	보통 이다	그렇다	매우 그렇다
23. 사적인 문제는 혼자 해결해야 한다고 생각한다.	①	②	③	④	⑤
24. 의사의 처방 없이 약을 복용해 본 적이 없다.	①	②	③	④	⑤
25. 해결해야 할 문제가 발생하면 남들에게 주도권을 넘긴다.	①	②	③	④	⑤
26. 쉽게 감정이 상한다.	①	②	③	④	⑤
27. 운동은 하는 것보다 보는 것이 좋다.	①	②	③	④	⑤
28. 사람들은 내가 매력적이라고 생각하지 않는다.	①	②	③	④	⑤
29. 규칙을 어기더라도 신념에 따라야 한다고 생각한다.	①	②	③	④	⑤
30. 나는 사람들에게 친절한 편이 아니다.	①	②	③	④	⑤
31. 내가 하는 일은 모두 성공할 것이라고 기대한다.	①	②	③	④	⑤
32. 집안에는 내가 해야 할 일들이 정해져 있다.	①	②	③	④	⑤
33. 술을 마시고 싸움에 말려든 적이 있다.	①	②	③	④	⑤
34. 가출한 적이 있다.	①	②	③	④	⑤
35. 내 의견을 이해시키기 위해 언성을 높이는 편이다.	①	②	③	④	⑤
36. 친한 친구가 없다.	①	②	③	④	⑤
37. 남들은 내가 게으르다고 생각한다.	①	②	③	④	⑤
38. 다른 사람들과 함께 있는 자리에서는 조용한 편이다.	①	②	③	④	⑤
39. 쉽게 결정을 내리는 편이다.	①	②	③	④	⑤
40. 내 친구들에 비해 겁이 없는 편이다.	①	②	③	④	⑤
41. 나를 아는 사람들은 모두 나를 좋아한다.	①	②	③	④	⑤
42. 무단횡단을 해 본 적이 없다.	①	②	③	④	⑤
43. 싸움을 해도 금방 화해를 하는 편이다.	①	②	③	④	⑤
44. 다른 사람에게 나의 물건을 쉽게 빌려주지 않는다.	①	②	③	④	⑤
45. 갑자기 많은 사람들의 주목을 받으면 당황한다.	①	②	③	④	⑤
46. 앞에 나서서 말을 하거나 발표를 하는 것은 어렵다.	①	②	③	④	⑤
47. 모임에서 이야기를 하는 것보다 듣는 편이다.	①	②	③	④	⑤
48. 나는 외향적인 사람이다.	①	②	③	④	⑤
49. 대인관계가 서투르며 약삭빠르지 못하다.	①	②	③	④	⑤
50. 나는 계산에 밝은 사람이다.	①	②	③	④	⑤
51. 상황 파악을 빨리 하는 편이다.	①	②	③	④	⑤
52. 누구도 나의 의견에 찬성하지 않아도 끝까지 생각을 말한다.	①	②	③	④	⑤

	매우 아니다	아니다	보통 이다	그렇다	매우 그렇다
53. 남의 기분을 상하지 않게 하기 위해 신경을 많이 쓴다.	①	②	③	④	⑤
54. 나는 허세부리는 사람이 싫다.	①	②	③	④	⑤
55. 타인의 충고를 기꺼이 받아들인다.	①	②	③	④	⑤
56. 주변 사람들의 영향을 받기 쉽다.	①	②	③	④	⑤
57. 동점심이 강하다.	①	②	③	④	⑤
58. 모든 일에 충동적으로 임한다.	①	②	③	④	⑤
59. 나는 자립심이 강한 편이라고 생각한다.	①	②	③	④	⑤
60. 전화나 이메일을 자주 확인하는 편이다.	①	②	③	④	⑤
61. 모든 일을 계획에 맞게 살아야 마음이 편하다.	①	②	③	④	⑤
62. 나의 약점을 이야기하지 않고 숨기는 편이다.	①	②	③	④	⑤
63. 실패한다는 것은 나에게는 치욕이다.	①	②	③	④	⑤
64. 나는 친구, 연인으로서 완벽해야 한다고 생각한다.	①	②	③	④	⑤
65. 나는 모든 일을 예견하면서 살아왔다.	①	②	③	④	⑤
66. 세상은 위험한 곳이라고 생각한다.	①	②	③	④	⑤
67. 모든 문제는 시간이 해결해 줄 것이라 생각한다.	①	②	③	④	⑤
68. 변화를 주는 것을 싫어한다.	①	②	③	④	⑤
69. 혼자 여행하기를 좋아한다.	①	②	③	④	⑤
70. 내 능력을 과소평가하여 일을 포기한 적이 있다.	①	②	③	④	⑤
71. 일이 조금만 잘못되어도 화를 낸다.	①	②	③	④	⑤
72. 남과 다툰 후 먼저 사과하지 않는다.	①	②	③	④	⑤
73. 무슨 일이든 작심삼일인 경우가 많다.	①	②	③	④	⑤
74. 어려운 일에 부딪혀도 절대 좌절하지 않는다.	①	②	③	④	⑤
75. 매사에 빈틈이 없이 임하는 편이다.	①	②	③	④	⑤
76. 모든 일을 경험적으로 판단하는 편이다.	①	②	③	④	⑤
77. 모든 사건의 원인과 결과를 중요하게 생각한다.	①	②	③	④	⑤

▮78~93▮ 다음 상황을 보고 본인에게 적합하다면 YES, 그렇지 않다면 NO를 선택하시오.

	YES	NO
78. 나의 결정은 쉽게 변경되지 않는다.	( )	( )
79. 조직적인 분위기에 잘 적응한다.	( )	( )
80. 하기 싫은 일을 할 때면 무심코 불만을 말한다.	( )	( )
81. 개성이 강한 사람이라는 소릴 자주 듣는다.	( )	( )
82. 나는 밝고 개방적인 편이다.	( )	( )
83. 나의 책상 위나 서랍 속은 항상 깔끔히 정리되어 있다.	( )	( )
84. 질서보다는 자유를 중요시하는 편이다.	( )	( )
85. 생각한 일을 행동으로 옮기지 않으면 기분이 찜찜하다.	( )	( )
86. 목표를 달성하기 위하여 어떠한 일이라도 한다.	( )	( )
87. 사람은 지위에 따라 변해야 한다고 생각한다.	( )	( )
88. 이것저것 평하는 것이 싫다.	( )	( )
89. 질문을 받으면 그 때의 기분으로 답하는 경우가 많다.	( )	( )
90. 땀을 흘리는 일보다 머리를 쓰는 일이 좋다.	( )	( )
91. 유행에 민감한 편이다.	( )	( )
92. 냉정하다는 소릴 자주 듣는다.	( )	( )
93. 신중함이 지나쳐 기회를 놓친 적이 많다.	( )	( )

PART

03

직무능력평가(K-JAT)

CHAPTER 01

의사소통능력

1 다음 속담의 쓰임이 어색한 것은?

① '바늘 가는 데 실 간다'더니 저 두 사람은 떨어질 수 없는 사이로구나.

② '못된 송아지 엉덩이에 뿔 난다'더니 성격이 좋지 않던 저 녀석은 커서도 여전히 말썽이구나.

③ '바늘허리에 실 매어 쓸까'라더니 좋은 것도 쓸모를 찾지 못하면 무용지물이구나.

④ '목구멍이 포도청'이라더니 생계 때문에 하기 싫은 일도 해야 하는 현실이 안타깝구나.

> **✔해설** ③ 아무리 급해도 밟아야 할 절차는 밟아야 한다는 뜻이다.

2 다음 문장들을 순서에 맞게 배열한 것은?

> 몸과 마음의 관계에 대한 전통적인 이원론에 따르면 마음은 몸과 같이 하나의 대상이며 몸과 독립되어 존재 하는 실체이다.
> ⓐ 몸이 마음 없이도 그리고 마음이 몸 없이도 존재할 수 있다는 주장이 실체이원론이며, 이 이론을 대표하는 철학자로 통상 데카르트가 언급된다.
> ⓑ 두뇌를 포함한 몸은 그것의 크기, 무게, 부피, 위치 등의 물리적 속성을 가지고 있는 반면, 마음은 물리적 속성을 결여한 비물리적 실체이다.
> ⓒ 독립된 존재란 다른 것에 의존하지 않는 존재라는 뜻이다.
> ⓓ 기계와 이성이 서로를 배제한다는 생각은 이원론적 사고의 한 유형이라고 간주할 수 있다. 이성을 가지는 것은 기계가 아니라 전혀 다른 어떤 실체이다.

① ⓐ-ⓑ-ⓓ-ⓒ

② ⓒ-ⓐ-ⓓ-ⓑ

③ ⓒ-ⓓ-ⓑ-ⓐ

④ ⓒ-ⓐ-ⓑ-ⓓ

> **✔해설** ⓒ독립된 존재의 의미, ⓐ몸과 마음이 독립된 존재로 인정하는 실체이원론, ⓓ이원론적 사고의 한 유형, ⓑ몸과 마음은 물리적, 비물리적 실체를 가지고 있는 것으로 이성을 가지는 것은 기계가 아니라 전혀 다른 실체이며 몸과 마음은 분리가 가능하다.

3 다음 문장들을 순서에 맞게 배열한 것은?

> (가) 현재 전하고 있는 갑인자본을 보면 글자획에 필력의 약동이 잘 나타나고 글자 사이가 여유 있게 떨어지고 있으며 판면이 커서 늠름하다.
>
> (나) 이 글자는 자체가 매우 해정(글씨체가 바르고 똑똑함)하고 부드러운 필서체로 진나라의 위부인자 체와 비슷하다 하여 일명 '위부인자'라 일컫기도 한다.
>
> (다) 경자자와 비교하면 대자와 소자의 크기가 고르고 활자의 네모가 평정하며 조판도 완전한 조립식으로 고안하여 납을 사용하는 대신 죽목으로 빈틈을 메우는 단계로 개량·발전되었다.
>
> (라) 또 먹물이 시커멓고 윤이 나서 한결 선명하고 아름답다. 이와 같은 이유로 이 활자는 우리나라 활자본의 백미에 속한다.
>
> (마) 갑인자는 1434년(세종 16)에 주자소에서 만든 동활자로 그보다 앞서 만들어진 경자자의 자체가 가늘고 빽빽하여 보기가 어려워지자 좀 더 큰 활자가 필요하다하여 1434년 갑인년에 왕명으로 주조된 활자이다.
>
> (바) 이 활자를 만드는 데 관여한 인물들은 당시의 과학자나 또는 정밀한 천문기기를 만들었던 기술자들이었으므로 활자의 모양이 아주 해정하고 바르게 만들어졌다.

① (마)-(나)-(바)-(다)-(가)-(라)　　　　② (나)-(마)-(라)-(가)-(다)-(바)

③ (마)-(가)-(바)-(다)-(나)-(라)　　　　④ (나)-(마)-(가)-(라)-(다)-(바)

✔해설 (마) 갑인자의 소개와 주조 이유 → (나) 갑인자의 이명(異名) → (바) 갑인자의 모양이 해정하고 바른 이유 → (다) 경자자와 비교하여 개량·발전된 갑인자 → (가) 현재 전해지는 갑인자본의 특징 → (라) 우리나라 활자본의 백미가 된 갑인자

4 어문 규정에 어긋난 것으로만 묶인 것은?

① 뒷처리, 나룻터, 플랜카드　　　　② 비로소, 고샅, 오랫만에

③ 허투루, 아랫집, 결과값　　　　④ 튼튼히, 심포지움, 장마비

✔해설 ① 뒷처리→뒤처리, 나룻터→나루터, 플랜카드→플래카드
② 오랫만에→오랜만에
③ 결과값→결괏값
④ 심포지움→심포지엄, 장마비→장맛비

5 다음 중 밑줄 친 단어의 맞춤법이 옳은 것은?

① 그의 무례한 행동은 저절로 <u>눈쌀</u>을 찌푸리게 했다.

② 손님은 종업원에게 당장 주인을 불러오라고 <u>닥달하였다</u>.

③ 멸치와 고추를 간장에 <u>졸였다</u>.

④ 걱정으로 밤새 마음을 <u>졸였다</u>.

 ① 눈쌀 → 눈살
　② 닥달하였다 → 닦달하였다
　③ 졸였다 → 조렸다
　※ '졸이다'와 '조리다'
　　㉠ 졸이다 : 찌개, 국, 한약 따위의 물이 증발하여 분량이 적어지다. 또는 속을 태우다시피 초조해하다.
　　㉡ 조리다 : 양념을 한 고기나 생선, 채소 따위를 국물에 넣고 바짝 끓여서 양념이 배어들게 하다.

6 다음 중 밑줄 친 부분의 맞춤법 표기가 바른 것은?

① 벌레 한 마리 때문에 학생들이 <u>법썩</u>을 떨었다.

② <u>실낱같은</u> 희망을 버리지 않고 있다.

③ <u>오뚜기</u> 정신으로 위기를 헤쳐 나가야지.

④ <u>더우기</u> 몹시 무더운 초여름 날씨를 예상한다.

 ① 법썩 → 법석
　③ 오뚜기 → 오뚝이
　④ 더우기 → 더욱이

7 밑줄 친 말이 잘못 사용된 것은?

① 친구는 퇴직금으로 받은 <u>뭉칫돈</u>으로 가게를 차렸다.

② 어머니는 아이들에게 학비 외의 <u>가욋돈</u>은 조금도 주지 않으셨다.

③ 그들은 다시 한 번 호곡(號哭)하였으며, 저마다 허리춤을 더듬어 되는 대로 <u>노잣돈</u>을 내놓았다.

④ 남사당들은 삼팔주 수건을 팔랑거리며 돈을 구걸하는 것이었는데, 둘러선 구경꾼들이야 던져 줄 <u>모갯돈</u>은 없지만 한마디씩 거들었다.

해설 '둘러선 구경꾼들이 던져 줄 돈은 없지만 한마디씩 거들었다'는 것으로 보아 '선심껏 주는 돈'을 나타내는 단어가 들어가야 하는데 '모갯돈'이란 '액수가 많은 돈'을 의미하므로 적절하지 않다.
① 뭉칫돈 : 뭉치로 된 돈, 목돈
② 가욋돈 : 정해진 기준이나 정도를 넘어서는 돈
③ 노잣돈 : 먼 길을 오가는 데 드는 돈, 죽은 사람이 저승길에 편히 가라고 상여 등에 꽂아 주는 돈

8 띄어쓰기를 포함하여 맞춤법이 모두 옳은 것은?

① 그는∨가만히∨있다가∨모임에∨온∨지∨두∨시간∨만에∨돌아가∨버렸다.
② 옆집∨김씨∨말로는∨개펄이∨좋다는데∨우리도∨언제∨한∨번∨같이∨갑시다.
③ 그가∨이렇게∨늦어지는∨걸∨보니∨무슨∨큰∨일이∨난∨게∨틀림∨없다.
④ 하늘이∨뚫린∨것인지∨몇∨날∨몇∨일을∨기다려도∨비는∨그치지∨않았다.

해설 ② 김씨→김 씨, 호칭어인 '씨'는 띄어 써야 옳다.
③ 큰 일→큰일, 틀림 없다→틀림없다, '큰일'은 '중대한 일'을 나타내는 합성어이므로 붙여 써야 하며 '틀림없다'는 형용사이므로 붙여 써야 한다.
④ 몇 일→며칠, '몇 일'은 없는 표현이다. 따라서 '며칠'로 적어야 옳다.

9 밑줄 친 부분이 어법에 맞게 표기된 것은?

① 그는 미소를 <u>띄고</u> 인사를 했다.
② 이 자리를 <u>빌려</u> 감사의 인사를 전합니다.
③ 그녀는 조금만 <u>추켜올리면</u> 기고만장해진다.
④ 산 <u>넘어</u> 마을에는 보고 싶은 이가 산다.

해설 ① 띄고→띠고
③ 추켜올리면→추어올리면
④ 넘어→너머

10 다음 밑줄 친 문구를 어법에 맞게 수정한 내용으로 적절하지 않은 것은?

> A : 지속가능보고서를 2007년 창간 이래 <u>매년 발간에 의해</u> 이해 관계자와의 소통이 좋아졌다.
> B : 2012년부터 시행되는 신재생에너지 공급의무제는 회사의 <u>주요 리스크로</u> 이를 기회로 승화시키기 위한 노력을 하고 있다.
> C : 전력은 필수적인 에너지원이므로 과도한 사용을 <u>삼가야 한다</u>.
> D : <u>녹색 기술 연구 개발 투자 확대</u> 및 녹색 생활 실천 프로그램을 시행하여 온실가스 감축에 전 직원의 역량을 결집하고 있다.

① A : '매년 발간에 의해'가 어색하므로 문맥에 맞게 '매년 발간함으로써'로 고친다.

② B : '주요 리스크로'는 조사의 쓰임이 어울리지 않으므로, '주요 리스크이지만'으로 고친다.

③ C : '삼가야 한다'는 어법상 맞지 않으므로 '삼가해야 한다'로 고친다.

④ D : '및'의 앞은 명사구로 되어 있고 뒤는 절로 되어 있어 구조가 대등하지 않으므로, 앞 부분을 '녹색 기술 연구 개발에 대한 투자를 확대하고'로 고친다.

> ✔해설 ③ '몸가짐이나 언행을 조심하다.'는 의미를 가진 표준어는 '삼가다'로, '삼가야 한다'는 어법에 맞는 표현이다. 자주 틀리는 표현 중 하나로 '삼가해 주십시오' 등으로 사용하지 않도록 주의해야 한다.
> ① 어떤 일의 수단이나 도구를 나타내는 격조사 '-로써'로 고치는 것이 적절하다.
> ② 어떤 사실이나 내용을 시인하면서 그에 반대되는 내용을 말하거나 조건을 붙여 말할 때에 쓰는 연결 어미인 '-지마는(-지만)'이 오는 것이 적절하다.
> ④ '및'은 '그리고', 'ㄱ 밖에', '또'의 뜻으로, 문장에서 같은 종류의 성분을 연결할 때 쓰는 말이다. 따라서 앞뒤로 이어지는 표현의 구조가 대등해야 한다.

11 다음 문장에서 밑줄 친 단어의 반대말로 가장 알맞은 것은?

> 이 변두리 동네는 버스가 <u>떠서</u> 겨울이면 차를 기다리는 일로 고된 경우가 많다.

① 등에 업은 아이가 뒤로 자꾸 <u>잦아서</u> 힘이 들었다.

② 물이 다 <u>잦아</u> 논바닥이 말라버렸다.

③ 서늘한 기운이 뼛속까지 <u>잦으니</u> 잠을 이룰 수가 없었다.

④ '부-'하는 고동 소리가 <u>잦게</u> 들렸다.

> ✔해설 주어진 문장에서 밑줄 친 부분의 '떠서'는 '뜨다'의 변형으로, '행동 따위가 느리고 더디다'는 의미이다. 각 보기에서 '잦다'의 의미는 다음과 같다.
> ④ '여러 차례로 거듭되는 간격이 매우 짧다.' 또는 '잇따라 자주 있다.'의 의미로 주어진 문장의 '뜨다'와 반대말로 사용되었다.
> ① 뒤로 기울다.
> ② 액체가 속으로 스며들거나 점점 졸아들어 없어지다.
> ③ 기운이 깊이 스며들거나 배어들다.

12 다음 문장의 빈칸에 들어갈 말로 알맞게 짝지어진 것은?

> • 그는 내키지 않는 일은 (   ) 하지 않는다.
> • 나는 그가 나를 좋아하는 줄로 (   ) 짐작하고 기분이 좋아졌다.
> • 어디선가 (   ) 소리가 들렸다.

① 반드시 – 지레 – 무심코
② 반드시 – 이내 – 문득
③ 절대로 – 지레 – 갑자기
④ 절대로 – 이내 – 문득

✔해설 • 그는 내키지 않는 일은 (결코 / 절대로) 하지 않는다. – 문장의 의미가 부정 표현이므로 '반드시'보다는 '결코' 혹은 '절대로'가 알맞다.
• 나는 그가 나를 좋아하는 줄로 (지레) 짐작하고 기분이 좋아졌다. – '이내'는 '바로 그때' 혹은 '곧'의 의미이므로 문장에 어울리지 않는다.
• 어디선가 (문득 / 갑자기) 소리가 들렸다. – '무심코'는 '아무런 뜻이나 생각 없이' 또는 '그저'의 의미이므로 '문득'이나 '갑자기'가 문장에 어울린다.

┃13 ~ 14┃ 다음 중 외래어 표기가 옳지 않은 것을 고르시오.

13 ① 라이선스 ② 세팅
③ 악센트 ④ 링겔

✔해설 ④ 링거

14 ① 로봇 ② 컴플렉스
③ 샌들 ④ 알코올

✔해설 ② 콤플렉스

┃ 15 ~ 16 ┃ 다음 제시된 단어와 비슷한 의미를 가진 단어를 고르시오.

15

고무(鼓舞)

① 격분   ② 격려

③ 감사   ④ 감동

> ✔해설 고무(鼓舞) … 힘을 내도록 격려하여 용기를 북돋우다.
> ① 몹시 분하고 노여운 감정이 북받쳐 오르다.
> ③ 고맙게 여김. 또는 그런 마음
> ④ 크게 느끼어 마음이 움직임

16

압제

① 구절   ② 억압

③ 운세   ④ 교신

> ✔해설 압제 … 권력이나 폭력으로 남을 꼼짝 못 하게 강제로 누름
> ② 자기의 뜻대로 자유로이 행동하지 못하도록 억지로 억누름
> ① 한 토막의 말이나 글
> ③ 운명이나 운수가 닥쳐오는 기세
> ④ 우편, 전신, 전화 따위로 정보나 의견을 주고 받음

┃ 17 ~ 18 ┃ 다음 중 밑줄 친 단어와 유사한 의미를 지닌 단어를 고르시오.

17

혼자서 <u>감당(堪當)</u>하기에는 일이 너무 많다.

① 살피다   ② 감사하다

③ 처리하다   ④ 애틋해 하다

> ✔해설 감당(堪當)하다 … 일을 맡아서 능히 당해 내다.

18

> 그는 하는 행동이 <u>경망(輕妄)</u>하여 주의를 받곤 한다.

① 오감스럽다   ② 다투다

③ 여유없다   ④ 경시(輕視)하다

 해설 경망(輕妄)하다 … 말이나 행동이 경솔하고 방정맞다.
    ① 말과 행동이 괴벽하며, 경망스러운 데가 있다.
    ④ 대수롭지 않게 보거나 업신여기다.

▌19～20▐ 다음에 제시된 어구풀이에 해당하는 어휘를 고르시오.

19

> 목표에 어김없이 들어맞는다.

① 응용(應用)   ② 명료(明瞭)

③ 정확(正確)   ④ 적중(的中)

 해설 ① 어떤 원리나 지식, 기술 따위를 다른 일을 하는 데 활용함을 이르는 말이다.
    ② 뚜렷하고 분명함을 이르는 말이다.
    ③ 바르고 확실함을 이르는 말이다.

20

> 높으신 어른이 앉아있는 자리의 앞

① 목전(目前)   ② 안전(案前)

③ 좌석(座席)   ④ 안석(安席)

 해설 ① 눈앞, 당장을 이르는 말이다.
    ③ 앉는 자리를 이르는 말이다.
    ④ 벽에 세워 놓고 앉을 때에 몸을 기대는 방석을 이르는 말이다.

Answer   15.②   16.②   17.③   18.①   19.④   20.②

┃21 ~22┃ 다음 글을 읽고 이어지는 물음에 답하시오.

4차 산업혁명이 문화예술에 영향을 끼치는 사회적 변화 요인으로는 급속한 고령화 사회와 1인 가구의 증가 등 인구구조의 변화와 문화 다양성 사회로의 진전, 디지털 네트워크의 발전 등을 들 수 있다. 이로 인해 문화예술 소비층이 시니어와 1인 중심으로 변화하고 있으며 문화 복지대상도 어린이, 장애인, 시니어로 확장되고 있다. 디지털기기 사용이 일상화 되면서 문화향유 범위도 이전의 음악, 미술, 공연 중심에서 모바일 창작과 게임, 놀이 등으로 점차 확대되고 특히 고령화가 심화됨에 따라 높은 문화적 욕구를 지닌 시니어 층이 새로운 기술에 관심을 보이고 자신들의 건강한 삶을 위해 테크놀로지 수용에 적극적인 모습을 보이면서 문화예술 향유 계층도 다양해질 전망이다. 유쾌함과 즐거움 중심의 일상적 여가는 스마트폰을 통한 스낵컬처적 여가활동이 중심이 되겠지만 지식과 경험을 획득하고 삶의 의미를 찾고 성취감을 느끼고 싶어 하는 진지한 여가에 대한 열망도 점차 높아질 것으로 관측된다.

기술의 발전과 더불어 근로시간의 축소 등으로 여가시간이 늘어나면서 일과 여가의 균형을 맞추려는 워라밸(Work and Life Balance) 현상이 자리 잡아가고 있다. 문화관광연구원에서 실시한 국민인식조사에 따르면 기존에 문화여가를 즐기지 않던 사람들이 문화여가를 즐기기 시작하고 있다고 답한 비율이 약 47%로 나타난 것은 문화여가를 여가활동의 일부로 인식하는 국민수준이 높아지고 있다는 것을 보여준다. 또한, 경제적 수준이나 지식수준에 상관없이 문화예술 활동을 다양하게 즐기는 사람들이 많아지고 있다고 인식하는 비율이 38%로 나타났다. 이는 문화가 국민 모두가 향유해야 할 보편적 가치로 자리잡아가고 있다는 것을 말해 준다.

디지털·스마트 문화가 일상문화의 많은 부분을 차지하는 중요 요소로 자리 잡으면서 일상적 여가 뿐 아니라 콘텐츠 유통, 창작활동 등에 많은 변화를 가져오고 있다. 이러한 디지털 기기의 사용이 문화산업 분야에서는 소비자 및 향유자들의 적극적인 참여로 그 가능성에 주목하고 있으나, 순수문화예술 부분은 아직까지 홍보의 부차적 수단 정도로 활용되고 있어 기대감은 떨어지고 있다.

---

21 다음 중 윗글의 제목으로 가장 적절한 것은?

① 4차 산업혁명이 변화시킬 노인들의 삶

② 4차 산업혁명이 문화예술에 미치는 영향

③ 4차 산업혁명에 의해 나타나는 사회적 부작용

④ 순수문화예술과 디지털기기의 접목

> **✔해설** 글의 첫 문장에서 4차 산업혁명이 문화예술에 미치는 영향은 어떤 것들이 있는지를 소개하였으며, 이어지는 내용은 모두 그러한 영향들에 대한 부연설명이라고 볼 수 있다. 후반부에서 언급된 문화여가와 디지털기기의 일상화 등에 대한 내용 역시 4차 산업혁명이 사회에 깊숙이 관여해 있는 모습을 보여준다는 점에서 문화예술에 미치는 4차 산업혁명의 영향을 뒷받침하는 것이라고 볼 수 있다.
> ① 노인들의 삶에 변화가 있을 것이라는 언급을 하고 있으나, 이는 글의 일부분에 해당하는 내용이므로 제목으로 선정할 수는 없다.
> ③ 4차 산업혁명에 의해 나타나는 사회적 부작용에 대하여 언급하지는 않았다.
> ④ 역시 글 전체를 포괄하는 제목으로는 부족한 내용을 언급하고 있다.

22 다음 중 윗글을 통해 알 수 있는 필자의 의견과 일치하지 않는 설명은?

① 4차 산업혁명은 문화의 다양성을 가져다 줄 것으로 기대된다.

② 디지털기기는 순수문화예술보다 문화산업 분야에 더 적극적인 변화를 일으키고 있다.

③ 4차 산업혁명으로 인해 문화를 향유하는 사회 계층이 다양해질 것이다.

④ 스마트폰의 보급으로 인해 내적이고 진지한 여가 시간에 대한 욕구는 줄어들 것이다.

> ✔ **해설** 지식과 경험을 획득하고 삶의 의미를 찾고 성취감을 느끼고 싶어 하는 진지한 여가에 대한 열망도 점
> 차 높아질 것으로 관측된다는 설명을 통해 내적이고 진지한 여가 시간에 대한 욕구가 줄어들 것이라는
> 것은 필자의 의견과 다른 것임을 알 수 있다.
> ① 필자는 4차 산업혁명의 영향으로 문화예술 활동을 다양하게 즐기는 사람들이 많아지고 있다는 언급
> 을 하고 있다.
> ② 순수문화예술 부분에서는 스마트폰 등 디지털기기가 아직 홍보 수단 정도의 기능에 머물러 있다고
> 설명하였다.
> ③ 문화 자체의 다양성뿐 아니라 문화를 누리는 대상 층 역시 어린이, 장애인, 시니어 등으로 점차 다
> 양화될 것을 전망하고 있다.

▌23 ～ 24 ▌ 다음 글을 읽고 이어지는 물음에 답하시오.

경쟁의 승리는 다른 사람의 재산권을 침탈하지 않으면서 이기는 경쟁자의 능력, 즉 경쟁력에 달려 있다. 공정경쟁에서 원하는 물건의 소유주로부터 선택을 받으려면 소유주가 원하는 대가를 치를 능력이 있어야 하고 남보다 먼저 신 자원을 개발하거나 신 발상을 창안하려면 역시 그렇게 해낼 능력을 갖추어야 한다. 다른 기업보다 더 좋은 품질의 제품을 더 값싸게 생산하는 기업은 시장경쟁에서 이긴다. 우수한 자질을 타고났고, 탐사 또는 연구개발에 더 많은 노력을 기울인 개인이나 기업은 새로운 자원이나 발상을 대체로 남보다 앞서서 찾아낸다.

개인의 능력은 천차만별인데, 그 차이는 타고나기도 하고 후천적 노력에 의해 결정되기도 한다. 능력이 후천적 노력만의 소산이라면 능력의 우수성에 따라 결정되는 경쟁 결과를 불공정하다고 불평하기는 어렵다. 그런데 능력의 많은 부분은 타고난 것이거나 부모에게서 직간접적으로 물려받은 유무형적 재산에 의한 것이다. 후천적 재능 습득에서도 그 성과는 보통 개발자가 타고난 자질에 따라 서로 다르다. 타고난 재능과 후천적 능력을 딱 부러지게 구분하기도 쉽지 않은 것이다.

어쨌든 내가 능력 개발에 소홀했던 탓에 경쟁에서 졌다면 패배를 승복해야 마땅하다. 그러나 순전히 타고난 불리함 때문에 불이익을 당했다면 억울함이 앞선다. 이 점을 내세워 타고난 재능으로 벌어들이는 소득은 그 재능 보유자의 몫으로 인정할 수 없다는 필자의 의견에 동의하는 학자도 많다. 자신의 재능을 발휘하여 경쟁에서 승리하였다 하더라도 해당 재능이 타고난 것이라면 승자의 몫이 온전히 재능 보유자의 것일 수 없고 마땅히 사회에 귀속되어야 한다는 말이다.

그런데 재능도 노동해야 발휘할 수 있으므로 재능 발휘를 유도하려면 그 노고를 적절히 보상해주어야 한다. 이론상으로는 재능 발휘로 벌어들인 수입에서 노고에 대한 보상만큼은 재능보유자의 소득으로 인정하고 나머지만 사회에 귀속시키면 된다.

23 윗글을 읽고 나눈 다음 대화의 ㉠~㉣ 중, 글의 내용에 따른 합리적인 의견 제기로 볼 수 없는 것은 어느 것인가?

> A : "타고난 재능과 후천적 노력에 대하여 어떻게 보아야 할지에 대한 필자의 의견이 담겨 있는 글입니다."
>
> B : "맞아요. 앞으로는 ㉠ 선천적인 재능에 대한 경쟁이 더욱 치열해질 것 같습니다."
>
> A : "그런데 우리가 좀 더 확인해야 할 것은, ㉡ 과연 얼마만큼의 보상이 재능 발휘 노동의 제공에 대한 몫이냐 하는 점입니다."
>
> B : "그와 함께, ㉢ 얻어진 결과물에서 어떻게 선천적 재능에 의한 부분을 구별해낼 수 있을까에 대한 물음 또한 과제로 남아 있다고 볼 수 있겠죠."
>
> A : "그뿐이 아닙니다. ㉣ 타고난 재능이 어떤 방식으로 사회에 귀속되어야 공정한 것인지, 특별나게 열심히 재능을 발휘할 유인은 어떻게 찾을 수 있을지에 대한 고민도 함께 이루어져야 하겠죠."

① ㉠   ② ㉡

③ ㉢   ④ ㉣

✔해설 타고난 재능은 인정하지 않고 재능을 발휘한 노동의 부분에 대해서만 그 소득을 인정하게 된다면 특별나게 열심히 재능을 발휘할 유인을 찾기 어려워 결국 그 재능은 상당 부분 사장되고 말 것이다. 따라서 이러한 사회에서 ㉠과 같이 선천적 재능 경쟁이 치열해진다고 보는 의견은 글의 내용에 따른 논리적인 의견 제기로 볼 수 없다.

24 윗글에서 필자가 주장하는 내용과 견해가 다른 것은?

① 경쟁에서 승리하기 위해서는 능력이 필요하다.

② 능력에 의한 경쟁 결과가 불공정하다고 불평할 수 없다.

③ 선천적인 능력이 우수한 사람은 경쟁에서 이길 수 있는 확률이 높다.

④ 후천적인 능력이 모자란 결과에 대해서는 승복해야 한다.

✔해설 필자가 언급하는 '능력'은 선천적인 것과 후천적인 것이 있다고 말하고 있으며, 후천적인 능력에 따른 결과에는 승복해야 하지만 선천적인 능력에 따른 결과에 대해서는 일정 부분 사회에 환원하는 것이 마땅하다는 것이 필자의 주장이다. 따라서 능력에 의한 경쟁 결과가 반드시 불평의 여지가 없이 공정하다고만은 볼 수 없다는 것이 필자의 견해라고 할 수 있다.

Answer 23.① 24.②

25 다음은 정보공개제도에 대하여 설명하고 있는 글이다. 이 글의 내용을 제대로 이해하지 못한 것은?

☞ 정보공개란?

「정보공개제도」란 공공기관이 직무상 작성 또는 취득하여 관리하고 있는 정보를 수요자인 국민의 청구에 의하여 열람·사본·복제 등의 형태로 청구인에게 공개하거나 공공기관이 자발적으로 또는 법령 등의 규정에 의하여 의무적으로 보유하고 있는 정보를 배포 또는 공표 등의 형태로 제공하는 제도를 말한다. 전자를 「청구공개」라 한다면, 후자는 「정보제공」이라 할 수 있다.

☞ 정보공개 청구권자

대한민국 모든 국민, 외국인(법인, 단체 포함)
– 국내에 일정한 주소를 두고 거주하는 자, 국내에 사무소를 두고 있는 법인 또는 단체
– 학술·연구를 위하여 일시적으로 체류하는 자

☞ 공개 대상 정보

공공기관이 직무상 또는 취득하여 관리하고 있는 문서(전자문서를 포함), 도면, 사진, 필름, 테이프, 슬라이드 및 그 밖에 이에 준하는 매체 등에 기록된 사항

☞ 공개 대상 정보에 해당되지 않는 예(행정안전부 유권해석)

– 업무 참고자료로 활용하기 위해 비공식적으로 수집한 통계자료
– 결재 또는 공람절차 완료 등 공식적 형식 요건 결여한 정보
– 관보, 신문, 잡지 등 불특정 다수인에게 판매 및 홍보를 목적으로 발간된 정보
– 합법적으로 폐기된 정보
– 보유·관리하는 정보만이 대상이므로 공공기관은 정보를 새로 작성(생성)하거나 취득하여 공개할 의무는 없음

☞ 비공개 정보(공공기관의 정보공개에 관한 법률 제9조)

– 법령에 의해 비밀·비공개로 규정된 정보
– 국가안보·국방·통일·외교관계 등에 관한 사항으로 공개될 경우 국가의 중대한 이익을 해할 우려가 있다고 인정되는 정보
– 공개될 경우 국민의 생명·신체 및 재산의 보호에 현저한 지장을 초래할 우려가 있다고 인정되는 정보
– 진행 중인 재판에 관련된 정보와 범죄의 예방, 수사, 공소의 제기 등에 관한 사항으로서 공개될 경우 그 직무수행을 현저히 곤란하게 하거나 피고인의 공정한 재판을 받을 권리를 침해한다고 인정되는 정보
– 감사·감독·검사·시험·규제·입찰계약·기술개발·인사관리·의사결정과정 또는 내부검토과정에 있는 사항 등으로서 공개될 경우 업무의 공정한 수행이나 연구·개발에 현저한 지장을 초래한다고 인정되는 정보
– 당해 정보에 포함되어 있는 이름·주민등록번호 등 개인에 관한 사항으로서 공개될 경우 개인의 사생활의 비밀·자유를 침해할 수 있는 정보
– 법인·단체 또는 개인(이하 "법인 등"이라 한다)의 경영·영업상 비밀에 관한 사항으로서 공개될 경우 법인 등의 정당한 이익을 현저히 해할 우려가 있다고 인정되는 정보
– 공개될 경우 부동산 투기·매점매석 등으로 특정인에게 이익 또는 불이익을 줄 우려가 있다고 인정되는 정보

① 공공기관은 국민이 원하는 정보를 요청자의 요구에 맞추어 작성, 배포해 주어야 한다.

② 공공기관의 정보는 반드시 국민의 요구가 있어야만 공개하는 것은 아니다.

③ 공공의 이익에 저해가 된다고 판단되는 정보는 공개하지 않을 수 있다.

④ 공식 요건을 갖추지 않은 미완의 정보는 공개하지 않을 수 있다.

✔해설 '보유·관리하는 정보만이 대상이므로 공공기관은 정보를 새로 작성(생성)하거나 취득하여 공개할 의무는 없음'이라고 언급되어 있으므로 정보 요청자의 요구에 맞게 새로 작성하여 공개할 의무는 없다.

② 공공기관이 자발적, 의무적으로 공개하는 것을 '정보제공'이라고 하며 요청에 의한 공개를 '청구공개'라 한다.

③ 법에 의해 보호받는 비공개 정보가 언급되어 있다.

④ 결재 또는 공람절차 완료 등 공식적 형식 요건 결여한 정보는 공개 대상 정보가 아니다.

Answer 25.①

26 다음 글에서 제시한 '자유무역이 가져다주는 이득'과 거리가 먼 것은?

오늘날 세계경제의 개방화가 진전되면서 국제무역이 계속해서 크게 늘어나고 있다. 국가 간의 무역 규모는 수출과 수입을 합한 금액이 국민총소득(GNI)에서 차지하는 비율로 측정할 수 있다. 우리나라의 2014년 '수출입의 대 GNI 비율'은 99.5%로 미국이나 일본 등의 선진국과 비교할 때 매우 높은 편에 속한다.

그렇다면 국가 간의 무역은 왜 발생하는 것일까? 가까운 곳에서 먼저 예를 찾아보자. 어떤 사람이 복숭아를 제외한 여러 가지 과일을 재배하고 있다. 만약 이 사람이 복숭아가 먹고 싶을 때 이를 다른 사람에게서 사야만 한다. 이와 같은 맥락에서 나라 간의 무역도 부존자원의 유무와 양적 차이에서 일차적으로 발생할 수 있다. 헌데 이러한 무역을 통해 얻을 수 있는 이득이 크다면 왜 선진국에서조차 완전한 자유무역이 실행되고 있지 않을까? 세계 각국에 자유무역을 확대할 것을 주장하는 미국도 자국의 이익에 따라 관세 부과 등의 방법으로 무역에 개입하고 있는 실정이다. 그렇다면 비교우위에 따른 자유무역이 교역 당사국 모두에게 이익을 가져다준다는 것은 이상에 불과한 것일까?

세계 각국이 보호무역을 취하는 것은 무엇보다 자국 산업을 보호하기 위한 것이다. 비교우위가 없는 산업을 외국기업과의 경쟁으로부터 어느 정도의 경쟁력을 갖출 때까지 일정 기간 보호하려는 데 그 목적이 있는 것이다.

우리나라의 경우 쌀 농업에서 특히 보호주의가 강력히 주장되고 있다. 우리의 주식인 쌀을 생산하는 농업이 비교우위가 없다고 해서 쌀을 모두 외국에서 수입한다면 식량안보 차원에서 문제가 될 수 있으므로 국내 농사를 전면적으로 포기할 수 없다는 논리이다.

교역 당사국 각자는 비교우위가 있는 재화의 생산에 특화해서 자유무역을 통해 서로 교환할 경우 기본적으로 거래의 이득을 보게 된다. 자유무역은 이러한 경제적 잉여의 증가 이외에 다음과 같은 측면에서도 이득을 가져다준다.

---

① 각국 소비자들에게 다양한 소비 기회를 제공한다.

② 비교우위에 있는 재화의 수출을 통한 규모의 경제를 이루어 생산비를 절감할 수 있다.

③ 비교우위에 의한 자유무역의 이득은 결국 한 나라 내의 모든 경제주체가 누리게 된다.

④ 경쟁을 활성화하여 경제 전체의 후생 수준을 높일 수 있다.

> ✔ 해설 비교우위에 의한 자유무역의 이득은 한 나라 내의 모든 경제주체가 혜택을 본다는 것을 뜻하지 않는다. 자유무역의 결과 어느 나라가 특정 재화를 수입하게 되면, 소비자는 보다 싼 가격으로 이 재화를 사용할 수 있게 되므로 이득을 보지만 이 재화의 국내 생산자는 손실을 입게 된다.
> ① 동일한 종류의 재화라 하더라도 나라마다 독특한 특색이 있게 마련이다. 따라서 자유무역은 각국 소비자들에게 다양한 소비 기회를 제공한다.
> ② 어느 나라가 비교우위가 있는 재화를 수출하게 되면 이 재화의 생산량은 세계시장을 상대로 크게 늘어난다. 이 경우 규모의 경제를 통해 생산비를 절감할 수 있게 된다.
> ④ 독과점의 폐해를 방지하려면 진입장벽을 없애 경쟁을 촉진하여야 한다. 따라서 자유무역은 경쟁을 활성화하여 경제 전체의 후생 수준을 높일 수 있다.

27 다음 글의 이후에 이어질 만한 내용으로 가장 거리가 먼 것은?

철도교통의 핵심 기능인 정거장의 위치 및 역간 거리는 노선, 열차평균속도, 수요, 운송수입 등에 가장 큰 영향을 미치는 요소로 고속화, 기존선 개량 및 신선 건설시 주요 논의의 대상이 되고 있으며, 과다한 정차역은 사업비를 증가시켜 철도투자를 저해하는 주요 요인으로 작용하고 있다.

한편, 우리나라의 평균 역간거리는 고속철도 46km, 일반철도 6.7km, 광역철도 2.1km로 이는 외국에 비해 59 ~ 84% 짧은 수준이다. 경부고속철도의 경우 천안·아산역 ~ 오송역이 28.7km, 신경주역 ~ 울산역이 29.6km 떨어져 있는 등 1990년 기본계획 수립 이후 오송, 김천·구미, 신경주, 울산역 등 다수의 역 신설로 인해 운행 속도가 저하되어 표정속도가 선진국의 78% 수준이며, 경부선을 제외한 일반철도의 경우에도 표정속도가 45 ~ 60km/h 수준으로 운행함에 따라 타 교통수단 대비 속도경쟁력이 저하된 실정이다. 또한, 추가역 신설에 따른 역간 거리 단축으로 인해 건설비 및 운영비의 대폭 증가도 불가피한 바, 경부고속철도의 경우 오송역 등 4개 역 신설로 인한 추가 건설비는 약 5,000억 원에 달한다. 운행시간도 당초 서울 ~ 부산 간 1시간 56분에서 2시간 18분으로 22분 지연되었으며, 역 추가 신설에 따른 선로분기기, 전환기, 신호기 등 시설물이 추가로 설치됨에 따라 유지보수비 증가 등 과잉 시설의 한 요인으로 작용했다. 이러한 역간 거리와 관련하여 도시철도의 경우 도시철도건설규칙에서 정거장 간 거리를 1km 이상으로 규정함으로써 표준 역간거리를 제시하고 있으나, 고속철도, 일반철도 및 광역철도의 정거장 위치와 역간 거리는 교통수요, 정거장 접근거리, 운행속도, 여객 및 화물열차 운행방법, 정거장 건설 및 운영비용, 선로용량 등 단일 차량과 단일 정차패턴이 기본인 도시철도에 비해 복잡한 변수를 내포함으로써 표준안을 제시하기가 용이하지 않았으며 관련 연구가 매우 부족한 상황이다.

① 외국인 노선별 역간 거리 비교
② 역간 거리가 철도 운행 사업자에게 미치는 영향 분석
③ 역간 거리 연장을 어렵게 하는 사회적인 요인 파악
④ 역세권 개발과 부동산 시장과의 상호 보완요인 파악

✔ 해설 필자는 현재 우리나라의 역간 거리가 타 비교대상에 비해 짧게 형성되어 있어 운행 속도 저하에 따른 속도경쟁력 약화를 문제점으로 지적하고 있다. 따라서 역간 거리가 현행보다 길어야 한다는 주장을 뒷받침할 수 있는 선택지 ① ~ ④와 같은 내용을 언급할 것으로 예상할 수 있다. 다만, 역세권 문제나 부동산 시장과의 연계성 등은 주제와의 관련성이 있다고 볼 수 없다.

28 다음 글을 읽고 화자의 견해로 미루어 짐작할 수 있는 것은?

> 신화를 문학의 하나로 보는 장르론적 사유(思惟)에서 벗어나 담론적 실천으로 바라보는 시각에서 신화는 그것과 연루된 인지와 행위를 다른 어떤 담론보다도 적극적으로 호명하는 장치를 갖고 있다. 다시 말해 신화가 있는 곳에 믿음이 있고 행위가 있으며, 이는 곧 신화가 갖는 강력한 지표성을 말해준다. 이러한 지표성으로 인해 우리는 신화가 우리의 삶에 미치는 직접적인 영향을 더욱 생생하게 경험할 수 있게 된다. 그러나 신화의 지표성은 신화를 개념화하는 것을 더욱 어렵게 만든다.
>
> 개념이 확정되는 것은 그것이 의미체계 어딘가에 제자리를 잡는 것을 말한다. 확고한 의미체계로 이루어진 담론이 그것과 지표적으로 연루된 현실의 간섭을 받는다면 그러한 세계는 그 확고함을 유지하기가 어려울 것이다. 신화의 개념은 그것이 갖는 지표성으로 인해 의미체계 안에서 늘 불안정한 위상을 갖는다. 그 때문에 신화는 강력한 담론이면서도 늘 해체의 위험에 노출되어 있다. 신화의 해체는 다음의 두 가지로 나타난다고 정리할 수 있을 것이다.
>
> 먼저, 신화는 탈신화적 해체에 노출된다. 이를 뮈토스(Mythos, 신화 체계)와 로고스(Logos, 이성 체계) 간에 이루어지는 상호작용으로 파악할 수 있다. 즉, 신화에 내포된 믿음은 맹목적인 것이지만, 신화는 그것을 합리적인 것으로 위장한다. 혹은 탈신화를 통해 얻어진 합리성이라 하더라도, 그것이 어느 순간 맹목적인 믿음의 모습으로 돌변하기도 한다. 그러므로 신화는 늘 명사가 아닌 동사의 모습으로 나타난다. 언제나 이러한 해체의 역동적인 움직임이 수반되기에 신화는 '신화함'이거나 '신화됨'으로 나타나는 것이다. 아울러 그러한 움직임에 대한 반작용을 필연적으로 함의한 역설적 동사인 것이다.
>
> 다음으로, 신화는 사유(思惟)의 한 형태로 문학이나 언어의 경계를 넘어서 존재한다. 기호 작용이라 규정됨으로써 그것은 존재론적이면서 인식론적인 모든 현상에 골고루 집부한다. 신화가 없는 곳은 문화가 없는 곳이고 인간이 없는 곳이다. 한마디로 신화는 필연적인 것이다.
>
> 신화의 이러한 특성 때문에 신화는 더욱 위험하고, 잠재적이며 때로는 무의식적인 것처럼 보인다. 그러나 바로 이 때문에 우리는 신화를 더욱 노출시키고, 실재화시키며, 의식화시킬 필요가 있다. 이것이 앞서 말한 탈신화일 터인데, 그러한 사유는 우리의 문화를 맹목으로 얼룩진 부패한 모습이 아닌 활발한 모습으로 숙성된 발효된 모습으로 거듭나게 할 것이다.

① 신화는 기존의 차원을 넘어선 보다 깊이 있는 사색을 통해 거듭나야 한다.
② 신화는 문학 외의 다양한 예술적 차원에서 사유되어야 한다.
③ 문학은 신화를 담론적 시각으로 바라보는 하나의 수단이다.
④ 신화를 노출함으로써 저마다의 문화를 더욱 수용할 수 있게 된다.

> ✔**해설** 제시문에서 신화는 문학적 장르에 한정되어 있음을 지적하고 보다 다양한 사유를 통해 문화를 활발한 모습으로 거듭나게 할 수 있다.

29 다음 글의 문맥을 참고할 때, 빈 칸에 들어갈 단어로 가장 적절한 것은?

> 최근 과학기술 평준화 시대에 접어들며 의약품과 의료기술 성장은 인구 구조의 고령화를 촉진하여 노인인구의 급증은 치매를 포함한 신경계 질환 (   ) 증가에 영향을 주고 있다. 따라서 질병 치료 이후의 재활, 입원 기간 동안의 삶의 질 등 노년층의 건강한 생활에 대한 사회적 관심이 증가되고 있다. 사회적 통합 기능이 특징인 음악은 사람의 감정과 기분에 강한 영향을 주는 매체로 단순한 생활 소음과는 차별되어 아동기, 청소년기의 음악교과 활동뿐만 아니라 다양한 임상 분야와 심리치료 현장에서 활용되고 있다. 일반적으로 부정적 심리상태를 안정시키는 역할로 사용되던 음악은 최근 들어 구체적인 인체 부위의 생리적 기전(Physiological Mechanisms)에 미치는 효과에 관심을 갖게 되었다.

① 유병률
② 전염률
③ 발병률
④ 점유율

✔ 해설 문맥으로 보아 전염률, 점유율, 질병률은 전혀 관계가 없다. 유병률과 발병률은 다른 의미이며, 이 차이를 구분하는 것이 문제 해결의 관건이 될 수 있다. 유병률은 전체 인구 중 특정한 장애나 질병 또는 심리신체적 상태를 지니고 있는 사람들의 분율로서, 어느 시점 또는 어느 기간에 해당 장애나 질병, 심리신체적 상태를 지니고 있는 사람의 수를 전체 인구 수로 나누어 계산한다. 유병률은 이전부터 해당 장애가 있었든 아니면 해당 장애가 새로 생겼든 간에 현재 그 장애를 앓고 있는 모든 사람을 뜻하는 반면, 발병률 또는 발생률(incidence rate 또는 incidence)은 일정 기간 동안에 모집단 내에서 특정 질병을 새롭게 지니게 된 사람의 분율을 뜻한다. 유병은 집단 내의 개체 간 차이를 반영하는 현상이라는 점에서 발생과 구별된다. 발생은 한 개체 내에서 일어난 특정 상태의 변화를 말한다.

Answer 28.① 29.①

30 다음 글의 문맥으로 보아 밑줄 친 단어의 쓰임이 올바른 것은?

우리나라의 저임금근로자가 소규모사업체 또는 자영업자에게 많이 고용되어 있기 때문에 최저임금의 급하고 과도한 인상은 많은 자영업자의 추가적인 인건비 인상을 ㉠표출할 것이다. 이것은 최저임금위원회의 심의 과정에서 지속적으로 논의된 사안이며 ㉡급박한 최저임금 인상에 대한 가장 강력한 반대 논리이기도 하다. 아마도 정부가 최저임금 결정 직후에 매우 포괄적인 자영업 지원 대책을 발표한 이유도 이것 때문으로 보인다. 정부의 대책에는 기존의 자영업 지원대책을 비롯하여 1차 분배를 개선하기 위한 장·단기적인 대책과 단기적 충격 완화를 위한 현금지원까지 포함되어 있다. 현금지원의 1차적인 목적은 자영업자 보호이지만 최저임금제도가 근로자 보호를 위한 제도이기 때문에 궁극적인 목적은 근로자의 고용 안정 도모이다. 현금지원에 고용안정자금이라는 꼬리표가 달린 이유도 이 때문일 것이다.

정부의 현금지원 발표 이후 이에 대한 비판이 쏟아졌다. 비판의 요지는 자영업자에게 최저임금 인상으로 인한 추가적인 인건비 부담을 현금으로 지원할거면 최저임금을 덜 올리고 현금지원 예산으로 근로 장려세제를 ㉢축소하면 되지 않느냐는 것이다. 그러나 이는 두 정책의 대상을 ㉣혼동하기 때문에 제기되는 주장이라고 판단된다. 최저임금은 1차 분배 단계에서 임금근로자를 보호하기 위한 제도적 틀이고 근로 장려세제는 취업의 의지가 낮은 노동자의 노동시장 참여를 유보하기 위해 고안된 사회부조(2차 분배)라는 점을 기억해야 할 것이다. 물론 현실적으로 두 정책의 적절한 조합이 필요할 것이다.

① ㉠
② ㉡
③ ㉢
④ ㉣

✔**해설** '구별하지 못하고 뒤섞어서 생각함'을 이르는 '혼동'은 올바르게 사용된 단어이며, '혼돈'으로 잘못 쓰지 않도록 주의한다.
① 최저임금 인상이 자영업자의 추가적인 인건비 인상을 발생시키는 원인이 된다는 내용이므로 '표출'이 아닌 '초래'하는 것이라고 표현해야 한다.
② 앞의 내용으로 보아 급하고 과도한 최저임금인상에 대한 수식어가 될 것이므로 '급격한'이 올바른 표현이다.
③ 최저임금인상 대신 그만큼에 해당하는 근로 장려세제를 '확대'하는 것의 의미를 갖는 문장이다.

31 다음 글의 중심 화제로 적절한 것은?

> 전통은 물론 과거로부터 이어 온 것을 말한다. 이 전통은 대체로 그 사회 및 그 사회의 구성원인 개인의 몸에 배어 있는 것이다. 그러므로 스스로 깨닫지 못하는 사이에 전통은 우리의 현실에 작용하는 경우가 있다. 그러나 과거에서 이어 온 것을 무턱대고 모두 전통이라고 한다면, 인습이라는 것과의 구별이 서지 않을 것이다. 우리는 인습을 버려야 할 것이라고는 생각하지만, 계승해야 할 것이라고는 생각하지 않는다. 여기서 우리는, 과거에서 이어 온 것을 객관화하고, 이를 비판하는 입장에 서야 할 필요를 느끼게 된다. 그 비판을 통해서 현재의 문화 창조에 이바지할 수 있다고 생각되는 것만을 우리는 전통이라고 불러야 할 것이다. 이같이, 전통은 인습과 구별될뿐더러, 또 단순한 유물과도 구별되어야 한다. 현재의 문화를 창조하는 일과 관계가 없는 것을 우리는 문화적 전통이라고 부를 수가 없기 때문이다.

① 전통의 본질
② 인습의 종류
③ 문화 창조의 본질
④ 외래 문화 수용 자세

✔해설 전통은 과거로부터 이어온 것 중 현재의 문화 창조에 이바지할 수 있는 것만을 말한다. 인습이나 유물은 현재 문화 창조에 이바지할 수 없으므로 전통과는 구별되어야 한다는 것이 글의 중심 내용이다.

32 다음 글에 대한 내용으로 가장 적절하지 않은 것은?

> 지속되는 불황 속에서도 남 몰래 웃음 짓는 주식들이 있다. 판매단가는 저렴하지만 시장점유율을 늘려 돈을 버는 이른바 '박리다매', '저가 실속형' 전략을 구사하는 종목들이다. 대표적인 종목은 중저가 스마트폰 제조업체에 부품을 납품하는 업체이다. A증권에 따르면 전 세계적으로 200달러 이하 중저가 스마트폰이 전체 스마트폰 시장에서 차지하는 비중은 2015년 11월 35%에서 지난 달 46%로 급증했다. 세계 스마트폰 시장 1등인 B전자도 최근 스마트폰 판매량 가운데 40% 가량이 중저가 폰으로 분류된다. 중저가용에 집중한 중국 C사와 D사의 2분기 세계 스마트폰 시장점유율은 전 분기 대비 각각 43%, 23%나 증가해 B전자나 E전자 10%대 초반 증가율보다 월등히 앞섰다. 이에 따라 국내외 스마트폰 업체에 중저가용 부품을 많이 납품하는 F사, G사, H사, I사 등이 조명 받고 있다.
>
> 주가가 바닥을 모르고 내려간 대형 항공주와는 대조적으로 저가항공주 주가는 최근 가파른 상승세를 보였다. J항공을 보유한 K사는 최근 두 달 새 56% 상승세를 보였다. 같은 기간 L항공을 소유한 M사 주가도 25% 가량 올랐다. 저가항공사 점유율 상승이 주가 상승으로 이어지는 것으로 보인다. 국내선에서 저가항공사 점유율은 2012년 23.5%에서 지난 달 31.4%까지 계속 상승해왔다. 홍길동 ○○증권 리서치센터 장은 "글로벌 복합위기로 주요국에서 저성장·저투자 기조가 계속되는 데다 개인들은 부채 축소와 고령화에 대비해야 하기 때문에 소비를 늘릴 여력이 줄었다."며 "값싸면서도 멋지고 질도 좋은 제품이 계속 주목받을 것"이라고 말했다.

① '박리다매' 주식은 F사, G사, H사, I사의 주식이다.

② 저가항공사 점유율은 계속 상승세를 보이고 있는 반면 대형 항공주는 주가 하락세를 보였다.

③ 글로벌 복합위기와 개인들의 부채 축소, 고령화 대비에 따라 값싸고 질 좋은 제품이 주목받을 것이다.

④ B전자가 주력으로 판매하는 스마트폰이 중저가 폰에 해당한다.

> ✔ **해설** B전자는 세계 스마트폰 시장 1등이며, 최근 중저가 폰의 판매량이 40% 나타났지만 B전자가 주력으로 판매하는 폰이 중저가 폰인지는 알 수 없다.

┃ 33 ~ 34 ┃ 다음 글을 논리적으로 바르게 배열한 것은?

33

⊙ 왜냐하면 현대예술이 주목하는 것들 또한 인간과 세계의 또 다른 본질적인 부분이기 때문이다. 실제로 이런 가능성은 다양한 분야에서 실현되고 있다.

ⓛ 오늘날에는 다양한 미감(美感)들이 공존하고 있다. 일상 세계에서는 '가벼운 미감'이 향유되는가 하면, 다른 한편에서는 전통예술과는 매우 다른 현대예술의 반미학적 미감 또한 넓게 표출되고 있다. 그러면 이들 사이의 관계를 어떻게 받아들일 것인가

ⓒ 오늘날 현대무용은 성립 시기에 배제했던 고전발레의 동작을 자기 속에 녹여 넣고 있으며, 현대 음악도 전통적 리듬과 박자를 받아들여 풍성한 표현 형식을 얻고 있다.

ⓔ 먼저 순수예술의 미감에 대해서 생각해 보자. 현대예술은 의식보다는 무의식, 필연보다는 우연을, 균제보다는 파격을, 인위성보다는 자연성을 내세운다. 따라서 얼핏 보면 전통예술과 현대예술은 서로 대립하는 것처럼 보이지만, 이 둘은 겉보기와는 달리 상호 보완의 가능성을 품고 있다.

① ⊙-ⓛ-ⓒ-ⓔ

② ⓛ-ⓒ-⊙-ⓔ

③ ⓛ-ⓔ-⊙-ⓒ

④ ⓒ-⊙-ⓛ-ⓔ

✔️**해설** 제시문을 가장 자연스럽게 배열하면 다음과 같다. ⓛ 다양한 미감들의 공존(화제 제시) → ⓔ 순수예술에서 현대예술과 전통예술의 상호보완 가능성 → ⊙ 현대예술과 전통예술이 상호보완 가능성을 품는 이유 → ⓒ 현대예술과 전통예술의 상호보완이 실현된 예

34

> ⊙ 오늘날까지 인류가 알아낸 지식은 한 개인이 한 평생 체험을 거듭할지라도 그 몇 만분의 일도 배우기 어려운 것이다.
>
> ⓒ 가령, 무서운 독성을 가진 콜레라균을 어떠한 개인이 먹어 보아서 그 성능을 증명하려 하면, 그 사람은 그 지식을 얻기 전에 벌써 죽어 버리고 말게 될 것이다.
>
> ⓒ 지식은 그 종류와 양이 무한하다.
>
> ⓔ 또 지식 중에는 체험으로써 배우기에는 너무 위험한 것도 많다.
>
> ⓜ 그러므로 체험만으로써 모든 지식을 얻으려는 것은 매우 졸렬한 방법일 뿐 아니라, 거의 불가능한 일이라 하겠다.

① ⓒ - ⊙ - ⓔ - ⓒ - ⓜ

② ⓒ - ⓔ - ⊙ - ⓒ - ⓜ

③ ⊙ - ⓒ - ⓒ - ⓜ - ⓔ

④ ⊙ - ⓒ - ⓔ - ⓜ - ⓒ

✔ 해설 　제시문을 가장 자연스럽게 배열하면 다음과 같다. ⓒ 무한한 지식의 종류와 양→⊙ 인간이 얻을 수 있는 지식의 한계→ⓔ 체험으로써 배우기 어려운 지식→ⓒ 체험으로 배우기 위험한 지식의 예→ⓜ 체험으로써 모든 지식을 얻기란 불가능함

35 다음 글에서 추론할 수 있는 내용만을 모두 고른 것은?

'도박사의 오류'라고 불리는 것은 특정 사건과 관련 없는 사건을 관련 있는 것으로 간주했을 때 발생하는 오류이다. 예를 들어, 주사위 세 개를 동시에 던지는 게임을 생각해 보자. 첫 번째 던지기 결과는 두 번째 던지기 결과에 어떤 영향도 미치지 않으며, 이런 의미에서 두 사건은 서로 상관이 없다. 마찬가지로 10번의 던지기에서 한 번도 6의 눈이 나오지 않았다는 것은 11번째 던지기에서 6의 눈이 나온다는 것과 아무런 상관이 없다. 그럼에도 불구하고, 우리는 "10번 던질 동안 한 번도 6의 눈이 나오지 않았으니, 이번 11번째 던지기에는 6의 눈이 나올 확률이 무척 높다."라고 말하는 경우를 종종 본다. 이런 오류를 '도박사의 오류 A'라고 하자. 이 오류는 지금까지 일어난 사건을 통해 미래에 일어날 특정 사건을 예측할 때 일어난다.

하지만 반대 방향도 가능하다. 즉, 지금 일어난 특정 사건을 바탕으로 과거를 추측하는 경우에도 오류가 발생한다. 다음 사례를 생각해보자. 당신은 친구의 집을 방문했다. 친구의 방에 들어가는 순간, 친구는 주사위 세 개를 던지고 있었으며 그 결과 세 개의 주사위에서 모두 6의 눈이 나왔다. 이를 본 당신은 "방금 6의 눈이 세 개가 나온 놀라운 사건이 일어났다는 것에 비춰볼 때, 내가 오기 전에 너는 주사위 던지기를 무척 많이 했음에 틀림없다."라고 말한다. 당신은 방금 놀라운 사건이 일어났다는 것을 바탕으로 당신 친구가 과거에 주사위 던지기를 많이 했다는 것을 추론한 것이다. 하지만 이것도 오류이다. 당신이 방문을 여는 순간 친구가 던진 주사위들에서 모두 6의 눈이 나올 확률은 매우 낮다. 하지만 이 사건은 당신 친구가 과거에 주사위 던지기를 많이 했다는 것에 영향을 받은 것이 아니다. 왜냐하면 문을 열었을 때 처음으로 주사위 던지기를 했을 경우에 문제의 사건이 일어날 확률과, 문을 열기 전 오랫동안 주사위 던지기를 했을 경우에 해당 사건이 일어날 확률은 동일하기 때문이다. 이 오류는 현재에 일어난 특정 사건을 통해 과거를 추측할 때 일어난다. 이를 '도박사의 오류 B'라고 하자.

ⓐ 甲이 당첨 확률이 매우 낮은 복권을 구입했다는 사실로부터 그가 구입한 그 복권은 당첨되지 않을 것이라고 추론하는 것은 도박사의 오류 A이다.
ⓑ 乙이 오늘 구입한 복권에 당첨되었다는 사실로부터 그가 오랫동안 꽤 많은 복권을 구입했을 것이라고 추론하는 것은 도박사의 오류 B이다.
ⓒ 丙이 어제 구입한 복권에 당첨되었다는 사실로부터 그가 구입했던 그 복권의 당첨 확률이 매우 높았을 것이라고 추론하는 것은 도박사의 오류 A도 아니며 도박사의 오류 B도 아니다.

① ⓐ ② ⓑ
③ ⓐⓒ ④ ⓑⓒ

✔해설 ⓐ 사건의 확률로 미래를 예측 → 도박사의 오류가 아니다.
ⓑ 도박사의 오류 B(확률이 낮은 사건이 일어난 것은 시행을 많이 해봤을 것이다)가 맞다.
ⓒ 도박사의 오류는 특정사건을 예측하거나 과거를 추측하는 문제이지 확률이 높고 낮음을 추론하는 것이 아니다. 도박사의 오류 A, B 둘 다 아니다.

Answer 34.① 35.④

36 다음은 「개인정보 보호법」과 관련한 사법 행위의 내용을 설명하는 글이다. 다음 글을 참고할 때, '공표' 조치에 대한 올바른 설명이 아닌 것은?

「개인정보 보호법」 위반과 관련한 행정처분의 종류에는 처분 강도에 따라 과태료, 과징금, 시정조치, 개선권고, 징계권고, 공표 등이 있다. 이 중, 공표는 행정질서 위반이 심하여 공공에 경종을 울릴 필요가 있는 경우 명단을 공표하여 사회적 낙인을 찍히게 함으로써 경각심을 주는 제재 수단이다.

「개인정보 보호법」 위반 행위가 은폐·조작, 과태료 1천만 원 이상, 유출 등 다음 7가지 공표기준에 해당하는 경우, 위반행위자, 위반 행위 내용, 행정처분 내용 및 결과를 포함하여 개인정보 보호위원회의 심의·의결을 거쳐 공표한다.

> ※ 공표기준
> 1. 1회 과태료 부과 총 금액이 1천만 원 이상이거나 과징금 부과를 받은 경우
> 2. 유출·침해사고의 피해자 수가 10만 명 이상인 경우
> 3. 다른 위반 행위를 은폐·조작하기 위하여 위반한 경우
> 4. 유출·침해로 재산상 손실 등 2차 피해가 발생하였거나 불법적인 매매 또는 건강 정보 등 민감 정보의 침해로 사회적 비난이 높은 경우
> 5. 위반 행위 시점을 기준으로 위반 상태가 6개월 이상 지속된 경우
> 6. 행정처분 시점을 기준으로 최근 3년 내 과징금, 과태료 부과 또는 시정조치 명령을 2회 이상 받은 경우
> 7. 위반 행위 관련 검사 및 자료제출 요구 등을 거부·방해하거나 시정조치 명령을 이행하지 않음으로써 이에 대하여 과태료 부과를 빋은 경우

공표절차는 과태료 및 과징금을 최종 처분할 때 ▲ 대상자에게 공표 사실을 사전 통보, ▲ 소명자료 또는 의견 수렴 후 개인정보보호위원회 송부, ▲ 개인정보보호위원회 심의·결, ▲ 홈페이지 공표 순으로 진행된다.

공표는 행정안전부장관의 처분 권한이지만 개인정보보호위원회의 심의·의결을 거치게 함으로써 「개인정보 보호법」 위반자에 대한 행정청의 제재가 자의적이지 않고 공정하게 행사되도록 조절해 주는 장치를 마련하였다.

① 공표는 「개인정보 보호법」 위반에 대한 가장 무거운 행정 조치이다.
② 행정안전부장관이 공표를 결정한다고 해서 반드시 최종 공표 조치가 취해져야 하는 것은 아니다.
③ 공표 조치가 내려진 대상자는 공표와 더불어 반드시 1천만 원 이상의 과태료를 납부하여야 한다.
④ 공표 조치를 받는 대상자는 사전에 이를 통보받게 된다.

해설 1천만 원 이상의 과태료가 내려지게 되면 공표 조치의 대상이 되나, 모든 공표 조치 대상자들이 과태료를 1천만 원 이상 납부해야 하는 것은 아니다. 과태료 금액에 의한 공표 대상자 이외에도 공표 대상에 포함될 경우가 있으므로 반드시 1천만 원 이상의 과태료가 공표 대상자에게 부과된다고 볼 수는 없다.
① 행정처분의 종류를 처분 강도에 따라 구분하였으며, 이에 따라 가장 무거운 조치가 공표인 것으로 판단할 수 있다.
② 제시글의 마지막 부분에서 언급하였듯이 개인정보보호위원회 심의ㆍ의결을 거쳐야 하므로 행정안전부장관의 결정이 최종적인 것이라고 단언할 수는 없다.
④ 과태료 또는 과징금 처분 시에 공표 사실을 대상자에게 사전 통보하게 된다.

37 다음 글을 순서대로 바르게 배열한 것은?

㉠ 적응의 과정은 북쪽의 문헌이나 신문을 본다든지 텔레비전, 라디오를 시청함으로써 이루어질 수 있는 극복의 원초적 단계이다.

㉡ 이질성의 극복을 위해서는 이질화의 원인을 밝히고 이를 바탕으로 해서 그것을 극복하는 단계로 나아가야 한다. 극복의 문제도 단계를 밟아야 한다. 일차적으로는 적응의 과정이 필요하다.

㉢ 남북의 언어가 이질화되었다고 하지만 사실은 그 분화의 연대가 아직 반세기에도 미치지 않았고 맞춤법과 같은 표기법은 원래 하나의 뿌리에서 갈라진 만큼 우리의 노력 여하에 따라서는 동질성의 회복이 생각 밖으로 쉬워질 수 있다.

㉣ 문제는 어휘의 이질화를 어떻게 극복할 것인가에 귀착된다. 우리가 먼저 밟아야 할 절차는 이질성과 동질성을 확인하는 일이다.

---

① ㉡ - ㉠ - ㉢ - ㉣
② ㉡ - ㉢ - ㉣ - ㉠
③ ㉢ - ㉣ - ㉡ - ㉠
④ ㉣ - ㉡ - ㉢ - ㉠

해설 ㉠은 적응의 과정을 ㉡은 이질성의 극복 방안, ㉢은 동질성 회복이 쉽다는 이야기로 ㉣은 이질화의 극복에 대한 문제 제기를 하고 있다. 그러므로 ㉢→㉣→㉡→㉠이 가장 자연스럽다.

38 다음은 T전자회사가 기획하고 있는 '전자제품 브랜드 인지도에 관한 설문조사'를 위하여 작성한 설문지의 표지 글이다. 다음 표지 글을 참고할 때, 설문조사의 항목에 포함되기에 가장 적절하지 않은 것은?

[전자제품 브랜드 인지도에 관한 설문조사]

안녕하세요? T전자회사 홍보팀입니다.

저희 T전자에서는 고객들에게 보다 나은 제품을 제공하기 위하여 전자제품 브랜드 인지도에 대한 고객 분들의 의견을 청취하고자 합니다. 전자제품 브랜드에 대한 여러분의 의견을 수렴하여 더 좋은 제품과 서비스를 공급하고자 하는 것이 이 설문조사의 목적입니다. 바쁘시더라도 잠시 시간을 내어 본 설문조사에 응해주시면 감사하겠습니다. 응답해 주신 사항에 대한 철저한 비밀 보장을 약속드립니다. 감사합니다.

T전자회사 홍보팀 담당자 홍길동
전화번호 : 1588-0000

---

① 귀하는 T전자회사의 브랜드인 'Think-U'를 알고 계십니까?

ㄱ 예   ㄴ 아니오

② 귀하가 주로 이용하는 전자제품은 어느 회사 제품입니까?

ㄱ T전자회사   ㄴ R전자회사   ㄷ M전자회사

③ 귀하에게 전자제품 브랜드 선택에 가장 큰 영향을 미치는 요인은 무엇입니까?

ㄱ 광고   ㄴ 지인 추천   ㄷ 기존 사용 제품   ㄹ 기타 (   )

④ 귀하가 일상생활에 가장 필수적이라고 생각하시는 전자제품은 무엇입니까?

ㄱ TV   ㄴ 통신기기   ㄷ 청소용품   ㄹ 주방용품

✔해설 설문조사지는 조사의 목적에 적합한 결과를 얻을 수 있는 문항으로 작성되어야 한다. 제시된 설문조사는 보다 나은 제품과 서비스 공급을 위하여 브랜드 인지도를 조사하는 것이 목적이므로, 자사 자사의 제품이 고객들에게 얼마나 인지되어 있는지, 어떻게 인지되었는지, 전자제품의 품목별 선호 브랜드가 동일한지 여부 등 인지도 관련 문항이 포함되어야 한다.

④ 특정 제품의 필요성을 묻고 있으므로 자사의 브랜드 인지도 제고와의 연관성이 낮아 설문조사 항목으로 가장 적절하지 않다.

39 다음 제시된 글의 내용과 일치하는 것을 모두 고른 것은?

유물(遺物)을 등록하기 위해서는 명칭을 붙인다. 이때 유물의 전반적인 내용을 알 수 있도록 하는 것이 바람직하다. 따라서 명칭에는 그 유물의 재료나 물질, 제작기법, 문양, 형태가 나타난다. 예를 들어 도자기에 청자상감운학문매병(青瓷象嵌雲鶴文梅瓶)이라는 명칭이 붙여졌다면, '청자'는 재료를, '상감'은 제작기법을, '운학문'은 문양을, '매병'은 그 형태를 각각 나타낸 것이다. 이러한 방식으로 다른 유물에 대해서도 명칭을 붙이게 된다.

유물의 수량은 점(點)으로 계산한다. 작은 화살촉도 한 점이고 커다란 철불(鐵佛)도 한 점으로 처리한다. 유물의 파편이 여럿인 경우에는 일괄(一括)이라 이름 붙여 한 점으로 계산하면 된다. 귀걸이와 같이 쌍(雙)으로 된 것은 한 쌍으로, 하나인 경우에는 한 짝으로 하여 한 점으로 계산한다. 귀걸이 한 쌍은, 먼저 그 유물번호를 적고 그 뒤에 각각 (2-1), (2-2)로 적는다. 뚜껑이 있는 도자기나 토기도 한 점으로 계산하되, 번호를 매길 때는 귀걸이의 예와 같이 하면 된다.

유물을 등록할 때는 그 상태를 잘 기록해 둔다. 보존상태가 완전한 경우도 많지만, 일부가 손상된 유물도 많다. 예를 들어 유물의 어느 부분이 부서지거나 깨졌지만 그 파편이 남아 있는 상태를 파손(破損)이라고 하고, 파편이 없는 경우를 결손(缺損)이라고 표기한다. 그리고 파손된 것을 붙이거나 해서 손질했을 때 이를 수리(修理)라 하고, 결손된 부분을 모조해 원상태로 재현했을 때는 복원(復原)이라는 용어를 사용한다.

㉠ 도자기 뚜껑의 일부가 손상되어 파편이 떨어진 유물의 경우, 뚜껑은 파편과 일괄하여 한 점이지만 도자기 몸체와는 별개이므로 전체가 두 점으로 계산된다.

㉡ 조선시대 방패의 한 귀퉁이가 부서져나가 그 파편을 찾을 수 없다면, 수리가 아닌 복원의 대상이 된다.

㉢ 위 자료에 근거해 볼 때, 청자화훼당초문접시(青瓷花卉唐草文皿)는 그 명칭에 비추어 청자상감운학문매병과 동일한 재료 및 문양을 사용하였으나, 그 제작기법과 형태에 있어서 서로 다른 것으로 추정된다.

㉣ 박물관이 소장하고 있는 한 쌍의 귀걸이 중 한 짝이 소실되는 경우에도 그 박물관 전체 유물의 수량이 줄어들지는 않을 것이다.

㉤ 일부가 결손된 철불의 파편이 어느 지방에서 발견되어 그 철불을 소장하던 박물관에서 함께 소장하게 된 경우, 그 박물관이 소장하는 전체 유물의 수량은 늘어난다.

① ㉠
② ㉡㉢
③ ㉡㉣
④ ㉠㉢㉤

✔해설 ㉠ 뚜껑과 도자기 몸체는 한 점으로 분류된다.
㉡ 파편을 찾을 수 없으면 결손이고 결손은 복원의 대상이 된다.
㉢ 재료만 동일하고 제작기법, 문양, 형태는 모두 다르다.
㉣ 한 쌍일 때도 한 점, 한 짝만 있을 때도 한 점으로 계산된다.
㉤ 파편이 발견되면 기존의 철불과 일괄로 한 점 처리된다.

Answer 38.④ 39.③

40 다음 글에서 추론할 수 있는 내용으로 옳은 것만을 고른 것은?

예술과 도덕의 관계, 더 구체적으로는 예술작품의 미적 가치와 도덕적 가치의 관계는 동서양을 막론하고 사상사의 중요한 주제들 중 하나이다. 그 관계에 대한 입장들로는 '극단적 도덕주의', '온건적 도덕주의', '자율성주의'가 있다. 이 입장들은 예술작품이 도덕적 가치판단의 대상이 될 수 있느냐는 물음에 각기 다른 대답을 한다.

극단적 도덕주의 입장은 모든 예술작품을 도덕적 가치판단의 대상으로 본다. 이 입장은 도덕적 가치를 가장 우선적인 가치이자 가장 포괄적인 가치로 본다. 따라서 모든 예술 작품은 도덕적 가치에 의해서 긍정적으로 또는 부정적으로 평가된다. 또한 도덕적 가치는 미적 가치를 비롯한 다른 가치들보다 우선한다. 이러한 입장을 대표하는 사람이 바로 톨스토이이다. 그는 인간의 형제애에 관한 정서를 전달함으로써 인류의 심정적 통합을 이루는 것이 예술의 핵심적 가치라고 보았다.

온건적 도덕주의는 오직 일부 예술작품만이 도덕적 판단의 대상이 된다고 보는 입장이다. 따라서 일부의 예술작품들에 대해서만 긍정적인 또는 부정적인 도덕적 가치판단이 가능하다고 본다. 이 입장에 따르면, 도덕적 판단의 대상이 되는 예술작품의 도덕적 가치와 미적 가치는 서로 독립적으로 성립하는 것이 아니다. 그것들은 서로 내적으로 연결되어 있기 때문에 어떤 예술작품이 가지는 도덕적 장점이 그 예술작품의 미적 장점이 된다. 또한 어떤 예술작품의 도덕적 결함은 그 예술작품의 미적 결함이 된다.

자율성주의는 어떠한 예술작품도 도덕적 가치판단의 대상이 될 수 없다고 보는 입장이다. 이 입장에 따르면, 도덕적 가치와 미적 가치는 서로 자율성을 유지한다. 즉, 도덕적 가치와 미적 가치는 각각 독립적인 영역에서 구현되고 서로 다른 기준에 의해 평가된다는 것이다. 결국 자율성주의는 예술작품에 대한 도덕적 가치판단을 범주착오에 해당하는 것으로 본다.

ⓐ 자율성주의는 극단적 도덕주의와 온건한 도덕주의가 모두 범주착오를 범하고 있다고 볼 것이다.
ⓑ 극단적 도덕주의는 모든 도덕적 가치가 예술작품을 통해 구현된다고 보지만 자율성주의는 그렇지 않을 것이다.
ⓒ 온건한 도덕주의에서 도덕적 판단의 대상이 되는 예술작품들은 모두 극단적 도덕주의에서도 도덕적 판단의 대상이 될 것이다.

① ⓐ   ② ⓑ
③ ⓐⓒ   ④ ⓑⓒ

> ✔해설 ⓐ 자율성주의는 예술작품에 대한 도덕적 가치판단을 범주착오에 해당하는 것으로 보기 때문에 극단적 도덕주의와 온건적 도덕주의 모두를 범주착오로 본다.
> ⓑ 모든 도덕적 가치가 예술작품을 통해 구현된다는 말은 언급한 적이 없다.
> ⓒ 극단적 도덕주의는 모든 예술작품을, 온건적 도덕주의는 일부 예술작품을 도덕적 판단의 대상으로 본다.

41 다음에 설명된 '자연적'의 의미를 바르게 적용한 것은?

> 미덕은 자연적인 것이고 악덕은 자연적이지 않은 것이라는 주장보다 더 비철학적인 것은 없다. 자연이라는 단어가 다의적이기 때문이다. '자연적'이라는 말의 첫 번째 의미는 '기적적'인 것의 반대로서, 이런 의미에서는 미덕과 악덕 둘 다 자연적이다. 자연법칙에 위배되는 현상인 기적을 제외한 세상의 모든 사건이 자연적이다. 둘째로, '자연적'인 것은 '흔하고 일상적'인 것을 의미하기도 한다. 이런 의미에서 미덕은 아마도 가장 '비자연적'일 것이다. 적어도 흔하지 않다는 의미에서의 영웅적인 덕행은 짐승 같은 야만성만큼이나 자연적이지 못할 것이다. 세 번째 의미로서, '자연적'은 '인위적'에 반대된다. 행위라는 것 자체가 특정 계획과 의도를 지니고 수행되는 것이라는 점에서, 미덕과 악덕은 둘 다 인위적인 것이라 할 수 있다. 그러므로 '자연적이다', '비자연적이다'라는 잣대로 미덕과 악덕의 경계를 그을 수 없다.

① 수재민을 돕는 것은 첫 번째와 세 번째 의미에서 자연적이다.
② 논개의 살신성인 행위는 두 번째와 세 번째 의미에서 자연적이지 않다.
③ 내가 산 로또 복권이 당첨되는 일은 첫 번째와 두 번째 의미에서 자연적이지 않다.
④ 벼락을 두 번이나 맞고도 살아남은 사건은 첫 번째와 두 번째 의미에서 자연적이다.

> ✔**해설** 첫 번째 의미 - 기적적인 것의 반대
> 두 번째 의미 - 흔하고 일상적인 것
> 세 번째 의미 - 인위적의 반대
> ① 기적적인 것의 반대는 맞으나 인위적인 것의 반대는 아니다.
> ② 흔하고 일상적인 것이 아니고, 인위적인 행위에 해당한다.
> ③ 기적적인 것의 반대이므로 맞으나 흔하고 일상적인 것은 아니다.
> ④ 기적적인 것의 반대이므로 맞으나 흔하고 일상적인 것은 아니다.

Answer 40.③ 41.②

다음 글의 문맥상 빈칸에 들어갈 말로 가장 적절한 것은?

여름이 빨리 오고 오래 가다보니 의류업계에서 '쿨링'을 컨셉으로 하는 옷들을 앞다퉈 내놓고 있다. 그물망 형태의 옷감에서 냉감(冷感)을 주는 멘톨(박하의 주성분)을 포함한 섬유까지 접근방식도 제각각이다. 그런데 가까운 미래에는 미생물을 포함한 옷이 이 대열에 합류할지도 모르겠다. 박테리아 같은 미생물은 여름철 땀냄새의 원인이라는데 어떻게 옷에 쓰일 수 있을까.

생물계에서 흡습형태변형은 널리 관찰되는 현상이다. 솔방울이 대표적인 예로 습도가 높을 때는 비늘이 닫혀있어 표면이 매끈한 덩어리로 보이지만 습도가 떨어지면 비늘이 삐죽삐죽 튀어나온 형태로 바뀐다. 밀이나 보리의 열매(낟알) 끝에 달려 있는 까끄라기도 습도가 높을 때는 한 쌍이 거의 나란히 있지만 습도가 낮아지면 서로 벌어진다. 이런 현상은 한쪽 면에 있는 세포의 길이(크기)가 반대쪽 면에 있는 세포에 비해 습도에 더 민감하게 변하기 때문이다. 즉 습도가 낮아져 세포 길이가 짧아지면 그쪽 면을 향해 휘어지는 것이다.

MIT의 연구자들은 미생물을 이용해서도 이런 흡습형태변형을 구현할 수 있는지 알아보기로 했다. 즉 습도에 영향을 받지 않는 재질인 천연라텍스 천에 농축된 대장균 배양액을 도포해 막을 형성했다. 대장균은 별도의 접착제 없이도 소수성 상호작용으로 라텍스에 잘 달라붙는다. 라텍스 천의 두께는 150 ~ 500μm(마이크로미터. 1μm는 100만분의 1m)이고 대장균 막의 두께는 1 ~ 5μm다. 이 천을 상대습도 15%인 건조한 곳에 두자 대장균 세포에서 수분이 빠져나가며 대장균 막이 도포된 쪽으로 휘어졌다. 이 상태에서 상대습도 95%인 곳으로 옮기자 천이 서서히 펴지며 다시 평평해졌다. 이 과정을 여러 차례 반복해도 같은 현상이 재현됐다.

연구자들은 원자힘현미경(AFM)으로 대장균 막을 들여다봤고 상대습도에 따라 크기(부피)가 변한다는 사실을 확인했다. 즉 건조한 곳에서는 대장균 세포부피가 30% 정도 줄어드는데, 이 효과가 천에서 세포들이 나란히 배열된 쪽을 수축시키는 현상으로 나타나 그 방향으로 휘어지는 것이다. 연구자들은 이런 흡습형태변형이 대장균만의 특성인지 미생물의 일반 특성인지 알아보기 위해 몇 가지 박테리아와 단세포 진핵생물인 효모에 대해서도 같은 실험을 해봤다. 그 결과 정도의 차이는 있었지만 패턴은 동일했다.

다음으로 연구자들은 양쪽 면에 미생물이 코팅된 천이 쿨링 소재로 얼마나 효과적인지 알아보기로 했다. 연구팀은 흡습형태변형이 효과를 낼 수 있도록 독특한 형태로 옷을 디자인했다. 즉, _____ 그 결과 공간이 생기면서 땀의 배출을 돕는다. 측정 결과 미생물이 코팅된 천으로 만든 옷을 입을 경우 같은 형태의 일반 천으로 만든 옷에 비해 피부 표면 공기의 온도가 2도 정도 낮아 쿨링 효과가 있는 것으로 나타났다.

① 체온이 높은 등 쪽으로 천이 휘어지게 되는 성질을 이용해 평상시에는 옷이 바깥쪽으로 더 튀어나오도록 디자인했다.

② 미생물이 코팅된 천이 땀으로 인한 습도의 영향을 잘 받을 수 있도록 옷의 안쪽 면에 부착하여 옷의 바깥쪽과는 완전히 다른 환경을 유지할 수 있도록 디자인했다.

③ 땀이 많이 나는 등 쪽에 칼집을 낸 형태로 만들어 땀이 안 날 때는 평평하다가 땀이 나면 피부 쪽 면의 습도가 높아져 미생물이 팽창해 천이 바깥쪽으로 휘어지도록 디자인했다.

④ 땀이 나서 습도가 올라가면 등 쪽의 세포 길이가 짧아질 것을 고려해 천이 안쪽으로 휘어져 공간이 생길 수 있도록 디자인했다.

> **✔ 해설** 흡습형태변형은 한쪽 면에 있는 세포의 길이(크기)가 반대 쪽 면에 있는 세포에 비해 습도에 더 민감하게 변하여, 습도가 낮아져 세포 길이가 짧아지면 그쪽 면을 향해 휘어지는 것을 의미한다고 언급되어 있다. 따라서 등에 땀이 나면 세포 길이가 더 짧은 바깥쪽으로 옷이 휘어지게 되므로 등 쪽 면에 공간이 생기게 되는 원리를 이용한 것임을 알 수 있다.

43 다음 글을 통해 추론할 수 있는 내용으로 가장 적절한 것은?

> 카발리는 윌슨이 모계 유전자인 mtDNA 연구를 통해 발표한 인류 진화 가설을 설득력 있게 확인시켜 줄 수 있는 실험을 제안했다. 만약 mtDNA와는 서로 다른 독립적인 유전자 가계도를 통해서도 같은 결론에 도달할 수 있다면 윌슨의 인류 진화에 대한 가설을 강화할 수 있다는 것이다.
>
> 이에 언더힐은 Y염색체를 인류 진화 연구에 이용하였다. 그가 Y염색체를 연구에 이용한 이유가 있다. 그것은 Y염색체가 하나씩 존재하는 특성이 있어 재조합을 일으키지 않고, 그 점은 연구 진행을 수월하게 하기 때문이다. 그는 Y염색체를 사용한 부계 연구를 통해 윌슨이 밝힌 연구결과와 매우 유사한 결과를 도출했다. 언더힐의 가계도도 윌슨의 가계도와 마찬가지로 아프리카 지역의 인류 원조 조상에 뿌리를 두고 갈라져 나오는 수형도였다. 또 그 수형도는 인류학자들이 상상한 장엄한 떡갈나무가 아니라 윌슨이 분석해 놓은 약 15만 년밖에 안 된 키 작은 나무와 매우 유사하였다.
>
> 별개의 독립적인 연구로 얻은 두 자료가 인류의 과거를 똑같은 모습으로 그려낸다면 그것은 대단한 설득력을 지닌다. mtDNA와 같은 하나의 영역만이 연구된 상태에서는 그 결과가 시사적이기는 해도 결정적이지는 않다. 그 결과의 양상은 단지 DNA의 특정 영역에 일어난 특수한 역사만을 반영하는 것일 수도 있기 때문이다. 하지만 언더힐을 Y염색체에서 유사한 양상을 발견함으로써 그 불완전성은 크게 줄어들었다. 15만 년 전에 아마도 전염병이나 기후 변화로 인해 유전자 다양성이 급격하게 줄어드는 현상이 일어났을 것이다.

① 윌슨의 mtDNA 연구결과는 인류 진화 가설에 대한 결정적인 증거였다.
② 부계 유전자 연구와 모계 유전사 언구를 통해 얻은 각각의 인류 진화 수형도는 매우 비슷하디.
③ 윌슨과 언더힐의 연구결과는 현대 인류 조상의 기원에 대한 인류학자들의 견해를 뒷받침한다.
④ 언더힐은 우리가 갖고 있는 Y염색체 연구를 통해 인류가 아프리카에서 유래했다는 것을 부정했다.

> ✔해설 ① mtDNA와 같은 하나의 영역만이 연구된 상태에서는 그 결과가 시사적이기는 해도 결정적이지는 않다.
> ③ 그 수형도는 인류학자들이 상상한 장엄한 떡갈나무가 아니라 윌슨이 분석해 놓은 약 15만 년밖에 안 된 키 작은 나무와 매우 유사하였다.
> ④ 언더힐의 가계도도 윌슨의 가계도와 마찬가지로 아프리카 지역의 인류 원조 조상에 뿌리를 두고 갈라져 나오는 수형도였다.

44 다음 글의 내용과 부합하는 것은?

> '청렴(淸廉)'은 현대 사회에서 좁게는 반부패와 동의어로 사용되며 넓게는 투명성과 책임성 등을
> 포괄하는 통합적 개념으로 사용되고 있다. 유학자들은 청렴을 효제와 같은 인륜의 덕목보다는 하위
> 에 두었지만 군자라면 마땅히 지켜야 할 일상의 덕목으로 중시하였다. 조선의 대표적 유학자였던 이
> 황과 이이는 청렴을 사회 규율이자 개인 처세의 지침으로 강조하였다. 특히 공적 업무에 종사하는
> 사람이라면 사회 규율로서의 청렴이 개인의 처세와 직결된다는 점에 유념해야 한다고 보았다.
>
> 청렴에 대한 논의는 정약용의 「목민심서」에서 본격적으로 나타난다. 정약용은 청렴이야말로 목민
> 관이 지켜야 할 근본적인 덕목이며 목민관의 직무는 청렴이 없이는 불가능하다고 강조하였다. 정약
> 용은 청렴을 당위의 차원에서 주장하는 기존의 학자들과 달리 행위자 자신에게 실질적 이익이 된다
> 는 점을 들어 설득하고자 한다. 그는 청렴은 큰 이득이 남는 장사라고 말하면서, 지혜롭고 욕심이 큰
> 사람은 청렴을 택하지만 지혜가 짧고 욕심이 작은 사람은 탐욕을 택한다고 설명한다. 정약용은 "지자
> (知者)는 인(仁)을 이롭게 여긴다."라는 공자의 말을 빌려 "지혜로운 자는 청렴함을 이롭게 여긴다."
> 라고 하였다. 비록 재물을 얻는 데 뜻이 있더라도 청렴함을 택하는 것이 결과적으로는 지혜로운 선
> 택이라고 정약용은 말한다. 목민관의 작은 탐욕은 단기적으로 보면 눈앞의 재물을 취하여 이익을 얻
> 을 수 있겠지만 궁극에는 개인의 몰락과 가문의 불명예를 가져올 수 있기 때문이다.
>
> 정약용은 청렴을 지키는 것은 두 가지 효과가 있다고 보았다. 첫째, 청렴은 다른 사람에게 긍정적
> 효과를 미친다. 목민관이 청렴할 경우 백성을 비롯한 공동체 구성원에게 좋은 혜택이 돌아갈 것이다.
> 둘째, 청렴한 행위를 하는 것은 목민관 자신에게도 좋은 결과를 가져다준다. 청렴은 그 자신의 덕을
> 높이는 것일 뿐 아니라 자신의 가문에 빛나는 명성과 영광을 가져다줄 것이다.

① 정약용은 청렴이 목민관이 반드시 지켜야 할 덕목임을 당위론 차원에서 정당화하였다.

② 정약용은 탐욕을 택하는 것보다 청렴을 택하는 것이 이롭다는 공자의 뜻을 계승하였다.

③ 정약용은 청렴한 사람은 욕심이 작기 때문에 재물에 대한 탐욕에 빠지지 않는다고 보았다.

④ 정약용은 청렴이 백성에게 이로움을 줄 뿐 아니라 목민관 자신에게도 이로운 행위라고 보았다.

✔ 해설 ① 정약용은 청렴을 당위의 차원에서 주장하는 기존의 학자들과 달리 행위자 자신에게 실질적 이익이
　　　　　되다는 점을 들어 설득하고자 하였다.
② 정약용은 "지자(知者)는 인(仁)을 이롭게 여긴다."라는 공자의 말을 빌려 "지혜로운 자는 청렴함을 이
　　　　　롭게 여긴다."라고 하였다.
③ 청렴은 큰 이득이 남는 장사라고 말하면서, 지혜롭고 욕심이 큰 사람은 청렴을 택하지만 지혜가 짧
　　　　　고 욕심이 작은 사람은 탐욕을 택한다고 설명한다.

45 다음 글을 통해 추론할 수 있는 것은?

> '핸드오버'란 이동단말기가 이동함에 따라 기존 기지국에서 이탈하여 새로운 기지국으로 넘어갈 때 통화가 끊기지 않도록 통화 신호를 새로운 기지국으로 넘겨주는 것을 말한다. 이런 핸드오버는 이동단말기, 기지국, 이동전화교환국 사이의 유무선 연결을 바탕으로 실행된다. 이동단말기가 기지국에 가까워지면 그 둘 사이의 신호가 점점 강해지는 데 반해, 이동단말기와 기지국이 멀어지면 그 둘 사이의 신호는 점점 약해진다. 이 신호의 세기가 특정값 이하로 떨어지게 되면 핸드오버가 명령되어 이동단말기와 새로운 기지국 간의 통화 채널이 형성된다. 이 과정에서 이동전화교환국과 기지국 간 연결에 문제가 발생하면 핸드오버가 실패하게 된다.
>
> 핸드오버는 이동단말기와 기지국 간 통화 채널 형성 순서에 따라 '형성 전 단절 방식'과 '단절 전 형성 방식'으로 구분될 수 있다. FDMA와 TDMA에서는 형성 전 단절 방식을, CDMA에서는 단절 전 형성 방식을 사용한다. 형성 전 단절 방식은 이동단말기와 새로운 기지국 간의 통화 채널이 형성되기 전에 기존 기지국과의 통화 채널을 단절하는 것을 말한다. 이와 반대로 단절 전 형성 방식은 이동단말기와 기존 기지국 간의 통화 채널이 단절되기 전에 새로운 기지국과의 통화 채널을 형성하는 방식이다. 이런 핸드오버 방식의 차이는 각 기지국이 사용하는 주파수 간 차이에서 비롯된다. 만약 각 기지국이 다른 주파수를 사용하고 있다면, 이동단말기는 기존 기지국과의 통화 채널을 미리 단절한 뒤 새로운 기지국에 맞는 주파수를 할당 받은 후 통화 채널을 형성해야 한다. 그러나 각 기지국이 같은 주파수를 사용하고 있다면, 그런 주파수 조정이 필요 없으며 새로운 통화 채널을 형성하고 나서 기존 통화 채널을 단절할 수 있다.

① 단절 전 형성 방식의 각 기지국은 서로 다른 주파수를 사용한다.
② 형성 전 단절 방식은 단절 전 형성 방식보다 더 빨리 핸드오버를 명령할 수 있다.
③ 이동단말기와 기존 기지국 간의 통화 채널이 단절되면 핸드오버가 성공한다.
④ CDMA에서는 하나의 이동단말기가 두 기지국과 동시에 통화 채널을 형성할 수 있지만 FDMA에서는 그렇지 않다.

✔ **해설** ① 단절 전 형성 방식은 이동단말기와 기존 기지국 간의 통화 채널이 단절되기 전에 새로운 기지국과의 통화 채널을 형성하는 방식이다.
    각 기지국이 같은 주파수를 사용하고 있다면, 그런 주파수 조정이 필요 없으며 새로운 통화 채널을 형성하고 나서 기존 통화 채널을 단절할 수 있다.
  ② 신호의 세기가 특정값 이하로 떨어지게 되면 핸드오버가 명령되어 이동단말기와 새로운 기지국 간의 통화 채널이 형성된다. 형성 전 단절 방식과 단절 전 형성 방식의 차이와는 상관 없다.
  ③ 새로운 기지국 간의 통화 채널이 형성되어야 함도 포함되어야 한다.

46 다음 글을 통해 알 수 있는 것은?

> 고전주의적 관점에서는 보편적 규칙에 따라 고전적 이상에 일치시켜 대상을 재현한 작품에 높은 가치를 부여한다. 반면 낭만주의적 관점에서는 예술가 자신의 감정이나 가치관, 문제의식 등을 자유로운 방식으로 표현한 것에 가치를 부여한다.
>
> 그렇다면 예술작품을 감상할 때에는 어떠한 관점을 취해야 할까? 예술작품을 감상한다는 것은 예술가를 화자로 보고, 감상자를 청자로 설정하는 의사소통 형식으로 가정할 수 있다. 고전주의적 관점에서는 재현 내용과 형식이 정해지기 때문에 화자인 예술가 중심이 된 의사소통 행위가 아니라 청자가 중심이 된 의사소통 행위라 할 수 있다. 즉, 예술작품 감상에 있어서 청자인 감상자는 보편적 규칙과 경험적 재현 방식을 통해 쉽게 예술작품을 수용하고 이해할 수 있게 된다. 그런데 의사소통 상황에서 청자가 중요시되지 않는 경우도 흔히 발견된다. 가령 스포츠 경기를 볼 때 주변 사람과 관련 없이 자기 혼자서 탄식하고 환호하기도 한다. 또한 독백과 같이 특정한 청자를 설정하지 않는 발화 행위도 존재한다. 낭만주의적 관점에서 예술작품을 이해하고 감상하는 것도 이와 유사하다. 낭만주의적 관점에서는, 예술작품을 예술가가 감상자를 고려하지 않은 채 자신의 생각이나 느낌을 자유롭게 표현한 것으로 보아야만 작품의 본질을 오히려 잘 포착할 수 있다고 본다.
>
> 낭만주의적 관점에서 올바른 작품 감상을 위해서는 예술가의 창작의도나 창작관에 대한 이해가 필요하다. 비록 관람과 감상을 전제하고 만들어진 작품이라 하더라도 그 가치는 작품이 보여주는 색채나 구도 등에 대한 감상자의 경험을 통해서만 파악되는 것이 아니다. 현대 추상회화 창시자의 한 명으로 손꼽히는 몬드리안의 예술작품을 보자. 구상적 형상 없이 선과 색으로 구성된 몬드리안의 작품들은, 그가 자신의 예술을 발전시켜 나가는 데 있어서 관심을 쏟았던 것이 무엇인지를 알지 못하면 이해하기 어렵다.

① 고전주의적 관점과 낭만주의적 관점의 공통점은 예술작품의 재현 방식이다.

② 고전주의적 관점에서 볼 때, 예술작품을 감상하는 것은 독백을 듣는 것과 유사하다.

③ 낭만주의적 관점에서 볼 때, 예술작품 창작의 목적은 감상자 위주의 의사소통에 있다.

④ 낭만주의적 관점에서 볼 때, 예술작품의 창작의도에 대한 충분한 소통은 작품 이해를 위해 중요하다.

✔️해설 ① 고전주의적 관점에서는 보편적 규칙에 따라 고전적 이상에 일치시켜 대상을 재현한 작품에 높은 가치를 부여한다. 반면 낭만주의적 관점에서는 예술가 자신의 감정이나 가치관, 문제의식 등을 자유로운 방식으로 표현한 것에 가치를 부여한다.

② 독백과 같이 특정한 청자를 설정하지 않는 발화 행위도 존재한다. 낭만주의적 관점에서 예술작품을 이해하고 감상하는 것도 이와 유사하다.

③ 고전주의적 관점에서는 재현 내용과 형식이 정해지기 때문에 화자인 예술가 중심이 된 의사소통 행위가 아니라 청자가 중심이 된 의사소통 행위라 할 수 있다.

Answer 45.④ 46.④

47 다음 글의 내용과 부합하지 않는 것은?

1776년 애덤 스미스가 '국부론(The Wealth of Nations)'을 펴낼 때는 산업혁명이 진행되는 때여서, 그는 공장과 새로운 과학기술에 매료되었다. 공장에서 각 부품을 잘 연결해 만든 기계에 연료를 투입하면 동륜(動輪)이 저절로 돌아가는 것이 신기했던 애덤 스미스는 시장경제도 커다란 동륜처럼 생각해서 그것을 구동하는 원리를 찾은 끝에 '자기 이득(self-interest)'이라는 에너지로 작동하는 시장경제의 작동원리를 발견했다. 이는 개인이 자기 자신의 이득을 추구하기만 하면 '보이지 않는 손'에 의해 공동체 이익을 달성할 수 있다는 원리다. 이것은 모두가 잘살기 위해서는 자신의 이득을 추구하기에 앞서 공동체 이익을 먼저 생각해야 한다는 당시 교회의 가르침에 견주어볼 때 가히 혁명적 발상이었다. 경제를 기계로 파악한 애덤 스미스의 후학들인 고전학파 경제학자들은 우주의 운행원리를 '중력의 법칙'과 같은 뉴턴의 물리학 법칙으로 설명하듯, 시장경제의 작동원리를 설명해주는 '수요 공급의 법칙'을 비롯한 수많은 경제법칙을 찾아냈다.

경제를 기계로 보았던 18세기 고전학파 경제학자들의 전통은 200년이나 지난 지금까지도 내려오고 있다. 경제예측을 전문으로 하는 이코노미스트들은 한 나라 거시경제를 여러 개 부문으로 구성된 것으로 상정하고, 각 부문 사이의 인과관계를 수식으로 설정하고, 에너지인 독립변수를 입력하면 국내총생산량이 얼마일지 계산할 수 있을 것으로 본다. 그래서 매년 연말이 되면 다음 해 국내총생산이 몇 % 증가할 것인지 소수점 첫째 자리까지 계산해서 발표하고, 매스컴에서는 이를 충실하게 게재하고 있다.

경제를 기계처럼 보는 인식은 기업의 생산량을 자본과 노동의 함수로 상정하고 있는 경제원론 교과서에 나오는 생산함수에서도 볼 수 있는데 기업이 얼마의 자본(기계)과 얼마의 노동을 투입하면 얼마의 제품을 생산할 수 있다고 설명한다. 하지만 이러한 인식에서 기업의 생산 과정 중 인간인 기업가의 위험부담 의지나 위기를 기회로 만드는 창의적 역할이 작용할 여지는 없다. 기계는 인간의 의지와 관계없이 만들어진 원리에 따라서 자동으로 작동하는 것이기 때문이다.

우리나라가 60년대 말에 세계은행(IBRD)에 제철소 건립에 필요한 차관을 요청했을 때 당시 후진국 개발 차관 담당자였던 영국인 이코노미스트가 후진국에서 일관제철소 건설은 불가능하다면서 차관 제공을 거절한 것은 기계론적 기업관으로 보면 이해할 수 있는데, 우리나라 기술 수준으로 보아 아무리 포항제철에 자본(기계)과 노동을 투입해도 철강이 생산되지 않을 것은 분명해 보였을 것이기 때문이다. 박태준 포철 회장이 생존해 있을 때 박 회장은 그 영국인을 만나서 "아직도 후진국에서 일관제철소 건설은 불가능하다고 생각하느냐?"라고 질문하였고 그는 여전히 "그렇다"고 대답했다고 한다. 박 회장이 세계적 종합제철소로 부상한 포항제철을 예로 들면서 한국은 가능했지 않았느냐고 반론을 제기하자, 그 사람은 "박태준이라는 인적 요인을 참작하지 못했다"고 실토했다는 이야기는 기업가와 기업가 정신의 중요성을 웅변적으로 보여주고 있다.

① 애덤 스미스는 시장 경제를 움직이는 작동 원리를 발견하였다.

② 고전학파 경제학자들은 경제를 기계처럼 보았다.

③ 일정량의 제품 생산을 투입되는 자본과 노동의 함수로 설명하는 것이 기업가 정신의 핵심이다.

④ 기업가와 기업가 정신 측면에서의 생산량 예측은 자본 및 노동 투입량만으로 계산하기 어렵다.

✔ 해설 일정량의 제품 생산을 투입되는 자본과 노동의 함수로 설명하는 것은 경제를 기계로 인식하는 고전학파 경제학자들의 주장이며, 이것은 주어진 글에서 제시한 포철의 종합제철소 건설의 예처럼 기업가의 위험 부담 의지나 위기를 기회로 만드는 창의적 역할 등 기업 활동 결과의 변수로 작용하는 기업가 정신을 고려하지 않은 것이었다.

① 애덤 스미스는 '자기 이득'을 그 원리로 찾아내었다고 설명하고 있다.

② 고전학파 경제학자들은 애덤 스미스의 이론을 따랐으며, '경제를 기계로 파악한 애덤 스미스의 후학'이라는 언급을 통해 알 수 있는 내용이다.

④ 자본 및 노동 투입량 외에 '인적 요인'이 있어야 한다.

48 다음은 주간회의를 끝마친 영업팀이 작성한 회의록이다. 다음 회의록을 통해 유추해 볼 수 있는 내용으로 적절하지 않은 것은?

[영업팀 10월 회의록]

회의일시	2021. 10. 11. 10:00 ~ 11:30	회의장소	5층 대회의실
참석자	팀장 이하 전 팀원		
회의안건	• 3/4분기 실적 분석 및 4/4사분기 실적 예상 • 본부장/팀장 해외 출장 관련 일정 수정 • 10월 바이어 내방 관련 계약 준비상황 점검 및 체류 일정 점검 • 월 말 부서 등반대회 관련 행사 담당자 지정 및 준비사항 확인		
안건별 F/up 사항	• 3/4분기 매출 및 이익 부진 원인 분석 보고서 작성(오 과장) • 항공 일정 예약 변경 확인(최 대리) • 법무팀 계약서 검토 상황 재확인(박 대리) • 바이어 일행 체류 일정(최 대리, 윤 사원) 　－ 호텔 예약 및 차량 이동 스케줄 수립 　－ 업무 후 식사, 관광 등 일정 수립 • 등반대회 진행 담당자 지정(민 과장, 서 사원) 　－ 참가 인원 파악 　－ 배정 예산 및 회사 지원 물품 수령 등 유관부서 협조 의뢰 　－ 이동 계획 수립 및 회식 장소 예약		
협조부서	총무팀, 법무팀, 회계팀		

① 오 과장은 회계팀에 의뢰하여 3/4분기 팀 집행 비용에 대한 자료를 확인해 볼 것이다.

② 최 대리와 윤 사원은 바이어 일행의 체류 기간 동안 업무 후 식사 등 모든 일정을 함께 보내게 될 것이다.

③ 윤 사원은 바이어 이동을 위하여 차량 배차 지원을 총무팀에 의뢰할 것이다.

④ 민 과장과 서 사원은 담당한 업무를 수행하기 위하여 회계팀과 총무팀의 협조를 의뢰하게 될 것이다.

✔ 해설 최 대리와 윤 사원은 바이어 일행 체류 일정을 수립하는 업무를 담당하게 되었으며, 이것은 적절한 계획 수립을 통하여 일정이나 상황에 맞는 인원을 배치하는 일이 될 것이므로, 모든 일정에 담당자가 동반하여야 한다고 판단할 수는 없다.

① 3/4분기 매출 부진 원인 분석 보고서 작성은 오 과장이 담당한다. 따라서 오 과장은 매출과 비용 집행 관련 자료를 회계팀으로부터 입수하여 분석할 것으로 판단할 수 있다.

③ 최 대리와 윤 사원은 바이어 일행의 체류 일정에 대한 업무를 담당하여야 하므로 총무팀에 차량 배차를 의뢰하게 된다.

④ 민 과장과 서 사원은 등반대회 진행을 담당하게 되었으므로 배정된 예산을 수령하기 위하여 회계팀, 회사에서 지원하는 물품을 수령하기 위하여 총무팀의 업무 협조를 의뢰하게 될 것으로 판단할 수 있다.

Answer 48.②

49 다음 글을 읽고 이 글을 뒷받침할 수 있는 주장으로 가장 적합한 것은?

> X선 사진을 통해 폐질환 진단법을 배우고 있는 의과대학 학생을 생각해 보자. 그는 암실에서 환자의 가슴을 찍은 X선 사진을 보면서, 이 사진의 특징을 설명하는 방사선 전문의의 강의를 듣고 있다. 그 학생은 가슴을 찍은 X선 사진에서 늑골뿐만 아니라 그 밑에 있는 폐, 늑골의 음영, 그리고 그것들 사이에 있는 아주 작은 반점들을 볼 수 있다. 하지만 처음부터 그럴 수 있었던 것은 아니다. 첫 강의에서는 X선 사진에 대한 전문의의 설명을 전혀 이해하지 못했다. 그가 가리키는 부분이 무엇인지, 희미한 반점이 과연 특정질환의 흔적인지 전혀 알 수가 없었다. 전문의가 상상력을 동원해 어떤 가상적 이야기를 꾸며내는 것처럼 느껴졌을 뿐이다. 그러나 몇 주 동안 이론을 배우고 실습을 하면서 지금은 생각이 달라졌다. 그는 문제의 X선 사진에서 이제는 늑골뿐 아니라 폐와 관련된 생리적인 변화, 흉터나 만성 질환의 병리학적 변화, 급성질환의 증세와 같은 다양한 현상들까지도 자세하게 경험하고 알 수 있게 될 것이다. 그는 전문가로서 새로운 세계에 들어선 것이고, 그 사진의 명확한 의미를 지금은 대부분 해석할 수 있게 되었다. 이론과 실습을 통해 새로운 세계를 볼 수 있게 된 것이다.

① 관찰은 배경지식에 의존한다.
② 과학에서의 관찰은 오류가 있을 수 있다.
③ 과학 장비의 도움으로 관찰 가능한 영역은 확대된다.
④ 관찰정보는 기본적으로 시각에 맺혀지는 상에 의해 결정된다.

> ✔해설 배경지식이 전혀 없던 상태에서는 X선 사진을 관찰하여도 아무 것도 찾을 수 없었으나 이론과 실습 등을 통하여 배경지식을 갖추고 난 후에는 X선 사진을 관찰하여 생리적 변화, 만성 질환의 병리석 변화, 급싱질환의 증세 등의 현상을 알게 되었다는 것을 보면 관찰은 배경지식에 의존한다고 할 수 있다.

50 다음 글의 내용과 부합하는 것을 〈보기〉에서 모두 고른 것은?

⑺ "회원이 카드를 분실하거나 도난당한 경우에는 즉시 서면으로 신고하여야 하고 분실 또는 도난당한 카드가 타인에 의하여 부정 사용되었을 경우에는 신고접수일 이후의 부정사용액에 대하여 는 전액을 보상하나, 신고접수한 날의 전날부터 15일 전까지의 부정사용액에 대하여는 금 2백만 원의 범위 내에서만 보상하고, 16일 이전의 부정사용액에 대하여는 전액 지급할 책임이 회원에게 있다."고 신용카드 발행회사 회원규약에 규정하고 있는 경우, 위와 같은 회원규약을 신의성실의 원칙에 반하는 무효의 규약이라고 볼 수 없다.

⑻ 카드의 월간 사용한도액이 회원 본인의 책임한도액이 되는 것은 아니므로 부정사용액 중 월간 사용한도액의 범위 내에서만 회원의 책임이 있는 것은 아니다.

⑼ 신용카드업법에 의하면 "신용카드 가맹점은 신용카드에 의한 거래를 할 때마다 신용카드 상의 서명과 매출전표 상의 서명이 일치하는지를 확인하는 등 당해 신용카드가 본인에 의하여 정당하게 사용되고 있는지 여부를 확인하여야 한다."라고 규정하고 있다. 따라서 가맹점이 위와 같은 주의 의무를 게을리하여 손해를 자초하거나 확대하였다면, 그 과실의 정도에 따라 회원의 책임을 감면해 주는 것이 거래의 안전을 위한 신의성실의 원칙상 정당하다.

〈보기〉

㉠ 신용카드사는 회원에 대하여 카드의 분실 및 도난 시 서면신고 의무를 부과하고, 부정사용액에 대한 보상액을 그 분실 또는 도난당한 카드의 사용 시기에 따라 상이하게 정할 수 있다.

㉡ 카드의 분실 또는 도난 사실을 서면으로 신고접수한 날의 전날까지의 부정사용액에 대해서는 자신의 월간 카드 사용한도액의 범위를 초과하여 회원이 책임을 질 수 있다.

㉢ 월간 사용한도액이 회원의 책임한도액이 되므로 부정사용액 중 원간사용한도액의 범위 내에는 회원의 책임이 있다.

㉣ 신용카드 가맹점이 신용카드의 부정사용 여부를 확인하지 않은 경우에는 가맹점 과실의 경중을 묻지 않고 회원의 모든 책임이 면제된다.

① ㉠㉡   ② ㉠㉢

③ ㉡㉢   ④ ㉡㉣

✔해설 ㉢ 카드의 월간 사용한도액이 회원 본인의 책임한도액이 되는 것은 아니므로 부정사용액 중 월간 사용한도액의 범위 내에서만 회원의 책임이 있는 것은 아니다.

　㉣ 신용카드가맹점이 신용카드의 부정사용 여부를 확인하지 않은 경우에는 그 과실의 정도에 따라 회원의 책임을 감면해 주는 것이지, 회원의 모든 책임이 면제되는 것은 아니다.

CHAPTER 02 수리능력

1 시온이가 책을 펼쳐서 나온 두 면의 쪽수의 곱이 506이라면, 시온이가 펼친 두 면 중 한 면의 쪽수가 될 수 있는 것은?

① 19

② 21

③ 23

④ 25

> ✔해설 펼쳤을 때 나온 왼쪽의 쪽수를 x라 하면, 오른쪽의 쪽수는 $x+1$이 된다.
>
> $x \times (x+1) = 506$
>
> $x^2 + x = 506$
>
> $x^2 + x - 506 = 0$
>
> $(x-22)(x+23) = 0$
>
> $\therefore x = 22$
>
> 펼친 두 면의 쪽수는 각각 22, 23가 된다.

2 10개의 공 중 빨간 공이 3개 들어 있다. 영희와 철수 두 사람이 차례로 한 개씩 공을 꺼낼 때 두 사람 중 한 사람만이 빨간 공을 꺼낼 확률을 구하면? (단, 꺼낸 공은 다시 넣지 않는다)

① $\dfrac{2}{5}$

② $\dfrac{7}{15}$

③ $\dfrac{8}{15}$

④ $\dfrac{3}{5}$

> ✔해설 영희가 빨간 공을 꺼내고 철수가 빨간 공을 꺼내지 않을 확률 : $\dfrac{3}{10} \times \dfrac{7}{9} = \dfrac{21}{90}$
>
> 영희가 빨간 공을 꺼내지 않고 철수가 빨간 공을 꺼낼 확률 : $\dfrac{7}{10} \times \dfrac{3}{9} = \dfrac{21}{90}$
>
> 두 확률을 더하면 $\dfrac{42}{90} = \dfrac{7}{15}$

3 배를 타고 길이가 10km인 강을 거슬러 올라가는 데 1시간, 내려오는 데 30분이 걸렸다. 이 강에 종이배를 띄우운다면 이 종이배가 1km를 떠내려가는데 몇 분이 걸리는가? (단, 배와 강물의 속력은 일정하고, 종이배는 바람 등의 외부의 영향을 받지 않는다.)

① 10분 ② 12분

③ 14분 ④ 16분

✔해설 배의 속력을 x, 강물의 속력을 y라 하면 거슬러 올라가는 데 걸리는 시간은 $\dfrac{10}{x-y}=1$이 되고, 내려오는 데 걸리는 시간은 $\dfrac{10}{x+y}=0.5$가 된다. 따라서 두 방정식을 연립하면 $x=3y$가 되므로 식에 적용하면 $x=15$, $y=5$가 된다. 따라서 종이배가 1km를 떠내려가는 데 시간 $= \dfrac{거리}{속력} = \dfrac{1km}{5km/h} = 0.2h = 12$분이 걸린다.

4 정아와 민주가 계단에서 가위바위보를 하는데, 이긴 사람은 2계단을 올라가고, 진 사람은 1계단을 내려간다고 한다. 두 사람이 가위바위보를 하여 처음보다 정아는 14계단, 민주는 5계단을 올라갔을 때, 민주는 몇 번 이겼는가? (단, 비기는 경우는 없다.)

① 7회 ② 8회

③ 10회 ④ 11회

✔해설 정아가 이긴 횟수를 x, 민주가 이긴 횟수를 y라 하면
$$\begin{cases} 2x-y=14 \\ 2y-x=5 \end{cases}$$
$3y=24 \Rightarrow y=8$
따라서 민주가 이긴 횟수는 8회이다.

5 40cm 높이의 수조 A와 30cm 높이의 수조 B에 물이 가득 차있다. 수조 A의 물 높이는 분당 0.6cm씩 감소되고 있고, 수조 B에서도 물이 감소되고 있다. 두 수조의 물 높이가 같아지는 것이 25분 후라고 할 때, 수조 B의 물 높이는 분당 몇 cm씩 감소되고 있는가?

① 0.1cm

② 0.15cm

③ 0.2cm

④ 0.25cm

✔해설 수조 B에서 분당 감소되는 물의 높이를 x라 하면,

$40 - (25 \times 0.6) = 30 - (25 \times x)$

∴ $x = 0.2cm$

6 지수가 낮잠을 자는 동안 엄마가 집에서 마트로 외출을 했다. 곧바로 잠에서 깬 지수는 엄마가 출발하고 10분 후 엄마의 뒤를 따라 마트로 출발했다. 엄마는 매분 100m의 속도로 걷고, 지수는 매분 150m의 속도로 걷는다면 지수는 몇 분 만에 엄마를 만나게 되는가?

① 10분

② 20분

③ 30분

④ 40분

✔해설 지수가 걸린 시간을 y, 엄마가 걸린 시간을 x라 하면

$\begin{cases} x - y = 10 \\ 100x = 150y \end{cases}$

$100(y + 10) = 150y \Rightarrow 5y = 100 \Rightarrow y = 20$

따라서 지수는 20분 만에 엄마를 만나게 된다.

7 소금 40g으로 5%의 소금물을 만들었다. 이 소금물에 새로운 소금물 40g을 넣었더니 농도가 7%가 되었다. 이때 넣은 소금물의 농도는?

① 41%   ② 43%

③ 45%   ④ 47%

 처음 소금의 양이 40g, 농도가 5%이므로 소금물의 양을 x 라 하면 $\frac{40}{x} \times 100 = 5 \cdots x = 800$이 된다. 여기

에 첨가한 소금물 속 소금의 양을 y 라 하면 최종 소금물의 농도가 7이므로 $\frac{40+y}{800+40} \times 100 = 7 \cdots y = 18.8$

이 된다. 따라서 추가한 소금물의 농도는 $\frac{18.8}{40} \times 100 = 47\%$가 된다.

8 유리는 자신이 운영하는 커피숍에서 커피 1잔에 원가의 3할 정도의 이익을 덧붙여서 판매를 하고 있다. 오전의 경우에는 타임할인을 적용해 450원을 할인해 판매하는데 이 때 원가의 15% 정도의 이익이 발생한다고 한다. 만약 커피 70잔을 오전에 판매하였을 시에 이익금을 계산하면?

① 27,352원   ② 28,435원

③ 30,091원   ④ 31,500원

✔ 해설 커피 한 잔의 원가를 x 라 하면,
$1.3x - 450 = 1.15x$
$0.15x = 450$
$= 3,000$

∴ 커피 70잔을 팔았을 때의 총 이익금은 $3,000 \times \frac{15}{100} \times 70 = 31,500$원이 된다.

9 A, B 두 사람이 가위바위보를 하여 이긴 사람은 세 계단씩 올라가고 진 사람은 한 계단씩 내려가기로 하였다. 이 게임이 끝났을 때 A는 처음보다 27계단, B는 7계단 올라가 있었다. A가 이긴 횟수는? (단, 비기는 경우는 없다.)

① 8회   ② 9회

③ 10회   ④ 11회

> **✔해설** A가 이긴 횟수를 a, B가 이긴 횟수를 b라고 하면
> $3a-b=27$, $3b-a=7$인 연립방정식이 만들어진다.
> 해를 구하면 $a=11$, $b=6$이므로, A는 11회를 이긴 것이 된다.

10 다음 표는 각국의 연구비에 대한 부담원과 사용 조직을 제시한 것이다. 알맞은 것은?

(단위 : 억 엔)

부담원 \ 사용 조직	국가	일본	미국	독일	프랑스	영국
정부	정부	8,827	33,400	6,590	7,227	4,278
	산업	1,028	71,300	4,526	3,646	3,888
	대학	10,921	28,860	7,115	4,424	4,222
산업	정부	707	0	393	52	472
	산업	81,161	145,000	34,771	11,867	16,799
	대학	458	2,300	575	58	322

① 독일 정부가 부담하는 연구비는 미국 정부가 부담하는 연구비의 약 반이다.

② 정부부담 연구비 중에서 산업의 사용 비율이 가장 높은 것은 프랑스이다.

③ 산업이 부담하는 연구비를 산업 자신이 사용하는 비율이 가장 높은 것은 프랑스이다.

④ 미국의 대학이 사용하는 연구비는 일본의 대학이 사용하는 연구비의 약 두 배이다.

> **✔해설** ① 독일 정부가 부담하는 연구비 : $6,590+4,526+7,115=18,231$
> 미국 정부가 부담하는 연구비 : $33,400+71,300+28,860=133,560$
> ② 정부부담 연구비 중에서 산업의 사용 비율이 가장 높은 것은 미국이며, 가장 낮은 것은 일본이다.
> ④ 미국 대학이 사용하는 연구비 : $28,860+2,300=31,160$
> 일본 대학이 사용하는 연구비 : $10,921+458=11,379$

▌11~12▌ 다음 두 자료는 일제강점기 중 1930~1936년 소작쟁의 현황에 관한 자료이다. 두 표를 보고 물음에 답하시오.

〈표1〉 소작쟁의 참여인원

(단위 : 명)

구분 \ 연도	1930	1931	1932	1933	1934	1935	1936
지주	860	1,045	359	1,693	6,090	22,842	29,673
마름	0	0	0	586	1,767	3,958	3,262
소작인	12,151	9,237	4,327	8,058	14,597	32,219	39,518
전체	13,011	10,282	4,686	10,337	22,454	59,019	72,453

〈표2〉 지역별 소작쟁의 발생건수

(단위 : 건)

지역 \ 연도	1930	1931	1932	1933	1934	1935	1936
강원도	4	1	6	4	92	734	2,677
경기도	95	54	24	119	321	1,873	1,299
경상도	230	92	59	300	1,182	5,633	7,040
전라도	240	224	110	1,263	5,022	11,065	7,712
충청도	139	315	92	232	678	3,714	8,136
평안도	5	1	0	16	68	1,311	1,733
함경도	0	0	0	2	3	263	404
황해도	13	10	14	41	178	1,241	947
전국	726	697	305	1,977	7,544	25,834	29,948

11 위의 두 표에 관한 설명으로 옳지 않은 것은?

① 1932년부터 지주의 소작쟁의 참여인원은 매년 증가하고 있다.

② 전국 소작쟁의 발생건수에서 강원도 소작쟁의 발생건수가 차지하는 비중은 1933년보다 1934년에 증가했다.

③ 충청도의 1936년 소작쟁의 발생건수는 전년도의 두 배 이상이다.

④ 1930년에 비해 1931년에 소작쟁의 발생건수가 증가한 지역은 없다.

> ✔해설 ④ 1930년에 비해 1931년에 소작쟁의 발생건수가 증가한 지역은 충청도 한 곳 뿐이다.

12 위의 두 표에서 전국 소작쟁의 발생 건당 참여인원이 가장 많은 해는?

① 1930년   ② 1933년

③ 1934년   ④ 1935년

> ✔해설
> ① 1930년 : $\dfrac{13,011}{726} = 17.92$
>
> ② 1933년 : $\dfrac{10,337}{1,977} = 5.22$
>
> ③ 1934년 : $\dfrac{22,454}{7,544} = 2.97$
>
> ④ 1935년 : $\dfrac{59,019}{25,834} = 2.28$
>
> ⑤ 1936년 : $\dfrac{72,453}{29,948} = 2.42$

13 다음은 도시 갑, 을, 병, 정의 공공시설 수에 대한 통계자료이다. A~D 도시를 바르게 연결한 것은?

(단위 : 개)

구분	2019			2020			2021		
	공공청사	문화시설	체육시설	공공청사	문화시설	체육시설	공공청사	문화시설	체육시설
A	472	54	36	479	57	40	479	60	42
B	239	14	22	238	15	22	247	16	23
C	94	5	9	96	5	10	100	6	10
D	96	14	10	98	13	12	98	13	12

※ 공공시설이란 공공청사, 문화시설, 체육시설만을 일컫는다고 가정한다.

> ㉠ 병의 모든 공공시설은 나머지 도시들의 공공시설보다 수가 적지만 2021년에 처음으로 공공청사의
>   수가 을보다 많아졌다.
> ㉡ 을을 제외하고 2020년 대비 2021년 공공시설 수의 증가율이 가장 작은 도시는 정이다.
> ㉢ 2020년 갑의 공공시설 수는 2019년과 동일하다.

	A	B	C	D
①	갑	을	병	정
②	을	갑	병	정
③	병	정	갑	을
④	정	갑	병	을

✔해설 ㉠ 모든 공공시설의 수가 나머지 도시들의 수보다 적은 도시는 C 도시이고, 2021년에 C도시의 공공청
  사의 수가 D 도시보다 많아졌으므로 C 도시는 병, D 도시는 을이다.
㉡ 을(D 도시)을 제외하고 2020년 대비 2021년 공공시설 수의 증가는 A 5개, B 11개, C(병) 5개이다.
  A의 공공시설의 수가 월등히 많은 데 비해 증가 수는 많이 않으므로 증가율이 가장 작은 도시인 정
  은 A 도시이다.
㉢ 2020년과 2021년의 공공시설 수가 같은 도시는 B 도시이다.
∴ A : 정, B : 갑, C : 병, D : 을

14 다음 그림에 대한 설명으로 가장 옳은 것은?

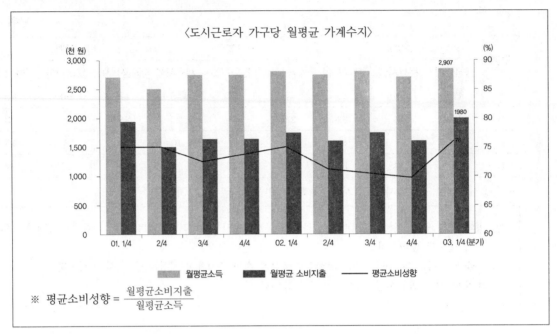

① 소득이 증가할수록 소비지출도 소득에 비례하여 증가하였다.

② 매년 1/4분기에는 동일 연도 다른 분기에 비해 소득에서 더 많은 부분을 소비하였다.

③ 우리나라 도시 근로자 가구는 대개 소득의 75~80% 정도를 지출하고 있다.

④ 월평균 소득과 평균소비성향은 서로 반비례적인 관계를 보인다.

✔해설 ① 소득의 증가와 소비지출의 증가가 반드시 일치하지는 않는다.
③ 우리나라 도시 근로자 가구는 대개 소득의 70 ~ 76% 정도를 지출하고 있다.
④ 월평균 소득과 평균소비성향은 서로 반비례적인 관계를 보이지 않는다.

┃15～16┃ 다음 표는 1885~1892년 동안 조선의 대청·대일 무역규모를 나타낸 자료이다. 다음 표를 보고 물음에 답하시오.

(단위 : 달러)

연도	조선의 수출액		조선의 수입액	
	대청	대일	대청	대일
1885	9,479	377,775	313,342	1,377,392
1886	15,977	488,041	455,015	2,064,353
1887	18,873	783,752	742,661	2,080,787
1888	71,946	758,238	860,328	2,196,115
1889	109,789	1,122,276	1,101,585	2,299,118
1890	70,922	3,475,098	1,660,075	3,086,897
1891	136,464	3,219,887	2,148,294	3,226,468
1892	149,861	2,271,628	2,055,555	2,555,675

※ 무역수지＝수출액－수입액

15 위의 표에 대한 설명으로 옳지 않은 것은?

① 1889년 조선의 대청 수출액은 수입액보다 적었다.
② 1887년 조선의 대일 수출액은 1885년의 대일 수출액의 2배 이상이다.
③ 1885~1892년 동안 조선의 대일 수입액은 매년 증가하고 있다.
④ 1885~1892년 동안 매년 조선의 대일 수출액은 대청 수출액의 10배 이상이다.

✔해설 ③ 1892년 조선의 대일 수입액은 전년에 비해 감소하였다.

16 1890년 조선의 대일 무역수지를 구하면?

① 378,201
② 388,201
③ 398,210
④ 387,201

✔해설 3,475,098－3,086,897＝388,201

┃17~18┃ 다음 〈표〉는 이용부문별 프린터 판매 및 매출 현황이다. 다음을 보고 물음에 답하시오.

(단위 : 대, 백만달러)

이용부문	판매대수	매출액
정부	317,593	122.7
교육	190,301	41.0
일반 가정	1,092,452	121.2
자영업	704,415	165.5
소규모 기업	759,294	270.6
중규모 기업	457,886	207.9
대규모 기업	415,620	231.4
계	3,937,561	1,160.3

※ 시장가격 $= \dfrac{\text{매출액}}{\text{판매대수}}$

17 위의 표에 대한 설명으로 옳지 않은 것은?

① 판매대수가 가장 많은 부문은 일반 가정 부문이다.

② 판매대수 총계에서 정부의 판매대수가 차지하는 비중은 10% 이하이다.

③ 판매대수가 많은 부문일수록 매출액도 크다.

④ 판매대수가 가장 적은 부문은 교육 부문이다.

✔ 해설 ③ 일반 가정 부문은 정부 부문보다 판매대수가 많지만 매출액은 더 적다.

18 위의 표에서 교육 부문의 시장가격은 약 얼마인가? (단, 소수점 이하는 버린다)

① 200달러

② 215달러

③ 230달러

④ 245달러

✔ 해설 $\dfrac{41,000,000}{190,301} = 215.44$

| 19~21 | 다음은 연도별 유·초·중고등 휴직 교원의 휴직사유를 나타낸 표이다. 다음을 보고 물음에 답하시오.

(단위 : 명)

구분	질병	병역	육아	간병	동반	학업	기타
2022	1,202	1,631	20,826	721	927	327	2,928
2021	1,174	1,580	18,719	693	1,036	353	2,360
2020	1,019	1,657	15,830	719	1,196	418	2,043
2019	547	1,677	12,435	561	1,035	420	2,196
2018	532	1,359	10,925	392	1,536	559	808
2017	495	1,261	8,911	485	1,556	609	806
2016	465	1,188	6,098	558	1,471	587	752
2015	470	1,216	5,256	437	1,293	514	709
2014	471	1,071	4,464	367	1,120	456	899

19 위의 표에 대한 설명으로 옳지 않은 것은?

① 2019년부터 2022년까지 휴직의 사유를 보면 육아의 비중이 가장 높다.
② 2014년부터 2022년까지 휴직의 사유 중 병역은 항상 질병의 비중보다 높다.
③ 2021년부터는 육아가 휴직 사유에서 차지하는 비중이 70%를 넘어서고 있다.
④ 2019년 휴직 사유 중 간병의 비중이 질병보다 낮다.

✔ 해설 2019년 휴직의 사유 중 간병이 질병의 비중보다 높다.

20 2016년 휴직의 사유 중 간병이 차지하는 비중으로 옳은 것은? (소수 둘째자리에서 반올림하시오)

① 4.7%

② 4.8%

③ 4.9%

④ 5.0%

> ✔해설 2016년의 휴직 합계＝4,65＋1,188＋6,098＋558＋1,471＋587＋752＝11,119
>
> 따라서 2016년 휴직 사유 중 간병이 차지하는 비율＝$\frac{558}{11,119} \times 100 = 5.01 \cdots$ 5.0%

21 2021년의 휴직 사유 중 육아가 차지하는 비율은 질병이 차지하는 비율의 몇 배인가?(모든 계산은 소수 첫째 자리에서 반올림하시오)

① 12배

② 13배

③ 14배

④ 15배

> ✔해설 2021년의 휴직 합계＝ $1,174＋1,580＋18,719＋693＋1,036＋353＋2,360 = 25,915$
>
> 육아가 차지하는 비율＝$\frac{18,719}{25,915} \times 100 = 72.2 \cdots$ 72%
>
> 질병이 차지하는 비율＝$\frac{1,174}{25,915} \times 100 = 4.5 \cdots$ 5%
>
> $72 \div 5 = 14.4 \cdots 14$

22 다음 표는 2020~2022년 동안 국립공원 내 사찰의 문화재 관람료에 관한 자료이다. 다음 자료에 대한 설명으로 옳지 않은 것은?

(단위 : 원)

국립공원	사찰	2020년	2021년	2022년
지리산	쌍계사	1,800	1,800	1,800
	화엄사	2,200	3,000	3,000
	천은사	1,600	1,600	1,600
	연곡사	1,600	2,000	2,000
경주	불국사	0	0	4,000
	석굴암	0	0	4,000
	기림사	0	0	3,000
계룡산	동학사	1,600	2,000	2,000
	갑사	1,600	2,000	2,000
	신원사	1,600	2,000	2,000
한려해상	보리암	1,000	1,000	1,000
설악산	신흥사	1,800	2,500	2,500
	백담사	1,600	0	0
속리산	법주사	2,200	3,000	3,000
내장산	내장사	1,600	2,000	2,000
	백양사	1,800	2,500	2,500
가야산	해인사	1,900	2,000	2,000
덕유산	백련사	1,600	0	0
	안국사	1,600	0	0
오대산	월정사	1,800	2,500	2,500
주왕산	대전사	1,600	2,000	2,000
치악산	구룡사	1,600	2,000	2,000
소백산	희방사	1,600	2,000	2,000
월출산	도갑사	1,400	2,000	2,000
변산반도	내소사	1,600	2,000	2,000

① 2022년에 관람료 인상폭이 가장 큰 국립공원은 경주이다.

② 2022년 관람료가 2,000원인 사찰은 11곳이다.

③ 2021년 무료로 관람할 수 있는 사찰은 6곳이다.

④ 3년 내내 동일한 관람료를 받고 있는 사찰은 4곳뿐이다.

✔해설 ④ 3년 내내 동일한 관람료를 받고 있는 사찰은 쌍계사, 천은사, 보리암 3곳뿐이다.

23 다음은 2013 ~ 2022년 5개 자연재해 유형별 피해금액에 관한 자료이다. 이에 대한 설명으로 옳은 것만을 모두 고른 것은?

〈5개 자연재해 유형별 피해금액〉

(단위 : 억 원)

유형 \ 연도	2013	2014	2015	2016	2017	2018	2019	2020	2021	2022
태풍	3,416	1,385	118	1,609	9	0	1,725	2,183	8,765	17
호우	2,150	3,520	19,063	435	581	2,549	1,808	5,276	384	1,581
대설	6,739	5,500	52	74	36	128	663	480	204	113
강풍	0	93	140	69	11	70	2	0	267	9
풍랑	0	0	57	331	0	241	70	3	0	0
전체	12,305	10,498	19,430	2,518	637	2,988	4,268	7,942	9,620	1,720

> ㉠ 2013 ~ 2022년 강풍 피해금액 합계는 풍랑 피해금액 합계보다 적다.
> ㉡ 2021년 태풍 피해금액은 2021년 5개 자연재해 유형 전체 피해금액의 90% 이상이다.
> ㉢ 피해금액이 매년 10억 원보다 큰 자연재해 유형은 호우 뿐이다.
> ㉣ 피해금액이 큰 자연재해 유형부터 순서대로 나열하면 2019년과 2020년의 순서는 동일하다.

① ㉠㉡
② ㉠㉢
③ ㉢㉣
④ ㉠㉡㉣

✔해설 ㉠ 주어진 기간 동안 강풍 피해금액과 풍랑 피해금액의 합계를 각각 계산하여 비교하기 보다는 소거법을 이용하여 비교하는 것이 좋다. 비슷한 크기의 값들을 서로 비교하여 소거한 뒤 남은 값들의 크기를 비교해주는 것으로 2018년 강풍과 2019년 풍랑 피해금액이 70억 원으로 동일하고 2014, 2015, 2017년 강풍 피해금액의 합 244억 원과 2018년 풍랑 피해금액 241억 원이 비슷하다. 또한 2016, 2021년 강풍 피해금액의 합 336억 원과 2016년 풍랑 피해금액 331억 원이 비슷하다. 이 값들을 소거한 뒤 남은 값들을 비교해보면 강풍 피해금액의 합계가 풍랑 피해금액의 합계보다 더 작다는 것을 알 수 있다.

㉡ 2021년 태풍 피해금액이 2021년 5개 자연재해 유형 전체 피해금액의 90% 이상이라는 것은 즉, 태풍을 제외한 나머지 4개 유형 피해금액의 합이 전체 피해금액의 10% 미만이라는 것을 의미한다. 2021년 태풍을 제외한 나머지 4개 유형 피해금액의 합을 계산하면 전체 피해금액의 10% 밖에 미치지 못함을 알 수 있다.

㉢ 피해금액이 매년 10억 원보다 큰 자연재해 유형은 호우, 대설이 있다.

㉣ 피해금액이 큰 자연재해 유형부터 순서대로 나열하면 2019년 호우, 태풍, 대설, 풍랑, 강풍이며 이 순서는 2020년의 순서와 동일하다.

24 다음은 어떤 회사 직원들의 인사이동에 따른 4개 지점별 직원 이동 현황을 나타낸 자료이다. 다음 자료를 참고할 때, ㈎와 ㈏에 들어갈 수치로 알맞은 것은?

〈인사이동에 따른 지점별 직원 이동 현황〉

(단위 : 명)

이동 후 \ 이동 전	A	B	C	D
A	-	24	11	28
B	17	-	31	23
C	33	14	-	10
D	12	9	17	-

〈지점 별 직원 현황〉

(단위 : 명)

지점 \ 시기	인사이동 전	인사이동 후
A	345	㈎
B	419	㈏
C	263	261
D	372	349

① 346, 443

② 344, 441

③ 346, 395

④ 313, 402

 해설 • A지점에서 다른 지점으로 이동한 사람 : 17+33+12=62
다른 지점에서 A지점으로 이동한 사람 : 24+11+28=63
인사이동 후 345-62+63=346
• B지점에서 다른 지점으로 이동한 사람 : 24+14+9=47
다른 지점에서 B지점으로 이동한 사람 : 17+31+23=71
인사이동 후 419-47+71=443

Answer 23.④ 24.①

25 다음은 학생들의 시험성적에 관한 자료이다. 순위산정방식을 이용하여 순위를 산정할 경우 옳은 설명만으로 바르게 짝지어진 것은?

〈학생들의 시험성적〉

(단위 : 점)

학생＼과목	국어	영어	수학	과학
미연	75	85	90	97
수정	82	83	79	81
대현	95	75	75	85
상민	89	70	91	90

〈순위산정방식〉

• A방식 : 4개 과목의 총점이 높은 학생부터 순서대로 1, 2, 3, 4위로 하되, 4개 과목의 총점이 동일한 학생의 경우 국어 성적이 높은 학생을 높은 순위로 한다.
• B방식 : 과목별 등수의 합이 작은 학생부터 순서대로 1, 2, 3, 4위로 하되, 과목별 등수의 합이 동일한 학생의 경우 A방식에 따라 산정한 순위가 높은 학생을 높은 순위로 한다.
• C방식 : 80점 이상인 과목의 수가 많은 학생부터 순서대로 1, 2, 3, 4위로 하되, 80점 이상인 과목의 수가 동일한 학생의 경우 A방식에 따라 산정한 순위가 높은 학생은 높은 순위로 한다.

ⓐ A방식과 B방식으로 산정한 대현의 순위는 동일하다.
ⓑ C방식으로 산정한 상민의 순위는 2위이다.
ⓒ 상민의 과학점수만 95점으로 변경된다면, B방식으로 산정한 미연의 순위는 2위가 된다.

① ㉠　　　　　　　　　　　　　　② ㉡
③ ㉢　　　　　　　　　　　　　　④ ㉠㉡

✔ 해설 A방식

구분	미연	수정	대현	상민
총점	347	325	330	340
순위	1	4	3	2

B방식

구분	미연	수정	대현	상민
등수의 합	8	12	11	9
순위	1	4	3	2

C방식

구분	미연	수정	대현	상민
80점 이상 과목 수	3	3	2	3
순위	1	3	4	2

Answer 25.④

26 서원이는 2022년 1월 전액 현금으로만 다음 표와 같이 지출하였다. 만약 서원이가 2022년 1월에 A∼C 신용 카드 중 하나만을 발급받아 할인 전 금액이 표와 동일하도록 그 카드로만 지출하였다면 신용카드별 할인혜택에 근거한 할인 후 예상청구액이 가장 적은 카드부터 순서대로 바르게 나열한 것은?

〈2022년 1월 지출내역〉

(단위 : 만 원)

분류	세부항목		금액	합계
교통비	버스 · 지하철 요금		8	20
	택시 요금		2	
	KTX 요금		10	
식비	외식비	평일	10	30
		주말	5	
	카페 지출액		5	
	식료품 구입비	대형마트	5	
		재래시장	5	
의류구입비	온라인		15	30
	오프라인		15	
여가 및 자기계발비	영화관람료(1만원/회×2회)		2	30
	도서구입비 (2만원/권×1권, 1만5천원/권×2권, 1만원/권×3권)		8	
	학원 수강료		20	

〈신용카드별 할인혜택〉

○ A 신용카드
- 버스, 지하철, KTX 요금 20% 할인(단, 할인액의 한도는 월 2만원)
- 외식비 주말 결제액 5% 할인
- 학원 수강료 15% 할인
- 최대 총 할인한도액은 없음
- 연회비 1만 5천 원이 발급 시 부과되어 합산됨

○ B 신용카드
- 버스, 지하철, KTX 요금 10% 할인(단, 할인액의 한도는 월 1만원)
- 온라인 의류구입비 10% 할인
- 도서구입비 권당 3천 원 할인(단, 권당 가격이 1만 2천 원 이상인 경우에만 적용)
- 최대 총 할인한도액은 월 3만 원
- 연회비 없음
○ C 신용카드
- 버스, 지하철, 택시 요금 10% 할인(단, 할인액의 한도는 월 1만 원)
- 카페 지출액 10% 할인
- 재래시장 식료품 구입비 10% 할인
- 영화관람료 회당 2천원 할인(월 최대 2회)
- 최대 총 할인한도액은 월 4만 원
- 연회비 없음

※ 할부나 부분청구는 없으며, A~C 신용카드는 매달 1일부터 말일까지의 사용분에 대하여 익월 청구됨

① A − B − C
② A − C − B
③ B − A − C
④ B − C − A

✔ 해설 할인내역을 정리하면
- A 신용카드
  - 교통비 20,000원
  - 외식비 2,500원
  - 학원수강료 30,000원
  - 할인합계 52,500원 − 연회비 15,000원＝37,500원
- B 신용카드
  - 교통비 10,000원
  - 온라인 의류구입비 15,000원
  - 도서구입비 9,000원
  - 할인합계 30,000원
- C 신용카드
  - 교통비 10,000원
  - 카페 지출액 5,000원
  - 재래시장 식료품 구입비 5,000원
  - 영화관람료 4,000원
  - 할인합계 24,000원

Answer 26.①

27 다음은 '갑'국의 2008 ~ 2021년 알코올 관련 질환 사망자 수에 대한 자료이다. 이에 대한 설명으로 옳은 것은?

(단위 : 명)

연도 \ 구분	남성		여성		전체	
	사망자 수	인구 10만 명당 사망자 수	사망자 수	인구 10만 명당 사망자 수	사망자 수	인구 10만 명당 사망자 수
2008	2,542	10.7	156	0.7	2,698	5.9
2009	2,870	11.9	199	0.8	3,069	6.3
2010	3,807	15.8	299	1.2	4,106	8.4
2011	4,400	18.2	340	1.4	4,740	9.8
2012	4,674	19.2	374	1.5	5,048	10.2
2013	4,289	17.6	387	1.6	4,676	9.6
2014	4,107	16.8	383	1.6	4,490	9.3
2015	4,305	17.5	396	1.6	4,701	9.5
2016	4,243	17.1	400	1.6	4,643	9.3
2017	4,010	16.1	420	1.7	4,430	8.9
2018	4,111	16.5	424	1.7	( )	9.1
2019	3,996	15.9	497	2.0	4,493	9.0
2020	4,075	16.2	474	1.9	( )	9.1
2021	3,955	15.6	521	2.1	4,476	8.9

※ 인구 10만 명당 사망자 수는 소수점 아래 둘째 자리에서 반올림한 값이다.

① 2018년과 2020년의 전체 사망자 수는 같다.

② 여성 사망자 수는 매년 증가한다.

③ 매년 남성 인구 10만 명당 사망자 수는 여성 인구 10만 명당 사망자 수의 8배 이상이다.

④ 남성 인구 10만 명당 사망자 수가 가장 많은 해의 전년대비 남성 사망자 수 증가율은 5% 이상이다.

✅ 해설 ① 2018년 전체 사망자 수는 4,111＋424＝4,535 명이고, 2020년 전체 사망자 수는 4,075＋474＝4,549 명이다.
② 2014년과 2020년에는 전년대비 감소하였다.
③ 2019년과 2021년에는 각각 7.95배, 7.43배 차이가 난다.
④ 남성 인구 10만 명당 사망자 수가 가장 많은 해는 2012년으로 전년대비 사망자 수 증가율은 6.2%이다.
※ 전년대비 증가율＝(후년 ÷ 전년－1)×100(%)

28 다음은 문화산업부문 예산에 관한 자료이다. 다음 중 ㈜의 값을 구하면?

분야	예산(억 원)	비율(%)
출판	㈎	㈐
영상	40.85	19
게임	51.6	24
광고	㈏	31
저작권	23.65	11
총합	㈜	100

① 185

② 195

③ 205

④ 215

해설 ㉠ 영상 분야의 예산은 40.85(억 원), 비율은 19(%)이므로, 40.85 : 19 = ㈎ : ㈐
- ㈐ = 100 − (19 + 24 + 31 + 11) = 15%
- 40.85 × 15 = 19 × ㈎, ∴ 출판 분야의 예산 ㈎ = 32.25(억 원)

㉡ 위와 동일하게 광고 분야의 예산을 구하면, 40.85 : 19 = ㈏ : 31
- 40.85 × 31 = 19 × ㈏, ∴ 광고 분야의 예산 ㈏ = 66.65(억 원)

㉢ 예산의 총합 ㈜는 32.25 + 40.85 + 51.6 + 66.65 + 23.65 = 215(억 원)

29 다음은 어느 보험회사의 보험계약 현황에 관한 표이다. 이에 대한 설명으로 옳지 않은 것은?

(단위 : 건, 억 원)

구분		2021년		2020년	
		건수	금액	건수	금액
개인보험		5,852,844	1,288,847	5,868,027	1,225,968
	생존보험	1,485,908	392,222	1,428,422	368,731
	사망보험	3,204,140	604,558	3,241,308	561,046
	생사혼합	1,162,792	292,068	1,198,297	296,191
단체보험		0	0	0	0
	단체보장	0	0	0	0
	단체저축	0	0	0	0
소계		5,852,844	1,288,847	5,868,027	1,225,968

※ 건수는 보유계약의 건수임

※ 금액은 주계약 및 특약의 보험가입금액임

① 2020년과 2021년에 단체보험 보유계약의 건수는 0건이다.

② 2021년은 2020년에 비해 개인보험 보유계약 건수가 감소하였다.

③ 2021년은 2020년에 비해 개인보험 보험가입금액은 증가하였다.

④ 2021년 개인보험 보험가입금액에서 생존보험 금액이 차지하는 비중은 30% 미만이다.

 해설

④ $\dfrac{392,222}{1,288,847} \times 100 = 30.43\%$

따라서 30%를 초과한다.

30 다음은 어느 재단의 연도별 재무 현황이다. 다음 중 자산부채비율이 가장 높은 해는?

(단위 : 억 원, %)

연도＼구분	2018	2019	2020	2021
자산	31,303	56,898	77,823	91,464
부채	20,379	47,295	67,708	83,754
재단채	12,500	37,611	59,105	74,751
기타	7,879	9,684	8,603	9,003
자본	10,924	9,603	10,115	7,711

※ 자산부채비율(%) = $\dfrac{\text{자산}}{\text{부채}} \times 100$

① 2018년

② 2019년

③ 2020년

④ 2021년

✔해설

① 2018년 : $\dfrac{31,303}{20,379} \times 100 = 153.6$

② 2019년 : $\dfrac{56,898}{47,295} \times 100 = 120.3$

③ 2020년 : $\dfrac{77,823}{67,708} \times 100 = 114.9$

④ 2021년 : $\dfrac{91,464}{83,754} \times 100 = 109.2$

Answer 29.④ 30.①

1 갑, 을, 병, 정, 무 5명이 해외연수를 받는 순서로 가능한 경우에 해당하는 것은?

- 병과 무가 해외연수를 받는 사이에 적어도 두 사람이 해외연수를 받는다.
- 해외연수는 다섯 달 동안 매달 진행되며, 한 달에 한 사람만 받는다.
- 무가 5명 중에서 가장 먼저 해외연수를 받는 것은 아니다.
- 정이 해외연수를 받은 달은 갑이 해외연수를 받은 달과 인접하지 않는다.

---

① 을 – 갑 – 병 – 정 – 무

② 을 – 무 – 갑 – 정 – 병

③ 정 – 병 – 을 – 갑 – 무

④ 정 – 을 – 갑 – 병 – 무

> ✔해설 보기에 조건을 대입하여 하나씩 제거하면 답을 금방 찾을 수 있다.
> - 병과 무가 해외연수를 받는 사이에 적어도 두 사람이 해외연수를 받는다고 하였으므로 병과 무 사이에 두 명이 존재한다.
> - 한 달에 한 사람이 받으므로 겹치지는 않는다.
> - 정과 갑은 인접해 있을 수 없으므로 최소 사이에 1명은 있어야 한다.

2 A, B, C, D 네 명의 수강생이 외국어 학원에서 영어, 일본어, 중국어, 러시아어를 수강하고 있다. 다음에 제시된 내용을 모두 고려하였을 경우 항상 거짓인 것은?

> • C는 한 과목만 수강하며, 한 명도 수강하지 않는 과목은 없다.
> • 남자는 세 명, 여자는 한 명이다.
> • 러시아어는 세 사람이 함께 수강해야 하며, 남자만 수강할 수 있다.
> • 중국어는 여자만 수강할 수 있다.
> • A는 남자이며, 일본어는 반드시 수강해야 한다.
> • 남자는 모두 두 과목을 수강한다.

① 한 과목은 남자 두 명이 수강하게 된다.
② D는 반드시 두 과목을 수강하게 된다.
③ B는 일본어와 러시아어를 함께 수강하고 있지 않다.
④ B와 D는 영어를 수강하지 않는다.

✔해설 제시된 내용에 따라 정리를 하면

	영어	일본어	중국어	러시아어
A	×	○	×	○
B			×	○
C	×	×	○	×
D			×	○

① 영어, 일본어 둘 중 하나는 남자 두 명이 수강하게 된다.
② D는 남자이므로 반드시 두 과목을 수강하게 된다.
③ B는 영어와 러시아어를 수강하게 되면 옳은 내용이 된다.
④ B와 D는 영어 또는 일본어를 수강하게 되므로 틀린 내용이다.

3 A, B, C, D, E가 서로 거주하고 있는 집에 한 번씩 방문하려고 할 때, 세 번째로 방문하는 집은 누구의 집인가?

> • A ~ E는 각각의 집에 함께 방문하며, 동시에 여러 집을 방문할 수 없다.
> • A의 집을 방문한 후에 B의 집을 방문하나, 바로 이어서 방문하는 것은 아니다.
> • D의 집을 방문한 후에 바로 C의 집을 방문한다.
> • E의 집을 A의 집보다 먼저 방문한다.

① A   ② B
③ C   ④ D

> ✔해설 주어진 내용에 따라 정리해 보면 다음과 같음을 알 수 있다.
> A집 다음에 B집을 방문하나 이어서 방문하지 않고, D집 다음에는 바로 C집을 방문한다.
> 그리고 E집을 A집 보다 먼저 방문하므로
> E→A→D→C→B

4 다음 주어진 내용을 모두 고려하였을 때 A, B, C, D, E를 몸무게가 무거운 사람부터 나열하였을 때 C는 몇 번째에 해당하는가?

> A, B, C, D, E가 신체검사를 한 결과는 다음과 같다.
> • D는 E보다 키도 크고 몸무게도 많이 나간다.
> • A는 E보다 키는 크지만 몸무게는 적게 나간다.
> • C의 키는 E보다 작으며, A의 몸무게가 가장 적게 나가는 것은 아니다.
> • B는 A보다 몸무게가 많이 나간다.

① 첫 번째   ② 두 번째
③ 세 번째   ④ 다섯 번째

> ✔해설 제시된 내용에 따라 정리해 보면
> 첫 번째와 두 번째 내용에 따라 D > E > A
> 세 번째 내용을 보면 A가 가장 적게 나가는 것이 아니므로 A 뒤에 C가 온다.
> 그러므로 D > E > B > A > C가 된다.

5 오 부장, 최 차장, 박 과장, 남 대리, 조 사원, 양 사원 6명은 주간회의를 진행하고 있다. 둥근 테이블에 둘러 앉아 회의를 하는 사람들의 위치가 다음과 같을 때, 조 사원의 양 옆에 위치한 사람으로 짝지어진 것은?

> • 최 차장과 남 대리는 마주보고 앉았다.
> • 박 과장은 오 부장의 옆에 앉았다.
> • 오 부장은 회의의 진행을 맡기로 하였다.
> • 남 대리는 양 사원이 앉은 기준으로 오른쪽에 앉았다.

① 양 사원, 최 차장
② 양 사원, 남 대리
③ 박 과장, 최 차장
④ 오 부장, 양 사원

✔ **해설** 둥글게 앉은 자리를 일렬로 펼쳐 생각해 볼 수 있다.

최 차장과 남 대리가 마주보고 앉았다는 것은 이 두 사람을 기준으로 양쪽으로 두 개의 자리씩 있다는 것이 된다. 또한 오 부장과 박 과장이 나란히 앉아 있으므로 오 부장과 박 과장은 최 차장과 남 대리가 둘로 가른 양쪽 중 어느 한쪽을 차지하고 앉아 있게 된다.

남 대리가 양 사원의 오른쪽에 앉았다고 했으므로 양 사원의 왼쪽은 남은 조 사원이 앉게 되는 경우만 있게 됨을 알 수 있다. 따라서 오 부장과 박 과장의 정확한 자리만 결정되지 않으며, 이를 오 부장을 중심으로 시계 방향으로 순서대로 정리하면, 오 부장-박 과장-남 대리-양 사원-조 사원-최 차장의 순서 또는 오 부장-남 대리-양 사원-조 사원-최 차장-박 과장의 순서가 됨을 알 수 있다. 결국 조 사원의 양 옆에는 두 가지 경우에 모두 양 사원과 최 차장이 앉아 있게 된다.

6 홍보팀에서는 신입사원 6명(A, B, C, D, E, F)을 선배 직원 3명(갑, 을, 병)이 각각 2명씩 맡아 문서작성 및 결재 요령에 대하여 1주일 간 교육을 실시하고 있다. 다음 조건을 만족할 때, 신입사원과 교육을 담당한 선배 직원의 연결에 대한 설명이 올바른 것은?

> • B와 F는 같은 조이다.
> • 갑은 A에게 문서작성 요령을 가르쳐 주었다.
> • 을은 C와 F에게 문서작성 및 결재 요령에 대하여 가르쳐 주지 않았다.

① 병은 A를 교육한다.
② D는 을에게 교육을 받지 않는다.
③ C는 갑에게 교육을 받는다.
④ 을은 C를 교육한다.

✔해설 주어진 조건에서 확정 조건은 다음과 같다.

B, F	A, ( )	C, D, E 중 2명
( )	갑	( )

그런데 세 번째 조건에서 을은 C와 F에게 교육을 하지 않았다고 하였으므로 F가 있는 조와 이미 갑이 교육을 하는 조를 맡지 않은 것이 된다. 따라서 맨 오른쪽은 을이 되어야 하고 남는 한 조인 B, F조는 병이 될 수밖에 없다. 또한 이 경우, 을이 C를 교육하지 않았다고 하였으므로 을의 조는 D와 E가 남게 되며, C는 A와 한 조가 되어 결국 다음과 같이 정리될 수 있다.

B, F	A, C	D, E
병	갑	을

따라서 선택지 ③에서 설명된 'C는 갑에게 교육을 받는다.'가 정답이 된다.

7 다음 내용을 근거로 판단할 때 참말을 한 사람은 누구인가?

> A 동아리 학생 5명은 각각 B 동아리 학생들과 30회씩 가위바위보 게임을 하였다. 각 게임에서 이길 경우 5점, 비길 경우 1점, 질 경우 −1점을 받는다. 게임이 모두 끝나자 A 동아리 학생 5명은 자신들이 얻은 합산 점수를 다음과 같이 말하였다.
>
> • 갑 : 내 점수는 148점이다.
> • 을 : 내 점수는 145점이다.
> • 병 : 내 점수는 143점이다.
> • 정 : 내 점수는 140점이다.
> • 무 : 내 점수는 139점이다.
>
> 이들 중 한 명만 참말을 하고 있다.

① 갑   ② 을
③ 병   ④ 정

✔해설 가위바위보를 해서 모두 이기면 $30 \times 5 = 150$점이 된다.
여기서 한 번 비기면 총점에서 4점이 줄고, 한 번 지면 총점에서 6점이 줄어든다.
만약 29번 이기고 1번 지게 되면 $(29 \times 5) + (-1) = 144$점이 된다.
즉, 150점에서 −6, 또는 −4를 통해서 나올 수 있는 점수를 가진 사람만이 참말을 하는 것이다. 정의 점수 140점은 1번 지고, 1번 비길 경우 나올 수 있다. $(28 \times 5) + 1 - 1 = 140$

8 다음은 H기업의 채용 시험에 응시한 최종 6명의 평가 결과를 나타낸 자료이다. 다음 중 응시자 A와 D의 면접 점수가 동일하며, 6명의 면접 평균 점수가 17.5점일 경우, 최종 채용자 2명 중 어느 한 명이라도 변경될 수 있는 조건으로 올바른 설명은 어느 것인가?

〈평가 결과표〉

분야 응시자	어학	컴퓨터	실무	NCS	면접	평균
A	( )	14	13	15	( )	( )
B	12	14	( )	10	14	12.0
C	10	12	9	( )	18	11.8
D	14	14	( )	17	( )	( )
E	( )	20	19	17	19	18.6
F	10	( )	16	( )	16	( )
계	80	( )	( )	84	( )	( )
평균	( )	14.5	14.5	( )	( )	( )

※ 평균 점수가 높은 두 명을 최종 채용자로 결정함

① E의 '컴퓨터' 점수가 5점 낮아질 경우
② A의 '실무' 점수가 최고점, D의 '실무' 점수가 13점일 경우
③ F의 '어학' 점수가 최고점일 경우
④ B의 '실무'와 'NCS' 점수가 모두 최고점일 경우

✔해설 A와 D의 면접 점수(x로 치환)가 동일하므로 $14 + 18 + 19 + 16 + 2x = 17.5 \times 6 = 105$가 된다. 따라서 A와 D의 면접 점수는 19점이 된다. 이를 통해 문제의 표를 정리하면 다음과 같다.

분야 응시자	어학	컴퓨터	실무	NCS	면접	평균
A	16	14	13	15	19	15.4
B	12	14	10	10	14	12.0
C	10	12	9	10	18	11.8
D	14	14	20	17	19	16.8
E	18	20	19	17	19	18.6
F	10	13	16	15	16	14
계	80	87	87	84	105	88.6
평균	13.3	14.5	14.5	14	17.5	14.8

따라서 2명의 최종 채용자는 D와 E가 된다. 그러므로 ②와 같은 조건의 경우에는 A와 D의 평균 점수가 각각 16.8점과 15.4점이 되어 최종 채용자가 A와 E로 바뀌게 된다.

① E의 평균 점수가 17.6점이 되어 여전히 1위의 성적이므로 채용자는 변경되지 않는다.
③ F의 평균 점수가 16점이 되므로 채용자는 변경되지 않는다.
④ B의 평균 점수가 16점이 되므로 채용자는 변경되지 않는다.

9 갑사, 을사, 병사는 A, B, C 3개 운동 종목에 대한 3사 간의 경기를 실시하였으며, 결과는 다음 표와 같다. 이에 대한 설명으로 올바르지 않은 것은? (단, 무승부인 경기는 없다고 가정한다)

구분	갑	을	병
A 종목	4승 6패	7승 3패	4승 6패
B 종목	7승 3패	2승 8패	6승 4패
C 종목	5승 5패	3승 7패	7승 3패

① 갑사가 병사로부터 거둔 A 종목 경기 승수가 1승뿐이었다면 을사는 병사에 압도적인 우세를 보였다.
② 을사의 B 종목 경기 8패가 나머지 두 회사와의 경기에서 절반씩 거둔 결과라면 갑사와 병사의 상대 전적은 갑사가 더 우세하다.
③ 갑사가 세 종목에서 거둔 승수 중 을사와 병사로부터 각각 적어도 2승 이상씩을 거두었다면, 적어도 을사는 병사보다 A 종목의, 병사는 을사보다 C 종목의 상대 전적이 더 우세하다.
④ 갑사는 C 종목에서 을사, 병사와의 상대 전적이 동일하여 우열을 가릴 수 없다.

✔해설 3개 회사는 각 종목 당 다른 회사와 5번씩 경기를 가졌으며 이에 따른 승수와 패수의 합은 항상 10이 된다. 갑사가 C 종목에서 거둔 5승과 5패는 어느 팀으로부터 거둔 것인지 알 수 있는 근거가 없어 을 사, 병사와 상대 전적이 동일하다고 말할 수 없다. 또한, 특정 팀과 5회 경기를 하여 무승부인 결과는 없는 것이므로 상대 전적이 동일한 두 팀이 생길 수는 없다.
① 병사의 6패 중 나머지 5패를 을사로부터 당한 것이 된다. 따라서 을사와의 전적은 0승 5패의 압도적인 결과가 된다.
② 갑사와 병사의 승수 중 각각 4승씩을 제외한 나머지 승수가 상대방으로부터 거둔 승수가 된다. 따라서 갑사는 병사로부터 3승을, 병사는 갑사로부터 2승을 거둔 것이 되어 갑사의 상대 전적이 병사보다 더 우세하게 된다.
③ 을사의 A 종목 3패 중 적어도 2패 이상이 갑사에게 당한 것이 되고 나머지 패수가 병사에게 당한 것이 되므로 을사는 병사보다 A 종목의 상대 전적이 더 우세하다. 이와 같은 논리로 살펴보면 병사의 C 종목 3패 중 1패 또는 0패가 을사와의 경기 결과가 되어 병사는 을사보다 C 종목 상대 전적이 더 우세하게 된다.

┃10 ~ 11┃ 다음 SWOT 분석에 대한 설명과 사례를 보고 이어지는 물음에 답하시오.

<SWOT 분석방법>

구분		내부환경요인	
		강점 (Strengths)	약점 (Weaknesses)
외부 환경요인	기회 (Opportunities)	SO 내부강점과 외부기회 요인을 극대화	WO 외부기회를 이용하여 내부약점을 강점으로 전환
	위협 (Threats)	ST 강점을 이용한 외부환경 위협의 대응 및 전략	WT 내부약점과 외부위협을 최소화

<사례>

S	편의점 운영 노하우 및 경험 보유, 핵심 제품 유통채널 차별화로 인해 가격 경쟁력 있는 제품 판매 가능
W	아르바이트 직원 확보 어려움, 야간 및 휴일 등 시간에 타 지역 대비 지역주민 이동이 적어 매출 증가 어려움
O	주변에 편의점 개수가 적어 기본 고객 확보 가능, 매장 앞 휴게 공간 확보로 소비 유발 효과 기대
T	지역주민의 생활패턴에 따른 편의점 이용률 저조, 근거리에 대형 마트 입점 예정으로 매출 급감 우려 존재

10 다음 중 위의 SWOT 분석방법을 올바르게 설명하지 못한 것은?

① 외부환경요인 분석 시에는 자신을 제외한 모든 것에 대한 요인을 기술하여야 한다.

② 구체적인 요인부터 시작하여 점차 객관적이고 상식적인 내용으로 기술한다.

③ 같은 데이터도 자신에게 미치는 영향에 따라 기회요인과 위협요인으로 나뉠 수 있다.

④ 외부환경요인 분석에는 SCEPTIC 체크리스트가, 내부환경요인 분석에는 MMMITI 체크리스트가 활용될 수 있다.

✔해설 외부환경요인 분석은 언론매체, 개인 정보망 등을 통하여 입수한 상식적인 세상의 변화 내용을 시작으로 당사자에게 미치는 영향을 순서대로, 점차 구체화하는 것이다. 내부환경과 외부환경을 구분하는 기준은 '나', '나의 사업', '나의 회사' 등 환경 분석 주체에 직접적인 관련성이 있는지 여부가 된다. 대내외적인 환경을 분석하기 위하여 이를 적절하게 구분하는 것이 매우 중요한 요소가 된다.

11 다음 중 위의 SWOT 분석 사례에 따른 전략으로 적절하지 않은 것은?

① 가족들이 남는 시간을 투자하여 인력 수급 및 인건비 절감을 도모하는 것은 WT 전략으로 볼 수 있다.

② 저렴한 제품을 공급하여 대형 마트 등과의 경쟁을 극복하고자 하는 것은 SW 전략으로 볼 수 있다.

③ 다년간의 경험을 활용하여 지역 내 편의점 이용 환경을 더욱 극대화시킬 수 있는 방안을 연구하는 것은 SO 전략으로 볼 수 있다.

④ 매장 앞 공간을 쉼터로 활용해 지역 주민 이동 시 소비를 유발하도록 하는 것은 WO 전략으로 볼 수 있다.

> **✔해설** 저렴한 제품을 공급하는 것은 자사의 강점(S)이며, 이를 통해 외부의 위협요인인 대형 마트와의 경쟁(T)에 대응하는 것은 ST 전략이 된다.
> ① 직원 확보 문제 해결과 매출 감소에 대응하는 인건비 절감 등의 효과를 거둘 수 있어 약점과 위협요인을 최소화하는 WT 전략이 된다.
> ③ 자사의 강점과 외부환경의 기회 요인을 이용한 SO 전략이 된다.
> ④ 자사의 기회요인인 매장 앞 공간을 이용해 지역 주민 이동 시 쉼터를 이용할 수 있도록 활용하는 것은 매출 증대에 기여할 수 있으므로 WO 전략이 된다.

12 영업부서에서는 주말을 이용해 1박 2일의 워크숍을 다녀올 계획이며, 워크숍 장소로 선정된 N연수원에서는 다음과 같은 시설 이용료와 식사에 대한 견적서를 보내왔다. 다음 내용을 참고할 때, 250만 원의 예산으로 주문할 수 있는 저녁 메뉴가 될 수 없는 것은?

〈N연수원 워크숍 견적서〉

• 참석 인원 : 총 35명(회의실과 운동장 추가 사용 예정)

• 숙박요금 : 2인실 기준 50,000원/룸(모두 2인실 사용)

• 회의실 : 250,000원/40인 수용

• 운동장 : 130,000원

• 1층 식당 석식 메뉴

식사류	설렁탕	7,000원	1인분
	낙지볶음	8,000원	
	비빔밥	6,500원	
안주류	삼겹살	10,000원	1인분
	골뱅이 무침	9,000원	2인분
	마른안주	11,000원	3인 기준
	과일안주	12,000원	3인 기준
주류	맥주	4,500원	1병
	소주	3,500원	1병

---

① 낙지볶음 30인분과 설렁탕 5인분, 삼겹살 55인분과 마른안주 10개, 맥주와 소주 각각 40병

② 식사류 1인분씩과 삼겹살 60인분, 맥주와 소주 각각 30병

③ 삼겹살 60인분과 마른안주, 과일안주 각각 12개, 맥주와 소주 각각 30병

④ 식사류 1인분씩과 삼겹살 60인분, 골뱅이 무침 10개와 맥주 50병

✔해설 35명이므로 2인실을 이용할 경우 총 18개의 방이 필요하게 된다. 또한 회의실과 운동장을 사용하게 되므로 식사를 제외한 총 소요비용은 900,000 + 250,000 + 130,000 = 1,280,000원이 되어 식사비용으로 총 1,220,000원을 사용할 수 있다.
따라서 낙지볶음 30인분과 설렁탕 5인분, 삼겹살 55인분과 마른안주 10개, 맥주와 소주 각각 40병은 240,000＋35,000＋500,000＋110,000＋180,000＋140,000＝1,255,000원이 되어 예산을 초과하게 된다.
② 삼겹살 60인분과 맥주, 소주 각각 30병은 740,000원이 되므로 식사류 어느 메뉴를 주문해도 예산을 초과하지 않게 된다.
③ 600,000＋132,000＋144,000＋135,000＋105,000＝1,116,000원이 되어 주문이 가능하다.
④ 삼겹살 60인분, 골뱅이 무침 10개와 맥주 50병은 915,000원이므로 역시 식사류 어느 것을 주문해도 예산을 초과하지 않게 된다.

13 김 과장은 다음 달로 예정되어 있는 해외 출장 일정을 확정하려 한다. 다음 상황의 조건을 만족할 경우 김 과장의 출장 일정에 대한 설명으로 올바른 것은 어느 것인가?

> 김 과장은 다음 달 3박 4일 간의 해외 출장이 계획되어 있다. 회사에서는 출발일과 복귀일에 업무 손실을 최소화할 수 있도록 가급적 평일에 복귀하도록 권장하고 있고, 출장 기간에 토요일과 일요일이 모두 포함되는 일정은 지양하도록 요구한다. 이번 출장에서는 매우 중요한 계약 건이 이루어져야 하기 때문에 김 과장은 출장 복귀 바로 다음 날 출장 결과 보고를 하고자 한다. 다음 달의 첫째 날은 금요일이며 마지막 주 수요일과 13일은 김 과장이 빠질 수 없는 회사 업무 일정이 잡혀 있다.

① 금요일에 출장을 떠나는 일정도 가능하다.
② 김 과장은 월요일이나 화요일에 출장 결과 보고를 할 수 있다.
③ 김 과장이 출발일로 잡을 수 있는 날짜는 모두 4개이다.
④ 김 과장은 마지막 주에 출장을 가게 될 수도 있다.

✔ 해설 다음 달의 첫째 날이 금요일이므로 아래와 같은 달력을 그려 볼 수 있다.

일	월	화	수	목	금	토
					1	2
3	4	5	6	7	8	9
10	11	12	13	14	15	16
17	18	19	20	21	22	23
24	25	26	27	28	29	30

3박 4일 일정이므로 평일에 복귀해야 하며 주말이 모두 포함되는 일정을 피하기 위해서는 출발일이 일, 월, 화요일이어야 한다. 또한 출장 결과 보고를 위해서는 금요일에 복귀하게 되는 화요일 출발 일정도 불가능하다. 따라서 일요일과 월요일에만 출발이 가능하다. 그런데 27일과 13일이 출장 일정에 포함될 수 없으므로 10, 11, 24, 25일은 제외된다. 따라서 3, 4, 17, 18일에 출발하는 4가지 일정이 가능하다.

14 다음 글의 내용과 날씨를 근거로 판단할 경우 甲이 여행을 다녀온 시기로 가능한 것은?

〈내용〉

• 甲은 선박으로 '포항 → 울릉도 → 독도 → 울릉도 → 포항' 순으로 3박 4일의 여행을 다녀왔다.

• '포항 → 울릉도' 선박은 매일 오전 10시, '울릉도 → 포항' 선박은 매일 오후 3시에 출발하며, 편도 운항에 3시간이 소요된다.

• 울릉도에서 출발해 독도를 돌아보는 선박은 매주 화요일과 목요일 오전 8시에 출발하여 당일 오전 11시에 돌아온다.

• 최대 파고가 3m 이상인 날은 모든 노선의 선박이 운항되지 않는다.

• 甲은 매주 금요일에 술을 마시는데, 술을 마신 다음날은 멀미가 심해 선박을 탈 수 없다.

• 이번 여행 중 甲은 울릉도에서 호박엿 만들기 체험을 했는데, 호박엿 만들기 체험은 매주 월·금요일 오후 6시에만 할 수 있다.

〈날씨〉

(파 : 최대 파고)

日	月	火	水	木	金	土
16	17	18	19	20	21	22
파 1.0m	파 1.4m	파 3.2m	파 2.7m	파 2.8m	파 3.7m	파 2.0m
23	24	25	26	27	28	29
파 0.7m	파 3.3m	파 2.8m	파 2.7m	파 0.5m	파 3.7m	파 3.3m

① 19일(水) ~ 22일(土)

② 20일(木) ~ 23일(日)

③ 23일(日) ~ 26일(水)

④ 25일(火) ~ 28일(金)

✔해설 ① 19일 수요일 오후 1시 울릉도 도착, 20일 목요일 독도 방문, 22일 토요일은 복귀하는 날인데 甲은 매주 금요일에 술을 마시므로 멀미로 인해 선박을 이용하지 못한다. 또한 금요일 오후 6시 호박엿 만들기 체험도 해야 한다.

② 20일 목요일 오후 1시 울릉도 도착, 독도는 화요일과 목요일만 출발하므로 불가능

③ 23일 일요일 오후 1시 울릉도 도착, 24일 월요일 호박엿 만들기 체험, 25일 화요일 독도 방문, 26일 수요일 포항 도착

④ 25일 화요일 오후 1시 울릉도 도착, 27일 목요일 독도 방문, 28일 금요일 호박엿 만들기 체험은 오후 6시인데, 복귀하는 선박은 오후 3시 출발이라 불가능

15 영식이는 자신의 업무에 필요하다고 생각하여 국제인재개발원에서 수강할 과목을 선택하려고 한다. 영식이가 선택할 과목에 대해 주변의 지인 A ~ E가 다음과 같이 진술하였는데 이 중 한 사람의 진술은 거짓이고 나머지 사람들의 진술은 모두 참인 것으로 밝혀졌다. 영식이가 반드시 수강할 과목만으로 바르게 짝지어진 것은?

> • A : 영어를 수강할 경우 중국어도 수강한다.
> • B : 영어를 수강하지 않을 경우, 일본어도 수강하지 않는다.
> • C : 영어와 중국어 중 적어도 하나를 수강한다.
> • D : 일본어를 수강할 경우에만 중국어를 수강한다.
> • E : 일본어를 수강하지만 영어는 수강하지 않는다.

① 일본어

② 영어

③ 일본어, 중국어

④ 일본어, 영어

✔**해설** • A : 영어 → 중국어
  • B : ~영어 → ~일본어, 일본어 → 영어
  • C : 영어 또는 중국어
  • D : 일본어 ↔ 중국어
  • E : 일본어
  ㉠ B는 참이고 E는 거짓인 경우
    • 영어와 중국어 중 하나는 반드시 수강한다(C).
    • 영어를 수강할 경우 중국어를 수강(A), 일본어를 수강(D)
    • 중국어를 수강할 경우 일본어를 수강(D), 영어를 수강(E는 거짓이므로) → 중국어도 수강(A)
    • 그러므로 B가 참인 경우 일본어, 중국어, 영어 수강
  ㉡ B가 거짓이고 E가 참인 경우
    • 일본어를 수강하고 영어를 수강하지 않으므로(E) 반드시 중국어를 수강한다(C)
    • 중국어를 수강하므로 일본어를 수강한다(D)
    • 그러므로 E가 참인 경우 일본어, 중국어 수강
    • 영식이가 반드시 수강할 과목은 일본어, 중국어이다.

16 다음 글을 근거로 유추할 경우 옳은 내용만을 바르게 짝지은 것은?

- 9명의 참가자는 1번부터 9번까지의 번호 중 하나를 부여 받고, 동시에 제비를 뽑아 3명은 범인, 6명은 시민이 된다.
- '1번의 오른쪽은 2번, 2번의 오른쪽은 3번, …, 8번의 오른쪽은 9번, 9번의 오른쪽은 1번'과 같이 번호 순서대로 동그랗게 앉는다.
- 참가자는 본인과 바로 양 옆에 앉은 사람이 범인인지 시민인지 알 수 있다.
- "옆에 범인이 있다."라는 말은 바로 양 옆에 앉은 2명 중 1명 혹은 2명이 범인이라는 뜻이다.
- "옆에 범인이 없다."라는 말은 바로 양 옆에 앉은 2명 모두 범인이 아니라는 뜻이다.
- 범인은 거짓말만 하고, 시민은 참말만 한다.

㉠ 1, 4, 6, 7, 8번의 진술이 "옆에 범인이 있다."이고, 2, 3, 5, 9번의 진술이 "옆에 범인이 없다."일 때, 8번이 시민임을 알면 범인들을 모두 찾아낼 수 있다.
㉡ 만약 모두가 "옆에 범인이 있다."라고 진술한 경우, 범인이 부여받은 번호의 조합은 (1, 4, 7) / (2, 5, 8) / (3, 6, 9) 3가지이다.
㉢ 한 명만이 "옆에 범인이 없다."라고 진술한 경우는 없다.

---

① ㉡
③ ㉠㉡

② ㉢
④ ㉠㉢

✔해설 ㉠ "옆에 범인이 있다."고 진술한 경우를 ○, "옆에 범인이 없다."고 진술한 경우를 ×라고 하면

1	2	3	4	5	6	7	8	9
○	×	×	○	×	○	○	○	×
							시민	

- 9번이 범인이라고 가정
  9번은 "옆에 범인이 없다.'고 진술하였으므로 8번과 1번 중에 범인이 있어야 한다. 그러나 8번이 시민이므로 1번이 범인이 된다. 1번은 "옆에 범인이 있다."라고 진술하였으므로 2번과 9번에 범인이 없어야 한다. 그러나 9번이 범인이므로 모순이 되어 9번은 범인일 수 없다.
- 9번이 시민이라고 가정
  9번은 "옆에 범인이 없다."라고 진술하였으므로 1번도 시민이 된다. 1번은 "옆에 범인이 있다."라고 진술하였으므로 2번은 범인이 된다. 2번은 "옆에 범인이 없다."라고 진술하였으므로 3번도 범인이 된다. 8번은 시민인데 "옆에 범인이 있다."라고 진술하였으므로 9번은 시민이므로 7번은 범인이 된다. 그러므로 범인은 2, 3, 7번이고 나머지는 모두 시민이 된다.
㉡ 모두가 "옆에 범인이 있다."라고 진술하면 시민 2명, 범인 1명의 순으로 반복해서 배치되므로 옳은 설명이다.

ⓒ 다음과 같은 경우가 있음으로 틀린 설명이다.

1	2	3	4	5	6	7	8	9
○	○	○	○	○	○	○	×	○
범인	시민	시민	범인	시민	범인	시민	시민	시민

17 다음 주어진 조건을 모두 고려했을 때 옳은 것은?

〈조건〉
• A, B, C, D, E의 월급은 각각 10만 원, 20만 원, 30만 원, 40만 원, 50만 원 중 하나이다.
• A의 월급은 C의 월급보다 많고, E의 월급보다는 적다.
• D의 월급은 B의 월급보다 많고, A의 월급도 B의 월급보다 많다.
• C의 월급은 B의 월급보다 많고, D의 월급보다는 적다.
• D는 가장 많은 월급을 받지는 않는다.

---

① 월급이 세 번째로 많은 사람은 A이다.
② E와 C의 월급은 20만 원 차이가 난다.
③ B와 E의 월급의 합은 A와 C의 월급의 합보다 많다.
④ 월급이 제일 많은 사람은 E이다.

✔해설 두 번째 조건을 부등호로 나타내면, C < A < E
세 번째 조건을 부등호로 나타내면, B < D, B < A
네 번째 조건을 부등호로 나타내면, B < C < D
다섯 번째 조건에 의해 다음과 같이 정리할 수 있다.
∴ B < C < D, A < E
① 주어진 조건만으로는 세 번째로 월급이 많은 사람이 A인지, D인지 알 수 없다.
② B < C < D, A < E이므로 월급이 가장 많은 E는 월급을 50만 원을 받고, A와 D는 각각 40만 원 또는 30만 원을 받으며, C는 20만 원을, B는 10만 원을 받는다. E와 C의 월급은 30만 원 차이가 난다.
③ B의 월급은 10만 원, E의 월급은 50만 원이므로 합하면 60만 원이다.
C의 월급은 20만 원을 받지만, A는 40만 원을 받는지 30만 원을 받는지 알 수 없으므로 B와 E의 월급의 합은 A와 C의 월급의 합보다 많을 수도 있고, 같을 수도 있다.

18 다음은 '갑지역의 친환경농산물 인증심사에 대한 자료이다. 2022년부터 인증심사원 1인당 연간 심사할 수 있는 농가수가 상근직은 400호, 비상근직은 250호를 넘지 못하도록 규정이 바뀐다고 할 때, 〈조건〉을 근거로 예측한 내용 중 옳지 않은 것은?

〈2021년 '갑' 지역의 인증기관별 인증현황〉

(단위 : 호, 명)

인증기관	심사 농가수	승인 농가수	인증심사원		
			상근	비상근	합
A	2,540	542	4	2	6
B	2,120	704	2	3	5
C	1,570	370	4	3	7
D	1,878	840	1	2	3
계	8,108	2,456	11	10	21

※ 1) 인증심사원은 인증기관 간 이동이 불가능하고 추가고용을 제외한 인원변동은 없음
   2) 각 인증기관은 추가 고용 시 최소인원만 고용함

〈조건〉
• 인증기관의 수입은 인증수수료가 전부이고, 비용은 인증심사원의 인건비가 전부라고 가정한다.
• 인증수수료 : 승인농가 1호당 10만 원
• 인증심사원의 인건비는 상근직 연 1,800만 원, 비상근직 연 1,200만 원이다.
• 인증기관별 심사 농가수, 승인 농가수, 인증심사원 인건비, 인증수수료는 2021년과 2022년에 동일하다.

① 2021년에 인증기관 B의 수수료 수입은 인증심사원 인건비보다 적다.
② 2022년 인증기관 A가 추가로 고용해야 하는 인증심사원은 최소 2명이다.
③ 인증기관 D가 2022년에 추가로 고용해야 하는 인증심사원을 모두 상근으로 충당한다면 적자이다.
④ 만약 정부가 '갑'지역에 2021년 추가로 필요한 인증심사원을 모두 상근으로 고용하게 하고 추가로 고용되는 상근 심사원 1인당 보조금을 연 600만 원씩 지급한다면 보조금 액수는 연간 5,000만 원 이상이다.

✔ 해설 A지역에는 (4 × 400호)+(2 × 250호) = 2,100이므로 440개의 심사 농가 수에 추가의 인증심사원이 필요하다. 그런데 모두 상근으로 고용할 것이고 400호 이상을 심사할 수 없으므로 추가로 2명의 인증심사원이 필요하다. 그리고 같은 원리로 B지역도 2명, D지역에서는 3명의 추가의 상근 인증심사원이 필요하다. 따라서 총 7명을 고용해야 하며 1인당 지급되는 보조금이 연간 600만 원이라고 했으므로 보조금 액수는 4,200만 원이 된다.

19 갑, 을, 병, 정, 무 다섯 사람은 일요일부터 목요일까지 5일 동안 각각 이틀 이상 아르바이트를 한다. 다음 조건을 모두 충족시켜야 할 때, 다음 중 항상 옳지 않은 것은?

> ㉠ 가장 적은 수가 아르바이트를 하는 요일은 수요일뿐이다.
> ㉡ 갑은 3일 이상 아르바이트를 하는데 병이 아르바이트를 하는 날에는 쉰다.
> ㉢ 을과 정 두 사람만이 아르바이트 일수가 같다.
> ㉣ 병은 평일에만 아르바이트를 하며, 연속으로 이틀 동안만 한다.
> ㉤ 무는 항상 갑이나 병과 같은 요일에 함께 아르바이트를 한다.

① 어느 요일이든 아르바이트 인원수는 확정된다.

② 갑과 을, 병과 정의 아르바이트 일수를 합한 값은 같다.

③ 두 사람만이 아르바이트를 하는 요일이 확정된다.

④ 어떤 요일이든 아르바이트를 하는 인원수는 짝수이다.

> ✔해설 아르바이트 일수가 갑은 3일, 병은 2일임을 알 수 있다. 무는 갑이나 병이 아르바이트를 하는 날 항상 함께 한다고 했으므로 5일 내내 아르바이트를 하게 된다. 을과 정은 일, 월, 화, 목 4일간 아르바이트를 하게 된다. 병에 따라 갑이 아르바이트를 하는 요일이 달라지므로 아르바이트 하는 요일이 확정되는 사람은 세 명이다.
> ① 수요일에는 2명, 나머지 요일에는 4명으로 인원수는 확정된다.
> ② 갑은 3일, 을은 4일, 병은 2일, 무는 5일 이므로 갑과 을, 병과 정의 아르바이트 일수를 합한 값은 7로 같다.
> ④ 일별 인원수는 4명 또는 2명으로 모두 짝수이다.

20 다음은 영업사원인 윤석 씨가 오늘 미팅해야 할 거래처 직원들과 방문해야 할 업체에 관한 정보이다. 다음의 정보를 모두 반영하여 하루의 일정을 짠다고 할 때 순서가 올바르게 배열된 것은? (단, 장소 간 이동 시간은 없는 것으로 가정한다)

〈거래처 직원들의 요구 사항〉

• A거래처 과장 : 회사 내부 일정으로 인해 미팅은 10시 ~ 12시 또는 16 ~ 18시까지 2시간 정도 가능합니다.
• B거래처 대리 : 12시부터 점심식사를 하거나, 18시부터 저녁식사를 하시죠. 시간은 2시간이면 될 것 같습니다.
• C거래처 사원 : 외근이 잡혀서 오전 9시부터 10시까지 1시간만 가능합니다.
• D거래처 부장 : 외부 일정으로 18시부터 저녁식사만 가능합니다.

〈방문해야 할 장소와 가능 시간〉

• E서점 : 14 ~ 18시, 소요 시간은 2시간
• F은행 : 12 ~ 16시, 소요 시간은 1시간
• G미술관 관람 : 하루 3회(10시, 13시, 15시), 소요 시간은 1시간

---

① C거래처 사원 − A거래처 과장 − B거래처 대리 − E서점 − G미술관 − F은행 − D거래처 부장
② C거래처 사원 − A거래처 과장 − F은행 − B거래처 대리 − G미술관 − E서점 − D거래처 부장
③ C거래처 사원 − G미술관 − F은행 − B거래처 대리 − E서점 − A거래처 과장 − D거래처 부장
④ C거래처 사원 − A거래처 과장 − B거래처 대리 − F은행 − G미술관 − E서점 − D거래처 부장

✔ 해설 C거래처 사원(9시 ~ 10시) − A거래처 과장(10시 ~ 12시) − B거래처 대리(12시 ~ 14시) − F은행(14시 ~ 15시) − G미술관(15시 ~ 16시) − E서점(16 ~ 18시) − D거래처 부장(18시 ~)
① E서점까지 들리면 16시가 되는데, 그 이후에 G미술관을 관람할 수 없다.
② F은행까지 들리면 13시가 되는데, B거래처 대리 약속은 18시에 가능하다.
③ G미술관 관람을 마치고 나면 11시가 되는데 F은행은 12시에 가야 한다. 1시간 기다려서 F은행 일이 끝나면 13시가 되는데, B거래처 대리 약속은 18시에 가능하다.

21 다음의 내용에 따라 두 번의 재배정을 한 결과, 병이 홍보팀에서 수습 중이다. 다른 신입사원과 최종 수습부서를 바르게 연결한 것은?

신입사원을 뽑아서 1년 동안의 수습 기간을 거치게 한 후, 정식사원으로 임명을 하는 한 회사가 있다. 그 회사는 올해 신입사원으로 2명의 여자 직원 갑과 을, 그리고 2명의 남자 직원 병과 정을 뽑았다. 처음 4개월의 수습기간 동안 갑은 기획팀에서, 을은 영업팀에서, 병은 총무팀에서, 정은 홍보팀에서 각각 근무하였다. 그 후 8개월 동안 두 번의 재배정을 통해서 신입사원들은 다른 부서에서도 수습 중이다. 재배정할 때마다 다음의 세 원칙 중 한 가지 원칙만 적용되었고, 같은 원칙은 다시 적용되지 않았다.

〈원칙〉

1. 기획팀에서 수습을 거친 사람과 총무팀에서 수습을 거친 사람은 서로 교체해야 하고, 영업팀에서 수습을 거친 사람과 홍보팀에서 수습을 거치 사람은 서로 교체한다.
2. 총무팀에서 수습을 거친 사람과 홍보팀에서 수습을 거치 사람만 서로 교체한다.
3. 여성 수습사원만 서로 교체한다.

① 갑 – 총무팀   ② 을 – 영업팀
③ 정 – 총무팀   ④ 정 – 영업팀

해설 사원과 근무부서를 표로 나타내면

배정부서	기획팀	영업팀	총무팀	홍보팀
처음 배정 부서	갑	을	병	정
2번째 배정 부서				
3번째 배정 부서				병

㉠ 규칙 1을 2번째 배정에 적용하고 규칙 2를 3번째 배정에 적용하면 기획팀↔총무팀 / 영업팀↔홍보팀이므로 갑↔병 / 을↔정, 규칙 2까지 적용하면 다음과 같다.

배정부서	기획팀	영업팀	총무팀	홍보팀
처음 배정 부서	갑	을	병	정
2번째 배정 부서	병	정	갑	을
3번째 배정 부서			을	갑

㉡ 규칙 3을 먼저 적용하고 규칙 2를 적용하면

배정부서	기획팀	영업팀	총무팀	홍보팀
처음 배정 부서	갑	을	병	정
2번째 배정 부서	을	갑	병	정
3번째 배정 부서	을	갑	정	병

22 다음 글의 내용이 참이라고 할 때 〈보기〉의 문장 중 반드시 참인 것만을 바르게 나열한 것은?

우리는 사람의 인상에 대해서 "선하게 생겼다." 또는 "독하게 생겼다."라는 판단을 할 뿐만 아니라 사람의 인상을 중요시한다. 오래 전부터 사람의 얼굴을 보고 그 사람의 길흉을 판단하는 관상의 원리가 있었다. 관상의 원리를 어떻게 받아들여야 할까?

관상의 원리가 받아들일 만하다면, 얼굴이 검붉은 사람은 육체적 고생을 하기 마련이다. 그런데 우리는 주위에서 얼굴이 검붉지만 육체적 고생을 하지 않고 편하게 살아가는 사람을 얼마든지 볼 수 있다. 관상의 원리가 받아들일 만하다면, 우리가 사람의 얼굴에 대해서 갖는 인상이란 한갓 선입견에 불과한 것이 아니다. 사람의 인상이 평생에 걸쳐 고정되어 있다고 할 수 있는 경우에만 관상의 원리는 받아들일 만하다. 또한 관상의 원리가 받아들일 만하지 않다면, 관상의 원리에 대한 과학적 근거를 찾으려는 노력은 헛된 것이다. 실제로 많은 사람들이 관상의 원리가 과학적 근거를 가질 것이라고 기대한다. 그런데 우리는 자주 관상가의 판단이 받아들일 만하다고 느끼고, 그런 느낌 때문에 관상의 원리가 과학적 근거를 가질 것이라고 기대하는 것이다. 관상의 원리가 실제로 과학적 근거를 갖는지의 여부는 논외로 하더라도, 관상의 원리에 대하여 과학적 근거가 있을 것이라고 기대하는 사람은 관상의 원리에 의존하는 것이 우리의 삶에 위안을 주는 필요조건 중의 하나라고 믿는다.

〈보기〉

㉠ 관상의 원리는 받아들일 만한 것이 아니다.
㉡ 우리가 사람의 얼굴에 대해서 갖는 인상이란 선입견에 불과하다.
㉢ 사람의 인상은 평생에 걸쳐 고정되어 있다고 할 수 있다.
㉣ 관상의 원리에 대한 과학적 근거를 찾으려는 노력은 헛된 것이다.
㉤ 관상의 원리가 과학적 근거를 갖는다고 기대하는 사람들은 우리가 관상의 원리에 의존하면 삶의 위안을 얻을 것이라고 믿는다.

① ㉠㉣　　　　　　　　　　　　② ㉡㉤
③ ㉣㉤　　　　　　　　　　　　④ ㉠㉡㉣

✔**해설** 얼굴이 검붉은 사람은 육체적 고생을 한다고 하나 얼굴이 검붉은 사람이 편하게 사는 것을 보았다.
→ ㉠ 관상의 원리는 받아들일 만한 것이 아니다. (참)
• 선입견이 있으면 관상의 원리를 받아들일 만하다.
• 사람의 인상이 평생에 걸쳐 고정되어 있다고 할 수 있는 경우에만 관상의 원리를 받아들일 만하다.
• 관상의 원리가 받아들일 만하지 않다면 관상의 원리에 대한 과학적 근거를 찾으려는 노력은 헛된 것이다.
→ ㉣ 관상의 원리에 대한 과학적 근거를 찾으려는 노력은 헛된 것이다. (참)
㉤ 관상의 원리가 과학적 근거를 갖는다고 기대하는 사람들은 우리가 관상의 원리에 의존하면 삶의 위안을 얻을 것이라고 믿는다. → 관상의 원리에 대하여 과학적 근거가 있을 것이라고 기대하는 사람은 우리의 삶에 위안을 얻기 위해 관상의 원리에 의존한다고 믿는다.

23 다음 글에서 추론할 수 있는 내용만을 바르게 나열한 것은?

> 빌케와 블랙은 얼음이 녹는점에 있다 해도 이를 완전히 물로 녹이려면 상당히 많은 열이 필요함을 발견하였다. 당시 널리 퍼진 속설은 얼음이 녹는점에 이르면 즉시 녹는다는 것이었다. 빌케는 쌓여있는 눈에 뜨거운 물을 끼얹어 녹이는 과정에서 이 속설에 오류가 있음을 알게 되었다. 눈이 녹는점에 있음에도 불구하고 많은 양의 뜨거운 물은 눈을 조금밖에 녹이지 못했기 때문이다.
>
> 블랙은 1757년에 이 속설의 오류를 설명할 수 있는 실험을 수행하였다. 블랙은 따뜻한 방에 두 개의 플라스크 A와 B를 두었는데, A에는 얼음이, B에는 물이 담겨 있었다. 얼음과 물은 양이 같고 모두 같은 온도, 즉 얼음의 녹는점에 있었다. 시간이 지남에 따라 B에 있는 물의 온도는 계속해서 올라갔다. 하지만 A에서는 얼음이 녹으면서 생긴 물과 녹고 있는 얼음의 온도가 녹는점에서 일정하게 유지되었는데 이 상태는 얼음이 완전히 녹을 때까지 지속되었다. 얼음을 녹이는 데 필요한 열량은 같은 양의 물의 온도를 녹는점에서 화씨 140도까지 올릴 수 있는 정도의 열량과 같았다. 블랙은 이 열이 실제로 온도계에 변화를 주지 않기 때문에 이를 '잠열(潛熱)'이라 불렀다.

> ㉠ A의 온도계로는 잠열을 직접 측정할 수 없었다.
> ㉡ 얼음이 녹는점에 이르러도 완전히 녹지 않는 것은 잠열 때문이다.
> ㉢ A의 얼음이 완전히 물로 바뀔 때까지, A의 얼음물 온도는 일정하게 유지된다.

① ㉠   ② ㉡

③ ㉠㉢   ④ ㉠㉡㉢

> **해설** 블랙은 이 열이 실제로 온도계에 변화를 주지 않기 때문에 이를 '잠열(潛熱)'이라 불렀다.
> → ㉠ A의 온도계로는 잠열을 직접 측정할 수 없었다. (참)
>   눈이 녹는점에 있음에도 불구하고 많은 양의 뜨거운 물은 눈을 조금밖에 녹이지 못했다. 이는 잠열 때문이다.
> → ㉡ 얼음이 녹는점에 이르러도 완전히 녹지 않는 것은 잠열 때문이다. (참)
>   A에서는 얼음이 녹으면서 생긴 물과 녹고 있는 얼음의 온도가 녹는점에서 일정하게 유지되었는데 이 상태는 얼음이 완전히 녹을 때까지 지속되었다.
> → ㉢ A의 얼음이 완전히 물로 바뀔 때까지, A의 얼음물 온도는 일정하게 유지된다. (참)

24 쓰레기를 무단 투기하는 사람을 찾기 위해 고심하던 아파트 관리인 세상 씨는 다섯 명의 입주자 A, B, C, D, E를 면담했다. 이들은 각자 다음과 같이 이야기를 했다. 이 가운데 두 사람의 이야기는 모두 거짓인 반면, 세 명의 이야기는 모두 참이라고 한다. 다섯 명 가운데 한 명이 범인이라고 할 때 쓰레기를 무단 투기한 사람은 누구인가?

- A : 쓰레기를 무단 투기하는 것을 나와 E만 보았다. B의 말은 모두 참이다.
- B : 쓰레기를 무단 투기한 것은 D이다. D가 쓰레기를 무단 투기하는 것을 E가 보았다.
- C : D는 쓰레기를 무단 투기하지 않았다. E의 말은 참이다.
- D : 쓰레기를 무단 투기하는 것을 세 명의 주민이 보았다. B는 쓰레기를 무단 투기하지 않았다.
- E : 나와 A는 쓰레기를 무단 투기하지 않았다. 나는 쓰레기를 무단 투기하는 사람을 아무도 보지 못했다.

---

① A
② B
③ C
④ D

✔해설 ㉠ A가 참인 경우
- E는 무단 투기하는 사람을 못 봤다고 했으므로 E의 말은 거짓이 된다.
- A는 B가 참이라고 했으므로 B에 의해 D가 범인이 된다.
- 그러나 C는 D가 무단 투기하지 않았다고 했으므로 C도 거짓이 된다.
- 거짓말을 한 주민이 C, E 두 명이 되었으므로 D의 말은 참이 된다.
- 그러나 D는 쓰레기를 무단 투기하는 사람을 세 명이 주민이 보았다고 했는데 A는 본인과 E만 보았다고 했으므로 D는 범인이 될 수 없다.

㉡ A가 거짓인 경우
- A의 말이 거짓이면 B의 말도 모두 거짓이 된다.
- 거짓말을 한 사람이 A, B이므로 C, D, E는 참말을 한 것이 된다.
- C에 의하면 D는 범인이 아니다.
- D에 의하면 B는 범인이 아니다.
- E에 의하면 A는 범인이 아니다.

따라서 C가 범인이다.

25 다음 조건을 참고할 때, 5명이 입고 있는 옷의 색깔을 올바르게 설명하고 있는 것은?

- 갑, 을, 병, 정, 무 5명은 각기 빨간색, 파란색, 검은색, 흰색 옷을 입고 있으며 같은 색 옷을 입은 사람은 2명이다.
- 병과 정은 파란색과 검은색 옷을 입지 않았다.
- 을과 무는 흰색과 빨간색 옷을 입지 않았다.
- 갑, 을, 병, 정은 모두 다른 색 옷을 입고 있다.
- 을, 병, 정, 무는 모두 다른 색 옷을 입고 있다.

---

① 병과 정은 같은 색 옷을 입고 있다.

② 정이 흰색 옷을 입고 있다면 병은 무와 같은 색 옷을 입고 있다.

③ 무가 파란색 옷을 입고 있다면 갑은 검은색 옷을 입고 있다.

④ 을이 검은색 옷을 입고 있다면 파란색 옷을 입은 사람은 2명이다.

✔️**해설** 주어진 조건을 표로 정리하면 다음과 같다.

경우	갑	을	병	정	무
㉠	검은색	파란색	빨간색	흰색	검은색
㉡	파란색	검은색	흰색	빨간색	파란색

따라서 보기 ⑤에서 언급한 바와 같이 을이 검은색 옷을 입고 있다면 갑과 무는 파란색 옷을 입고 있는 것이 되므로 파란색 옷을 입고 있는 사람은 2명이 된다.

26 다음 조건이 참이라고 할 때 항상 참인 것을 고르면?

> • 민수는 A기업에 다닌다.
> • 영어를 잘하면 업무 능력이 뛰어난 것이다.
> • 영어를 잘하지 못하면 A기업에 다닐 수 없다.
> • A기업은 우리나라 대표 기업이다.

① 민수는 업무 능력이 뛰어나다.
② A기업에 다니는 사람들은 업무 능력이 뛰어나지 못하다.
③ 민수는 영어를 잘하지 못한다.
④ 민수는 수학을 매우 잘한다.

✔해설 주어진 조건을 잘 풀어보면 민수는 A기업에 다닌다, 영어를 잘하면 업무 능력이 뛰어나다, 업무 능력이 뛰어나지 못하면 영어를 못한다, 영어를 못하는 사람은 A기업에 다니지 않는다, A기업 사람은 영어를 잘한다. 전체적으로 연결시켜 보면 '민수 → A기업에 다닌다. → 영어를 잘한다. → 업무 능력이 뛰어나다.' 이므로 '민수는 업무 능력이 뛰어나다.'는 결론을 도출할 수 있다.

27 A, B, C, D, E, F가 달리기 경주를 하여 보기와 같은 결과를 얻었다. 1등부터 6등까지 순서대로 나열한 것은?

> ㉠ A는 D보다 먼저 결승점에 도착하였다.
> ㉡ E는 B보다 더 늦게 도착하였다.
> ㉢ D는 C보다 먼저 결승점에 도착하였다.
> ㉣ B는 A보다 더 늦게 도착하였다.
> ㉤ E가 F보다 더 앞서 도착하였다.
> ㉥ C보다 먼저 결승점에 들어온 사람은 두 명이다.

① A – D – C – B – E – F   ② A – D – C – E – B – F
③ F – E – B – C – D – A   ④ B – F – C – E – D – A

✔해설 ㉠과 ㉢에 의해 A – D – C 순서이다.
㉥에 의해 나머지는 모두 C 뒤에 들어왔다는 것을 알 수 있다.
㉡과 ㉤에 의해 B – E – F 순서이다.
따라서 A – D – C – B – E – F 순서가 된다.

28 다음 조건을 만족할 때, 영호의 비밀번호에 쓰일 수 없는 숫자는 어느 것인가?

> • 영호는 회사 컴퓨터에 비밀번호를 설정해 두었으며, 비밀번호는 1 ~ 9까지의 숫자 중 중복되지 않는 네 개의 숫자이다.
> • 네 자리의 비밀번호는 오름차순으로 정리되어 있으며, 네 자릿수의 합은 20이다.
> • 가장 큰 숫자는 8이며, 짝수가 2개, 홀수가 2개이다.
> • 짝수 2개는 연이은 자릿수에 쓰이지 않았다.

① 2   ② 3
③ 4   ④ 6

해설 오름차순으로 정리되어 있으므로 마지막 숫자가 8이다. 따라서 앞의 세 개의 숫자는 1 ~ 7까지의 숫자들이며, 이를 더해 12가 나와야 한다. 8을 제외한 세 개의 숫자가 4이하의 숫자만으로 구성되어 있다면 12가 나올 수 없으므로 5, 6, 7 중 하나 이상의 숫자는 반드시 사용되어야 한다. 또한 짝수와 홀수가 각각 2개씩이어야 한다.
• 세 번째 숫자가 7일 경우
  앞 두 개의 숫자의 합은 5가 되어야 하므로 1, 4 또는 2, 3이 가능하여 1478, 2378의 비밀번호가 가능하다.
• 세 번째 숫자가 6일 경우
  앞 두 개의 숫자는 모두 홀수이면서 합이 6이 되어야 하므로 1, 5가 가능하나, 이 경우 1568의 네 자리는 짝수가 연이은 자릿수에 쓰였으므로 비밀번호 생성이 불가능하다.
• 세 번째 숫자가 5일 경우
  앞 두 개의 숫자의 합은 7이어야 하며 홀수와 짝수가 한 개씩 이어야 한다. 따라서 3458이 가능하다.
결국 가능한 비밀번호는 1478, 2378, 3458의 세 가지가 되어 이 비밀번호에 쓰일 수 없는 숫자는 6이 되는 것을 알 수 있다.

29 다음 글의 내용이 참일 때 최종 선정되는 단체는 어디인가?

> 문화체육관광부는 우수 문화예술 단체 A, B, C, D, E 중 한 곳을 선정하여 지원하려 한다. 문화
> 체육관광부의 금번 선정 방침은 다음 두 가지이다. 첫째, 어떤 형태로든 지원을 받고 있는 단체는 최
> 종 후보가 될 수 없다. 둘째, 최종 선정 시 올림픽 관련 단체를 엔터테인먼트 사업(드라마, 영화, 가
> 요) 단체보다 우선한다.
>
> A 단체는 자유무역협정을 체결한 필리핀에 드라마 콘텐츠를 수출하고 있지만 올림픽과 관련한 사
> 업은 하지 않는다. B 단체는 올림픽의 개막식 행사를, C 단체는 올림픽의 폐막식 행사를 각각 주관
> 하는 단체이다. E 단체는 오랫동안 한국 음식문화를 세계에 보급해 온 단체이다. A와 C 단체 중 적
> 어도 한 단체가 최종 후보가 되지 못한다면, 대신 B와 E 중 적어도 한 단체는 최종 후보가 된다. 반
> 면 게임 개발로 각광을 받는 단체인 D가 최종 후보가 된다면, 한국과 자유무역협정을 체결한 국가와
> 교역을 하는 단체는 모두 최종 후보가 될 수 없다.
>
> 후보 단체들 중 가장 적은 부가가치를 창출한 단체는 최종 후보가 될 수 없고, 최종 선정은 최종
> 후보가 된 단체 중에서만 이루어진다.
>
> 문화체육관광부의 조사 결과, 올림픽의 개막식 행사를 주관하는 모든 단체는 이미 보건복지부로부
> 터 지원을 받고 있다. 그리고 위 문화예술 단체 가운데 한국 음식문화 보급과 관련된 단체의 부가가
> 치 창출이 가장 저조하였다.

① A   ② B

③ C   ④ D

✔해설
① A 단체는 자유무역협정을 체결한 필리핀에 드라마 콘텐츠를 수출하고 있지만 올림픽과 관련된 사업
은 하지 않는다. 최종 선정 시 올림픽 관련 단체를 엔터테인먼트 사업 단체보다 우선하므로 B, C와
같이 최종 후보가 된다면 A는 선정될 수 없다.
② 올림픽의 개막식 행사를 주관하는 모든 단체는 이미 보건복지부로부터 지원을 받고 있다. B 단체는
올림픽의 개막식 행사를 주관하는 단체이다. → B 단체는 선정될 수 없다.
③ A와 C 단체 중 적어도 한 단체가 최종 후보가 되지 못한다면, 대신 B와 E 중 적어도 한 단체는 최
종 후보가 된다. ②를 통해 B, E 단체를 후보가 될 수 없다. 후보는 A와 C가 된다.
④ D가 최종 후보가 된다면, 한국과 자유무역협정을 체결한 국가와 교역을 하는 단체는 모두 최종 후보
가 될 수 없다. D가 최종 후보가 되면 A가 될 수 없고 A가 된다면 D는 될 수 없다.

30 김 대리는 모스크바 현지 영업소로 출장을 갈 계획이다. 4일 오후 2시 모스크바에서 회의가 예정되어 있어 모스크바 공항에 적어도 오전 11시 이전에는 도착하고자 한다. 인천에서 모스크바까지 8시간이 걸리며, 시차는 인천이 모스크바보다 6시간이 더 빠르다. 김 대리는 인천에서 늦어도 몇 시에 출발하는 비행기를 예약하여야 하는가?

① 3일 09 : 00

② 3일 19 : 00

③ 4일 09 : 00

④ 4일 11 : 00

✔ 해설 인천에서 모스크바까지 8시간이 걸리고, 6시간이 인천이 더 빠르므로
09 : 00시 출발 비행기를 타면 $9 + (8 - 6) = 11$시 도착
19 : 00시 출발 비행기를 타면 $19 + (8 - 6) = 21$시 도착
02 : 00시 출발 비행기를 타면 $2 + (8 - 6) = 4$시 도착.

CHAPTER

04 자원관리능력

1 다음 중 신입사원 인성씨가 해야 할 일을 시간관리 매트릭스 4단계로 구분한 것으로 잘못 된 것은?

〈인성씨가 해야 할 일〉

㉠ 어제 못 본 드라마보기
㉡ 마감이 정해진 프로젝트
㉢ 인간관계 구축하기
㉣ 업무 보고서 작성하기
㉤ 회의하기
㉥ 자기개발하기
㉦ 상사에게 급한 질문하기

〈시간관리 매트릭스〉

	긴급함	긴급하지 않음
중요함	제1사분면	제2사분면
중요하지 않음	제3사분면	제4사분면

① 제1사분면 : ㉢
② 제2사분면 : ㉥
③ 제3사분면 : ㉣
④ 제3사분면 : ㉤

 해설

〈시간관리 매트릭스〉

	긴급함	긴급하지 않음
중요함	㉡	㉢㉥
중요하지 않음	㉣㉤㉦	㉠

2 다음 중, 조직에서 인적자원이 예산이나 물적자원보다 중요한 이유로 적절하지 않은 것은 어느 것인가?

① 예산이나 물적자원을 활용하는 것이 바로 사람이기 때문이다.

② 인적자원은 수동적인 예산이나 물적자원에 비해 능동적이다.

③ 인적자원은 개발될 수 있는 많은 잠재능력과 자질을 보유하고 있다.

④ 조직의 영리 추구에 부합하는 이득은 인적자원에서 나온다.

> ✔해설 조직의 영리 추구에 부합하는 이득은 인적자원뿐 아니라 시간, 돈, 물적자원과의 적절한 조화를 통해서 창출된다. 그러나 인적자원은 능동성, 개발가능성, 전략적 차원이라는 특성에서 예산이나 물적자원보다 중요성이 크다고 할 수 있다.

3 S사의 재고 물품 보관 창고에는 효율적인 물품 관리에 대한 기준이 마련되어 있다. 다음 중 이 기준에 포함될 내용으로 가장 적절하지 않은 것은 어느 것인가?

① 물품의 입고일을 기준으로 오래된 것은 안쪽에, 새로 입고된 물품은 출입구 쪽에 보관해야 한다.

② 동일한 물품은 한 곳에, 유사한 물품은 인접한 장소에 보관하고 동일성이 떨어지는 물품일수록 보관 장소도 멀리 배치한다.

③ 당장 사용해야 할 물품과 한동안 사용하지 않을 것으로 예상되는 물품을 구분하여 각기 다른 장소에 보관한다.

④ 물품의 재질을 파악하여 동일 재질의 물품을 한 곳에, 다른 재질의 물품을 다른 곳에 각각 보관한다.

> ✔해설 물품 보관 시에는 사용 물품과 보관 물품의 구분, 동일 및 유사 물품으로의 분류, 물품 특성에 맞는 보관 장소 선정 등의 원칙을 따라야 한다. 보관의 가장 중요한 포인트는 '물품의 손쉽고 효과적인 사용'이 되어야 하므로, 단순히 입고일을 기준으로 물품을 보관하는 것은 특별히 필요한 경우가 아니라면 바람직한 물품 관리 기준이 될 수 없다.

4 한국산업은 네트워크상의 여러 서버에 분산되어 있는 모든 문서 자원을 발생부터 소멸까지 통합관리해주는 문서관리시스템을 도입하였다. 이 문서관리시스템의 장점으로 가장 거리가 먼 것은?

① 결재과정의 불필요한 시간, 인력, 비용의 낭비를 줄인다.

② 문서의 검색이 신속하고 정확해진다.

③ 결재문서를 불러서 재가공할 수 있어 기안작성의 효율을 도모한다.

④ 지역적으로 떨어져 있는 경우 컴퓨터를 이용해서 원격 전자 회의를 가능하게 한다.

✔해설 그룹웨어(groupware) … 기업 등의 구성원들이 컴퓨터로 연결된 작업장에서, 서로 협력하여 업무를 수행하는 그룹 작업을 지원하기 위한 소프트웨어나 소프트웨어를 포함하는 구조를 말한다.

5 다음 ㉠~㉧ 중, 시간계획을 함에 있어 명심하여야 할 사항으로 적절하지 않은 설명을 모두 고른 것은 어느 것인가?

> ㉠ 자신에게 주어진 시간 중 적어도 60%는 계획된 행동을 해야 한다.
> ㉡ 계획은 다소 어렵더라도 의지를 담은 목표치를 반영한다.
> ㉢ 예정 행동만을 계획하는 것이 아니라 기대되는 성과나 행동의 목표도 기록한다.
> ㉣ 여러 일 중에서 어느 일이 가장 우선적으로 처리해야 할 것인가를 결정한다.
> ㉤ 유연하고 융통성 있는 시간계획을 정하기보다 가급적 변경 없이 계획대로 밀고 나갈 수 있어야 한다.
> ㉥ 예상 못한 방문객 접대, 전화 등의 사건으로 예정된 시간이 부족할 경우를 대비하여 여유시간을 확보한다.
> ㉦ 반드시 해야 할 일을 끝내지 못했을 경우, 다음 계획에 영향이 없도록 가급적 빨리 잊는다.
> ㉧ 자기 외의 다른 사람(비서, 부하, 상사)의 시간 계획을 감안하여 계획을 수립한다.

① ㉠, ㉡, ㉦　　　　　　　　　　② ㉢, ㉤, ㉥

③ ㉡, ㉤, ㉦　　　　　　　　　　④ ㉡, ㉢, ㉤

✔해설 시간 관리를 효율적으로 하기 위하여 ㉡, ㉤, ㉦은 다음과 같이 수정되어야 한다.
㉡ 시간 배정을 계획하는 일이므로 무리한 계획을 세우지 말고, 실현 가능한 것만을 계획하여야 한다.
㉤ 시간계획은 유연하게 해야 한다. 시간계획은 그 자체가 중요한 것이 아니고, 목표달성을 위해 필요한 것이다.
㉦ 꼭 해야만 할 일을 끝내지 못했을 경우에는 차기 계획에 반영하여 끝내도록 하는 계획을 세우는 것이 바람직하다.

6 외국계 은행 서울지사에 근무하는 甲은 런던지사 乙, 시애틀지사 丙과 같은 프로젝트를 진행하면서 다음과 같이 영상업무회의를 진행하였다. 회의 시각은 런던을 기준으로 11월 1일 오전 9시라고 할 때, ㉠에 들어갈 일시는? (단 런던은 GMT+0, 서울은 GMT+9, 시애틀은 GMT−7을 표준시로 사용한다.)

> 甲 : 제가 프로젝트에서 맡은 업무는 오늘 오후 10시면 마칠 수 있습니다. 런던에서 받아서 1차 수정을 부탁드립니다.
>
> 乙 : 네, 저는 甲님께서 제시간에 끝내 주시면 다음날 오후 3시면 마칠 수 있습니다. 시애틀에서 받아서 마지막 수정을 부탁드립니다.
>
> 丙 : 알겠습니다. 저는 앞선 두 분이 제시간에 끝내 주신다면 서울을 기준으로 모레 오전 10시면 마칠 수 있습니다. 제가 업무를 마치면 프로젝트가 최종 마무리 되겠군요.
>
> 甲 : 잠깐, 다들 말씀하신 시각의 기준이 다른 것 같은데요? 저는 처음부터 런던을 기준으로 이해하고 말씀드렸습니다.
>
> 乙 : 저는 처음부터 시애틀을 기준으로 이해하고 말씀드렸는데요?
>
> 丙 : 저는 처음부터 서울을 기준으로 이해하고 말씀드렸습니다. 그렇다면 계획대로 진행될 때 서울을 기준으로 (㉠)에 프로젝트를 최종 마무리할 수 있겠네요.
>
> 甲, 乙 : 네, 맞습니다.

① 11월 2일 오후 3시
② 11월 2일 오후 11시
③ 11월 3일 오전 10시
④ 11월 3일 오후 7시

✔해설 회의 시간이 런던을 기준으로 11월 1일 9시이므로, 이때 서울은 11월 1일 18시, 시애틀은 11월 1일 2시이다.

- 甲은 런던을 기준으로 말했으므로 甲이 프로젝트에서 맡은 업무를 마치는 시간은 런던 기준 11월 1일 22시로, 甲이 맡은 업무를 마치는 데 필요한 시간은 22 − 9 = 13시간이다.
- 乙은 시애틀을 기준으로 이해하고 말했으므로 乙은 甲이 말한 乙이 말한 다음날 오후 3시는 시애틀 기준 11월 2일 15시이다. 乙은 甲이 시애틀을 기준으로 11월 1일 22시에 맡은 일을 끝내 줄 것이라고 생각하였으므로, 乙이 맡은 업무를 마치는 데 필요한 시간은 2 + 15 = 17시간이다.
- 丙은 서울을 기준으로 말했으므로 丙이 말한 모레 오전 10시는 11월 3일 10시이다. 丙은 乙이 서울을 기준으로 11월 2일 15시에 맡은 일을 끝내 줄 것이라고 생각하였으므로, 丙이 맡은 업무를 마치는 데 필요한 시간은 9 + 10 = 19시간이다.

따라서 계획대로 진행될 경우 甲, 乙, 丙이 맡은 업무를 끝내는 데 필요한 총 시간은 13 + 17 + 19 = 49시간으로, 2일하고 1시간이라고 할 수 있다. 이를 서울 기준으로 보면 11월 1일 18시에서 2일하고 1시간이 지난 후이므로, 11월 3일 19시이다.

7   인적자원 관리의 특징에 관한 다음 ⊙~@의 설명 중 그 성격이 같은 것끼리 알맞게 구분한 것은 어느 것인가?

> ⊙ 개인에게 능력을 발휘할 수 있는 기회와 장소를 부여하고, 그 성과를 바르게 평가하고, 평가된 능력과 실적에 대해 그에 상응하는 보상을 주어야 한다.
> ⓒ 팀 전체의 능력향상, 의식개혁, 사기앙양 등을 도모하는 의미에서 전체와 개체가 균형을 이루어야 한다.
> ⓒ 많은 사람들이 번거롭다는 이유로 자신의 인맥관리에 소홀히 하는 경우가 많지만 인맥관리는 자신의 성공을 위한 첫걸음이라는 생각을 가져야 한다.
> @ 효율성을 높이기 위해 팀원의 능력이나 성격 등과 가장 적합한 위치에 배치하여 팀원 개개인의 능력을 최대로 발휘해 줄 것을 기대한다.

① [⊙, ⓒ] — [ⓒ, @]
② [⊙] — [ⓒ, ⓒ, @]
③ [⊙, @] — [ⓒ, ⓒ]
④ [⊙, ⓒ, @] — [ⓒ]

✔해설 ⊙, ⓒ, @은 조직 차원에서의 인적자원관리의 특징이고, ⓒ은 개인 차원에서의 인적자원관리능력의 특징으로 구분할 수 있다. 한편, 조직의 인력배치의 3대 원칙에는 적재적소주의(@), 능력주의(⊙), 균형주의(ⓒ)가 있다.

8 다음 ㉠~㉣에 제시된 자원관리의 기본 과정들을 순서에 맞게 재배열한 것은 어느 것인가?

㉠ 확보된 자원을 활용하여 계획에 맞는 업무를 수행해 나가야 한다. 물론 계획에 얽매일 필요는 없지만 최대한 계획대로 수행하는 것이 바람직하다. 불가피하게 수정해야 하는 경우는 전체 계획에 미칠 수 있는 영향을 고려하여야 할 것이다.

㉡ 자원을 실제 필요한 업무에 할당하여 계획을 세워야 한다. 여기에서 중요한 것은 업무나 활동의 우선순위를 고려하는 것이다. 최종적인 목적을 이루는 데 가장 핵심이 되는 것에 우선순위를 두고 계획을 세울 필요가 있다. 만약, 확보한 자원이 실제 활동 추진에 비해 부족할 경우 우선순위가 높은 것에 중심을 두고 계획하는 것이 바람직하다.

㉢ 실제 상황에서 그 자원을 확보하여야 한다. 수집 시 가능하다면 필요한 양보다 좀 더 여유 있게 확보할 필요가 있다. 실제 준비나 활동을 하는 데 있어서 계획과 차이를 보이는 경우가 빈번하기 때문에 여유 있게 확보하는 것이 안전할 것이다.

㉣ 업무를 추진하는 데 있어서 어떤 자원이 필요하며, 또 얼마만큼 필요한지를 파악하는 단계이다. 자원의 종류는 크게 시간, 예산, 물적자원, 인적자원으로 나눌 수 있지만 실제 업무 수행에서는 이보다 더 구체적으로 나눌 필요가 있다. 구체적으로 어떤 활동을 할 것이며, 이 활동에 어느 정도의 시간, 돈, 물적·인적자원이 필요한지를 파악한다.

① ㉢ - ㉣ - ㉡ - ㉠
② ㉣ - ㉢ - ㉠ - ㉡
③ ㉠ - ㉢ - ㉡ - ㉣
④ ㉣ - ㉢ - ㉡ - ㉠

✔해설 자원을 활용하기 위해서는 가장 먼저 나에게 필요한 자원은 무엇이고 얼마나 필요한지를 명확히 설정하는 일이다. 무턱대고 많은 자원을 수집하는 것은 효율적인 자원 활용을 위해 바람직하지 않다. 나에게 필요한 자원을 파악했으면 다음으로 그러한 자원을 수집하고 확보해야 할 것이다. 확보된 자원을 유용하게 사용할 수 있는 활용 계획을 세우고 수립된 계획에 따라 자원을 활용하는 것이 적절한 자원관리 과정이 된다. 따라서 이를 정리하면, 다음 순서와 같다.
1) 어떤 자원이 얼마나 필요한지를 확인하기
2) 이용 가능한 자원을 수집(확보)하기
3) 자원 활용 계획 세우기
4) 계획에 따라 수행하기

9　회계팀에서 업무를 시작하게 된 A씨는 각종 내역의 비용이 어느 항목으로 분류되어야 하는지 정리 작업을 하고 있다. 다음 중 A씨가 나머지와 다른 비용으로 분류해야 하는 것은 어느 것인가?

① 구매부 자재 대금으로 지불한 U$7,000

② 상반기 건물 임대료 및 관리비

③ 임직원 급여

④ 계약 체결을 위한 영업부 직원 출장비

> ✔해설　②는 간접비용, 나머지(①③④)는 직접비용의 지출 항목으로 분류해야 한다.
> 직접비용과 간접비용으로 분류되는 지출 항목은 다음과 같은 것들이 있다.
> • 직접비용: 재료비, 원료와 장비, 시설비, 출장 및 잡비, 인건비
> • 간접비용: 보험료, 건물관리비, 광고비, 통신비, 사무비품비, 각종 공과금

10　다음 중 직무상 필요한 가장 핵심적인 네 가지 자원에 해당하지 않는 설명은 어느 것인가?

① 민간 기업이나 공공단체 및 기타 조직체는 물론이고 개인의 수입·지출에 관한 것도 포함하는 가치

② 인간이 약한 신체적 특성을 보완하기 위하여 활용하는, 정상적인 인간의 활동에 수반되는 많은 자원들

③ 기업이 나아가야 할 방향과 목적 등 기업 전체가 공유하는 비전, 가치관, 사훈, 기본 방침 등으로 표현되는 것

④ 매일 주어지며 똑같은 속도로 흐르지만 멈추거나 빌리거나 저축할 수 없는 것

> ✔해설　③은 기업 경영의 목적이다. 기업 경영에 필수적인 네 가지 자원으로는 시간(④), 예산(①), 물적자원(②)이 있으며 물적자원은 다시 인공자원과 천연자원으로 나눌 수 있다.

11 '갑'시에 위치한 B공사 권 대리는 다음과 같은 일정으로 출장을 계획하고 있다. 출장비 지급 내역에 따라 권 대리가 받을 수 있는 출장비의 총액은 얼마인가?

〈지역별 출장비 지급 내역〉

출장 지역	일비	식비
'갑'시	15,000원	15,000원
'갑'시 외 지역	23,000원	17,000원

* 거래처 차량으로 이동할 경우, 일비 5,000원 차감
* 오후 일정 시작일 경우, 식비 7,000원 차감

〈출장 일정〉

출장 일자	지역	출장 시간	이동계획
화요일	'갑'시	09:00~18:00	거래처 배차
수요일	'갑'시 외 지역	10:30~16:00	대중교통
금요일	'갑'시	14:00~19:00	거래처 배차

① 75,000원
② 78,000원
③ 83,000원
④ 85,000원

✔ 해설 일자별 출장비 지급액을 살펴보면 다음과 같다. 화요일 일정에는 거래처 차량이 지원되므로 5,000원이 차감되며, 금요일 일정에는 거래처 차량 지원과 오후 일정으로 인해 5,000+7,000=12,000원이 차감된다.

출장 일자	지역	출장 시간	이동계획	출장비
화요일	'갑'시	09:00~18:00	거래처 배차	30,000-5,000=25,000원
수요일	'갑'시 외 지역	10:30~16:00	대중교통	40,000원
금요일	'갑'시	14:00~19:00	거래처 배차	30,000-5,000-7,000=18,000원

따라서 출장비 총액은 25,000+40,000+18,000=83,000원이 된다.

12 다음은 N사 판매관리비의 2분기 집행 내역과 3분기 배정 내역이다. 자료를 참고하여 판매관리비 집행과 배정 내역을 올바르게 파악하지 못한 것은 어느 것인가?

〈판매관리비 집행 및 배정 내역〉

(단위 : 원)

항목	2분기	3분기
판매비와 관리비	236,820,000	226,370,000
직원급여	200,850,000	195,000,000
상여금	6,700,000	5,700,000
보험료	1,850,000	1,850,000
세금과 공과금	1,500,000	1,350,000
수도광열비	750,000	800,000
잡비	1,000,000	1,250,000
사무용품비	230,000	180,000
여비교통비	7,650,000	5,350,000
퇴직급여충당금	15,300,000	13,500,000
통신비	460,000	620,000
광고신진비	530,000	770,000

① 직접비와 간접비를 합산한 3분기의 예산 배정액은 전 분기보다 10% 이내의 범위에서 로 감소하였다.

② 간접비는 전 분기의 5%에 조금 못 미치는 금액만큼 증가하였다.

③ 2분기와 3분기 모두 간접비에서 가장 큰 비중을 차지하는 항목은 보험료이다.

④ 3분기에는 직접비와 간접비가 모두 2분기 집행 내역보다 더 많이 배정되었다.

✔ 해설 직접비에는 인건비, 재료비, 원료와 장비비, 여행 및 잡비, 시설비 등이 포함되며, 간접비에는 보험료, 건물관리비, 광고비, 통신비, 사무비품비, 각종 공과금 등이 포함된다. 따라서 제시된 예산 집행 및 배정 현황을 직접비와 간접비를 구분하여 다음과 같이 나누어 볼 수 있다.

항목	2분기		3분기	
	직접비	간접비	직접비	간접비
직원급여	200,850,000		195,000,000	
상여금	6,700,000		5,700,000	
보험료		1,850,000		1,850,000
세금과 공과금		1,500,000		1,350,000
수도광열비		750,000		800,000
잡비	1,000,000		1,250,000	
사무용품비		230,000		180,000
여비교통비	7,650,000		5,350,000	
퇴직급여충당금	15,300,000		13,500,000	
통신비		460,000		620,000
광고선전비		530,000		770,000
합계	231,500,000	5,320,000	220,800,000	5,570,000

따라서 2분기보다 3분기에 간접비 배정 금액은 증가한 반면, 직접비의 배정 금액은 감소했음을 알 수 있다.

13 H사 기획팀에서는 해외 거래처와의 중요한 계약을 성사시키기 위해 이를 담당할 사내 TF팀 인원을 보강하고자 한다. 다음 상황을 참고할 때, 반드시 선발해야 할 2명의 직원은 누구인가?

기획팀은 TF팀에 추가로 필요한 직원 2명을 보강해야 한다. 계약실무, 협상, 시장조사, 현장교육 등 4가지 업무는 새롭게 선발될 2명의 직원이 분담하여 모두 수행해야 한다.

4가지 업무를 수행하기 위해 필수적으로 갖추어야 할 자질은 다음과 같다.

업무	필요 자질
계약실무	스페인어, 국제 감각
협상	스페인어, 설득력
시장조사	설득력, 비판적 사고
현장교육	국제 감각, 의사 전달력

* 기획팀에서 1차로 선발한 직원은 오 대리, 최 사원, 남 대리, 조 사원 4명이며, 이들은 모두 3가지씩의 '필요 자질'을 갖추고 있다.
* 의사 전달력은 남 대리를 제외한 나머지 3명이 모두 갖추고 있다.
* 조 사원이 시장조사 업무를 제외한 모든 업무를 수행하려면, 스페인어 자질만 추가로 갖추면 된다.
* 오 대리는 계약실무 업무를 수행할 수 있고, 최 사원과 남 대리는 시장조사 업무를 수행할 수 있다.
* 국제 감각을 갖춘 직원은 2명이다.

① 오 대리, 최 사원
② 오 대리, 남 대리
③ 최 사원, 조 사원
④ 최 사원, 조 사원

✓해설 주어진 설명에 의해 4명의 자질과 가능 업무를 표로 정리하면 다음과 같다.

	오 대리	최 사원	남 대리	조 사원
스페인어	○	×	○	×
국제 감각	○	×	×	○
설득력	×	○	○	○
비판적 사고	×	○	○	×
의사 전달력	○	○	×	○

위 표를 바탕으로 4명의 직원이 수행할 수 있는 업무를 정리하면 다음과 같다.
• 오 대리 : 계약실무, 현장교육
• 최 사원 : 시장조사
• 남 대리 : 협상, 시장조사
• 조 사원 : 현장교육
따라서 필요한 4가지 업무를 모두 수행하기 위해서는 오 대리와 남 대리 2명이 최종 선발되어야만 함을 알 수 있다.

|14~15| 공장 주변지역의 농경수 오염에 책임이 있는 기업이 총 70억 원의 예산을 가지고 피해 현황 심사와 보상을 진행한다고 한다. 다음 글을 읽고 물음에 답하시오.

총 500건의 피해가 발생했고, 기업측에서는 실제 피해 현황을 심사하여 보상하기로 하였다. 심사에 소요되는 비용은 보상 예산에서 사용한다. 심사를 통해 좀 더 정확한 피해 규모를 파악할 수 있지만, 그에 따라 소요되는 비용 또한 증가하게 된다.

	1일째	2일째	3일째	4일째
일별 심사 비용 (억 원)	0.5	0.7	0.9	1.1
일별 보상대상 제외건수	50	45	40	35

• 보상금 총액＝예산－심사 비용
• 표는 누적수치가 아닌, 하루에 소요되는 비용을 말함
• 일별 심사 비용은 매일 0.2억씩 증가하고 제외건수는 매일 5건씩 감소함
• 제외건수가 0이 되는 날, 심사를 중지하고 보상금을 지급함

14 기업측이 심사를 중지하는 날까지 소요되는 일별 심사 비용은 총 얼마인가?

① 15억 원   ② 15.5억 원

③ 16억 원   ④ 16.5억 원

> **✔해설** 제외건수가 매일 5건씩 감소한다고 했으므로 11일째 되는 날 제외건수가 0이 되고 일별 심사 비용은 총 16.5억 원이 된다.

15 심사를 중지하고 총 500건에 대해서 보상을 한다고 할 때, 보상대상자가 받는 건당 평균 보상금은 대략 얼마인가?

① 약 1천만 원   ② 약 2천만 원

③ 약 3천만 원   ④ 약 4천만 원

> **✔해설** (70억－16.5억)/500건＝1,070만 원

16 다음 재고 현황을 통해 파악할 수 있는 완성품의 최대 수량과 완성품 1개당 소요 비용은 얼마인가? (단, 완성품은 A, B, C, D의 부품이 모두 조립되어야 하고 다른 조건은 고려하지 않는다)

부품명	완성품 1개당 소요량(개)	단가(원)	재고 수량(개)
A	2	50	100
B	3	100	300
C	20	10	2,000
D	1	400	150

	완성품의 최대 수량(개)	완성품 1개당 소요 비용(원)
①	50	100
②	50	500
③	50	1,000
④	100	500

✔해설 재고 수량에 따라 완성품을 A 부품으로는 $100 \div 2 = 50$개, B 부품으로는 $300 \div 3 = 100$개, C 부품으로는 $2,000 \div 20 = 100$개, D 부품으로는 $150 \div 1 = 150$개까지 만들 수 있다. 완성품은 A, B, C, D가 모두 조립되어야 하므로 50개만 만들 수 있다.

완성품 1개당 소요 비용은 완성품 1개당 소요량과 단가의 곱으로 구하면 되므로 A 부품 $2 \times 50 = 100$원, B 부품 $3 \times 100 = 300$원, C 부품 $20 \times 10 = 200$원, D 부품 $1 \times 400 = 400$원이다.

이를 모두 합하면 $100 + 300 + 200 + 400 = 1,000$원이 된다.

17 다음은 (주)서원기업의 재고 관리 사례이다. 금요일까지 부품 재고 수량이 남지 않게 완성품을 만들 수 있도록 월요일에 주문할 A ~ C 부품 개수로 옳은 것은? (단, 주어진 조건 이외에는 고려하지 않는다)

〈부품 재고 수량과 완성품 1개 당 소요량〉

부품명	부품 재고 수량	완성품 1개당 소요량
A	500	10
B	120	3
C	250	5

〈완성품 납품 수량〉

항목 \ 요일	월	화	수	목	금
완성품 납품 개수	없음	30	20	30	20

〈조건〉

1. 부품 주문은 월요일에 한 번 신청하며 화요일 작업시작 전 입고된다.
2. 완성품은 부품 A, B, C를 모두 조립해야 한다.

	A	B	C
①	100	100	100
②	100	180	200
③	500	100	100
④	500	180	250

해설 완성품 납품 개수는 30+20+30+20으로 총 100개이다. 완성품 1개당 부품 A는 10개가 필요하므로 총 1,000개가 필요하고, B는 300개, C는 500개가 필요하다. 이때 각 부품의 재고 수량에서 부품 A는 500개를 가지고 있으므로 필요한 1,000개에서 가지고 있는 500개를 빼면 500개의 부품을 주문해야 한다. 부품 B는 120개를 가지고 있으므로 필요한 300개에서 가지고 있는 120개를 빼면 180개를 주문해야 하며, 부품 C는 250개를 가지고 있으므로 필요한 500개에서 가지고 있는 250개를 빼면 250개를 주문해야 한다.

18 입사 2년차인 P씨와 같은 팀원들은 하루에도 수십 개씩의 서류를 받는다. 각자 감당할 수 없을 만큼의 서류가 쌓이다보니 빨리 처리해야할 업무가 무엇인지, 나중에 해도 되는 업무가 무엇인지 확인이 되지 않았다. 이런 상황에서 P씨가 가장 먼저 취해야 할 행동으로 가장 적절한 것은?

① 같은 팀원이자 후배인 K씨에게 서류정리를 시킨다.
② 가장 높은 상사의 일부터 처리한다.
③ 보고서와 주문서 등을 종류별로 정리하고 중요내용을 간추려 메모한다.
④ 눈앞의 급박한 상황들을 먼저 처리한다.

> ✔해설 업무 시에는 일의 우선순위를 정하는 것이 중요하다. 많은 서류들을 정리하고 중요 내용을 간추려 메모하면 이후의 서류들도 기존보다 빠르게 정리할 수 있으며 시간을 효율적으로 사용할 수 있다.

19 다음 중 SMART법칙에 따라 목표를 설정하지 못한 사람을 모두 고른 것은?

- 민수 : 나는 올해 꼭 취업할꺼야.
- 나라 : 나는 8월까지 볼링 점수 200점에 도달하겠어.
- 정수 : 나는 오늘 10시까지 단어 100개를 외울거야.
- 주찬 : 니는 이번 달 안에 NCS강의 20강을 모두 들을거야.
- 명기 : 나는 이번 여름 방학에 영어 회화를 도전할거야.
---

① 정수, 주찬 ② 나라, 정수
③ 민수, 명기 ④ 주찬, 민수

> ✔해설 SMART법칙 … 목표를 어떻게 설정하고 그 목표를 성공적으로 달성하기 위해 꼭 필요한 필수 요건들을 S.M.A.R.T. 5개 철자에 따라 제시한 것이다.
> ㉠ Specific(구체적으로) : 목표를 구체적으로 작성한다.
> ㉡ Measurable(측정 가능하도록) : 수치화, 객관화시켜서 측정 가능한 척도를 세운다.
> ㉢ Action-oriented(행동 지향적으로) : 사고 및 생각에 그치는 것이 아니라 행동을 중심으로 목표를 세운다.
> ㉣ Realistic(현실성 있게) : 실현 가능한 목표를 세운다.
> ㉤ Time limited(시간적 제약이 있게) : 목표를 설정함에 있어 제한 시간을 둔다.

20 다음은 영업사원인 甲씨가 오늘 미팅해야 할 거래처 직원들과 방문해야 할 업체에 관한 정보이다. 다음의 정보를 모두 반영하여 하루의 일정을 짠다고 할 때 순서가 올바르게 배열된 것은? (단, 장소 간 이동 시간은 없는 것으로 가정한다)

〈거래처 직원들의 요구 사항〉

• A거래처 과장 : 회사 내부 일정으로 인해 미팅은 10시~12시 또는 16~18시까지 2시간 정도 가능합니다.

• B거래처 대리 : 12시부터 점심식사를 하거나, 18시부터 저녁식사를 하시죠. 시간은 2시간이면 될 것 같습니다.

• C거래처 사원 : 외근이 잡혀서 오전 9시부터 10시까지 1시간만 가능합니다.

• D거래처 부장 : 외부일정으로 18시부터 저녁식사만 가능합니다.

〈방문해야 할 업체와 가능시간〉

• E서점 : 14~18시, 소요시간은 2시간

• F은행 : 12~16시, 소요시간은 1시간

• G미술관 관람 : 하루 3회(10시, 13시, 15시), 소요시간은 1시간

---

① C거래처 사원 – A거래처 과장 – B거래처 대리 – E서점 – G미술관 – F은행 – D거래처 부장
② C거래처 사원 – A거래처 과장 – F은행 – B거래처 대리 – G미술관 – E서점 – D거래처 부장
③ C거래처 사원 – G미술관 – F은행 – B거래처 대리 – E서점 – A거래처 과장 – D거래처 부장
④ C거래처 사원 – A거래처 과장 – B거래처 대리 – F은행 – G미술관 – E서점 – D거래처 부장

✔해설 C거래처 사원(9시~10시) – A거래처 과장(10시~12시) – B거래처 대리(12시~14시) – F은행(14시~15시) – G미술관(15시~16시) – E서점(16시~18시) – D거래처 부장(18시~)
① E서점까지 들리면 16시가 되는데, 그 이후에 G미술관을 관람할 수 없다.
② F은행까지 들리면 13시가 되는데, B거래처 대리 약속은 18시에 가능하다.
③ G미술관 관람을 마치고 나면 11시가 되는데 F은행은 12시에 가야한다. 1시간 기다려서 F은행 일이 끝나면 13시가 되는데, B거래처 대리 약속은 18시에 가능하다.

▌21~22▐ 다음은 '대한 국제 회의장'의 예약 관련 자료이다. 이를 보고 이어지는 물음에 답하시오.

〈대한 국제 회의장 예약 현황〉

행사구분	행사주체	행사일	시작시간	진행시간	예약인원	행사장
학술대회	A대학	3/10	10:00	2H	250명	전시홀
공연	B동아리	2/5	17:00	3H	330명	그랜드볼룸
학술대회	C연구소	4/10	10:30	6H	180명	전시홀
국제회의	D국 무역관	2/13	15:00	4H	100명	컨퍼런스홀
국제회의	E제품 바이어	3/7	14:00	3H	150명	그랜드볼룸
공연	F사 동호회	2/20	15:00	4H	280명	전시홀
학술대회	G학회	4/3	10:00	5H	160명	컨퍼런스홀
국제회의	H기업	2/19	11:00	3H	120명	그랜드볼룸

〈행사장별 행사 비용〉

	행사 비용
전시홀	350,000원(기본 2H), 1시간 당 5만 원 추가, 200명 이상일 경우 기본요금의 15% 추가
그랜드볼룸	450,000원(기본 2H), 1시간 당 5만 원 추가, 250명 이상일 경우 기본요금의 20% 추가
컨퍼런스홀	300,000원(기본 2H), 1시간 당 3만 원 추가, 150명 이상일 경우 기본요금의 10% 추가

21 다음 중 대한 국제 회의장이 2월 중 얻게 되는 기본요금과 시간 추가 비용의 수익금은 모두 얼마인가? (인원 추가 비용 제외)

① 172만 원

② 175만 원

③ 177만 원

④ 181만 원

> ✔해설 2월 행사는 4번이 예약되어 있으며, 행사주제별로 기본 사용료를 계산해 보면 다음과 같다.
> • B동아리 : 450,000원 + 50,000원 = 500,000원
> • D국 무역관 : 300,000원 + 60,000원 = 360,000원
> • F사 동호회 : 350,000원 + 100,000원 = 450,000원
> • H기업 : 450,000원 + 50,000원 = 500,000원
> 따라서 이를 모두 더하면 1,810,000원이 되는 것을 알 수 있다.

22 다음 중 인원 추가 비용이 가장 큰 시기부터 순서대로 올바르게 나열된 것은 어느 것인가?

① 4월, 2월, 3월

② 3월, 4월, 2월

③ 3월, 2월, 4월

④ 2월, 3월, 4월

> ✔해설 월별 인원 추가 비용은 다음과 같이 구분하여 계산할 수 있다.
>
> | 2월 | 3월 | 4월 |
> |---|---|---|
> | • B동아리 : 450,000원×0.2= 90,000원
• D국 무역관 : 인원 미초과
• F사 동호회 : 350,000원× 0.15 =52,500원
• H기업 : 인원 미초과 | • A대학 : 350,000원×0.15= 52,500원
• E제품 바이어 : 인원 미초과 | • C연구소 : 인원 미초과
• G학회 : 300,000원×0.1 =30,000원 |
>
> 따라서 각 시기별 인원 추가 비용은 2월 142,500원, 3월 52,500원, 4월 30,000원이 되어 2월, 3월, 4월 순으로 많게 된다.

23 다음 상황에서 총 순이익 200억 원 중에 Y사가 150억 원을 분배 받았다면 Y사의 연구개발비는 얼마인가?

X사와 Y사는 신제품을 공동개발하여 판매한 총 순이익을 다음과 같은 기준에 의해 분배하기로 약정하였다.

• 1번째 기준 : X사와 Y사는 총 순이익에서 각 회사 제조원가의 10%에 해당하는 금액을 우선 각자 분배받는다.

• 2번째 기준 : 총 순수익에서 위의 1번째 기준에 의해 분배 받은 금액을 제외한 나머지 금액에 대한 분배는 각 회사가 연구개발에 지출한 비용에 비례하여 분배액을 정한다.

〈신제품 개발과 판례에 따른 연구개발비용과 총 순이익〉

(단위 : 억 원)

구분	X사	Y사
제조원가	200	600
연구개발비	100	( )
총 순이익	200	

---

① 200억 원　　　　　　　　② 250억 원

③ 300억 원　　　　　　　　④ 350억 원

✔해설　1번째 기준에 의해 X사는 200억의 10%인 20억을 분배받고, Y사는 600억의 10%인 60억을 분배받는다. Y가 분배받은 금액이 총 150억이라고 했으므로 X사가 분배받은 금액은 50억이다. X사가 두 번째 기준에 의해 분배받은 금액은 30억이고, Y사가 두 번째 기준에 의해 분배받은 금액은 90억이다. 두 번째 기준은 연구개발비용에 비례하여 분배받은 것이므로 X사의 연구개발비의 3배로 계산하면 300억이다.

24 O회사에 근무하고 있는 채과장은 거래 업체를 선정하고자 한다. 업체별 현황과 평가기준이 다음과 같을 때, 선정되는 업체는?

〈업체별 현황〉

업체명	시장매력도	정보화수준	접근가능성
	시장규모(억 원)	정보화순위	수출액(백만 원)
A업체	550	106	9,103
B업체	333	62	2,459
C업체	315	91	2,597
D업체	1,706	95	2,777

〈평가기준〉

• 업체별 종합점수는 시장매력도(30점 만점), 정보화수준(30점 만점), 접근가능성(40점 만점)의 합계 (100점 만점)로 구하며, 종합점수가 가장 높은 업체가 선정된다.
• 시장매력도 점수는 시장매력도가 가장 높은 업체에 30점, 가장 낮은 업체에 0점, 그 밖의 모든 업체에 15점을 부여한다. 시장규모가 클수록 시장매력도가 높다.
• 정보화수준 점수는 정보화순위가 가장 높은 업체에 30점, 가장 낮은 업체에 0점, 그 밖의 모든 업체에 15점을 부여한다.
• 접근가능성 점수는 접근가능성이 가장 높은 업체에 40점, 가장 낮은 업체에 0점, 그 밖의 모든 업체에 20점을 부여한다. 수출액이 클수록 접근가능성이 높다.

① A   ② B
③ C   ④ D

해설 업체별 평가기준에 따른 점수는 다음과 같으며, D업체가 65점으로 선정된다.

	시장매력도	정보화수준	접근가능성	합계
A	15	0	40	55
B	15	30	0	45
C	0	15	20	35
D	30	15	20	65

25 J회사 관리부에서 근무하는 L씨는 소모품 구매를 담당하고 있다. 2022년 5월 중에 다음 조건 하에서 A4용지와 토너를 살 때, 총 비용이 가장 적게 드는 경우는? (단, 2022년 5월 1일에는 A4용지와 토너는 남아 있다고 가정하며, 다 썼다는 말이 없으면 그 소모품들은 남아있다고 가정한다)

> • A4용지 100장 한 묶음의 정가는 1만 원, 토너는 2만 원이다(A4용지는 100장 단위로 구매함).
> • J회사와 거래하는 ◇◇오피스는 매달 15일에 전 품목 20% 할인 행사를 한다.
> • ◇◇오피스에서는 5월 5일에 A사 카드를 사용하면 정가의 10%를 할인해 준다.
> • 총 비용이란 소모품 구매가격과 체감비용(소모품을 다 써서 느끼는 불편)을 합한 것이다.
> • 체감비용은 A4용지와 토너 모두 하루에 500원이다.
> • 체감비용을 계산할 때, 소모품을 다 쓴 당일은 포함하고 구매한 날은 포함하지 않는다.
> • 소모품을 다 쓴 당일에 구매하면 체감비용은 없으며, 소모품이 남은 상태에서 새 제품을 구입할 때도 체감비용은 없다.

① 3일에 A4용지만 다 써서 5일에 A사 카드로 A4용지와 토너를 살 경우
② 13일에 토너만 다 써서 당일 토너를 사고, 15일에 A4용지를 살 경우
③ 10일에 A4용지와 토너를 다 써서 15일에 A4용지와 토너를 같이 살 경우
④ 3일에 A4용지만 다 써서 당일 A4용지를 사고, 13일에 토너를 다 써서 15일에 토너만 살 경우

 해설 ① 1,000원(체감비용)+27,000원=28,000원
② 20,000원(토너)+8,000원(A4용지)=28,000원
③ 5,000원(체감비용)+24,000원=29,000원
④ 10,000원(A4용지)+1,000원(체감비용)+16,000원(토너)=27,000원

26 이번에 탄생한 TF팀에서 팀장과 부팀장을 선정하려고 한다. 선정기준은 이전에 있던 팀에서의 근무성적과 성과점수, 봉사점수 등을 기준으로 한다. 구체적인 선정기준이 다음과 같을 때 선정되는 팀장과 부팀장을 바르게 연결한 것은?

〈선정기준〉

• 최종점수가 가장 높은 직원이 팀장이 되고, 팀장과 다른 성별의 직원 중에서 가장 높은 점수를 받은 직원이 부팀장이 된다(예를 들어 팀장이 남자가 되면, 여자 중 최고점을 받은 직원이 부팀장이 된다).

• 근무성적 40%, 성과점수 40%, 봉사점수 20%로 기본점수를 산출하고, 기본점수에 투표점수를 더하여 최종점수를 산정한다.

• 투표점수는 한 명당 5점이 부여된다(예를 들어 2명에게서 한 표씩 받으면 10점이다).

〈직원별 근무성적과 점수〉

직원	성별	근무성적	성과점수	봉사점수	투표한 사람수
고경원	남자	88	92	80	2
박하나	여자	74	86	90	1
도경수	남자	96	94	100	0
하지민	여자	100	100	75	0
유해영	여자	80	90	80	2
문정진	남자	75	75	95	1

---

① 고경원 – 하지민
② 고경원 – 유해영
③ 하지민 – 도경수
④ 하지민 – 문정진

✔ **해설** 점수를 계산하면 다음과 같다.

직원	성별	근무점수	성과점수	봉사점수	투표점수	합계
고경원	남자	35.2	36.8	16	10	98
박하나	여자	29.6	34.4	18	5	87
도경수	남자	38.4	37.6	20	0	96
하지민	여자	40	40	15	0	95
유해영	여자	32	36	16	10	94
문정진	남자	30	30	19	5	84

|27～28| 다음은 G사 영업본부 직원들의 담당 업무와 다음 달 주요 업무 일정표이다. 다음을 참고로 이어지는 물음에 답하시오.

<다음 달 주요 업무 일정>

일	월	화	수	목	금	토
		1 사업계획 초안 작성(2)	2	3	4 사옥 이동 계획 수립(2)	5
6	7	8 인트라넷 요청사항 정리(2)	9 전 직원 월간회의	10	11 TF팀 회의(1)	12
13	14 법무실무 담당자 회의(3)	15	16	17 신제품 진행과정 보고(1)	18	19
20	21 매출부진 원인분석(2)	22	23 홍보자료 작성(3)	24 인사고과(2)	25	26
27	28 매출 집계(2)	29 부서경비 정리(2)	30	31		

* ( )안의 숫자는 해당 업무 소요 일수

<담당자별 업무>

담당자	담당업무
갑	부서 인사고과, 사옥 이동 관련 이사 계획 수립, 내년도 사업계획 초안 작성
을	매출부진 원인 분석, 신제품 개발 진행과정 보고
병	자원개발 프로젝트 TF팀 회의 참석, 부서 법무실무 교육 담당자 회의
정	사내 인트라넷 구축 관련 요청사항 정리, 대외 홍보자료 작성
무	월말 부서 경비집행 내역 정리 및 보고, 매출 집계 및 전산 입력

27 위의 일정과 담당 업무를 참고할 때, 다음 달 월차 휴가를 사용하기에 적절한 날짜를 선택한 직원이 아닌 것은 어느 것인가?

① 갑 – 23일

② 을 – 8일

③ 병 – 4일

④ 정 – 25일

✔️**해설** 정은 홍보자료 작성 업무가 23일에 예정되어 있으며 3일 간의 시간이 걸리는 업무이므로 25일에 월차 휴가를 사용하는 것은 바람직하지 않다.

28 갑작스런 해외 거래처의 일정 변경으로 인해 다음 달 넷째 주에 영업본부에서 2명이 일주일 간 해외 출장을 가야 한다. 위에 제시된 5명의 직원 중 담당 업무에 지장이 없는 2명을 뽑아 출장을 보내야 할 경우, 출장자로 적절한 직원은 누구인가?

① 갑, 병

② 을, 정

③ 정, 무

④ 병, 무

✔️**해설** 넷째 주에는 을의 매출부진 원인 분석 업무, 정의 홍보자료 작성 업무, 갑의 부서 인사고과 업무가 예정되어 있다. 따라서 출장자로 가장 적합한 두 명의 직원은 병과 무가 된다.

▌29~30 ▌ D회사에서는 1년에 1명을 선발하여 해외연수를 보내주는 제도가 있다. 김부장, 최과장, 오과장, 홍대리, 박사원 5명이 지원한 가운데 〈선발 기준〉과 〈지원자 현황〉은 다음과 같다. 다음을 보고 물음에 답하시오.

〈선발 기준〉

구분	점수	비고
외국어 성적	50점	
근무 경력	20점	15년 이상이 만점 대비 100%, 10년 이상 15년 미만이 70%, 10년 미만이 50%이다. 단, 근무경력이 최소 5년 이상인 자만 선발 자격이 있다.
근무 성적	10점	
포상	20점	3회 이상이 만점 대비 100%, 1~2회가 50%, 0회가 0%이다.
계	100점	

〈지원자 현황〉

구분	김부장	최과장	오과장	홍대리	박사원
근무경력	30년	20년	10년	3년	2년
포상	2회	4회	0회	5회	1회

※ 외국어 성적은 김부장과 최과장이 만점 대비 50%이고, 오과장이 80%, 홍대리와 박사원이 100%이다.
※ 근무 성적은 최과장과 박사원이 만점이고, 김부장, 오과장, 홍대리는 만점 대비 90%이다.

29 위의 선발 기준과 지원자 현황에 따를 때 가장 높은 점수를 받은 사람이 선발된다면 선발되는 사람은?

① 김부장　　　　　　　　　　② 최과장
③ 오과장　　　　　　　　　　④ 홍대리

	김부장	최과장	오과장	홍대리, 박사원
외국어 성적	25점	25점	40점	근무경력이 5년 미만이므로 선발 자격이 없다.
근무 경력	20점	20점	14점	
근무 성적	9점	10점	9점	
포상	10점	20점	0점	
계	64점	75점	63점	

30 회사 규정의 변경으로 인해 선발 기준이 다음과 같이 변경되었다면, 새로운 선발 기준 하에서 선발되는 사람은? (단, 가장 높은 점수를 받은 사람이 선발된다)

구분	점수	비고
외국어 성적	40점	
근무 경력	40점	30년 이상이 만점 대비 100%, 20년 이상 30년 미만이 70%, 20년 미만이 50%이다. 단, 근무경력이 최소 5년 이상인 자만 선발 자격이 있다.
근무 성적	10점	
포상	10점	3회 이상이 만점 대비 100%, 1~2회가 50%, 0회가 0%이다.
계	100점	

① 김부장
② 최과장
③ 오과장
④ 홍대리

 해설

	김부장	최과장	오과장	홍대리, 박사원
외국어 성적	20점	20점	32점	
근무 경력	40점	28점	20점	근무경력이 5년 미만이므로 선발 자격이 없다.
근무 성적	9점	10점	9점	
포상	5점	10점	0점	
계	74점	68점	61점	

직업윤리

1 원모는 이번에 새로 입사한 회사에서 회식을 하게 되어 팀 동료들과 식사를 할 만한 곳을 알아보고 있다. 그러나 사회초년생인 원모는 회사 회식을 거의 해 본 경험이 없었고, 회사 밖의 많은 선택 가능한 대안 (회식장소) 중에서도 상황 상 주위의 가까운 팀 내 선배들이 강력하게 추천하는 곳을 선택하기로 했는데, 이는 소비자 구매의사결정 과정에서 대안의 평가에 속하는 한 부분으로써 어디에 해당한다고 볼 수 있는가?

① 순차식

② 분리식

③ 결합식

④ 휴리스틱 기법

> ✔해설 휴리스틱 기법은 여러 가지 요인을 체계적으로 고려하지 않고 경험, 직관에 의해서 문제해결과정을 단순화시키는 규칙을 만들어 평가하는 것을 의미한다. 다시 말해, 어떠한 문제를 해결하거나 또는 불확실한 상황에서 판단을 내려야 할 때 정확한 실마리가 없는 경우에 사용하는 방법이다.

2 직업인은 외근 등의 사유로 종종 자동차를 활용하곤 한다. 다음은 자동차 탑승 시에 대한 예절 및 윤리에 관한 설명이다. 이 중 가장 옳지 않은 것을 고르면?

① 승용차에서는 윗사람이 먼저 타고 아랫사람이 나중에 타며 아랫사람은 윗사람의 승차를 도와준 후에 반대편 문을 활용해 승차한다.

② Jeep류의 차종인 경우(문이 2개)에는 운전석의 뒷자리가 상석이 된다.

③ 운전자의 부인이 탈 경우에는 운전석 옆자리가 부인석이 된다.

④ 자가용의 차주가 직접 운전을 할 시에 운전자의 오른 좌석에 나란히 앉아 주는 것이 매너이다.

> ✔해설 Jeep류의 차종인 경우(문이 2개)에는 운전석의 옆자리가 상석이 된다.

3 다음은 면접 시 경어의 사용에 관한 내용이다. 이 중 가장 옳지 않은 항목은?

① 직위를 모르는 면접관을 지칭할 시에는 "면접위원"이 무난하고 직위 뒤에는 "님"자를 사용하지 않는다.

② 친족이나 친척 등을 지칭할 때는 "아버지", "어머니", "언니", "조부모" 등을 쓰고 특별한 경칭을 붙이지 않는다.

③ 극존칭은 사용하지 않으며 지원회사명을 자연스럽게 사용한다.

④ 지망하고자 하는 회사의 회장, 이사, 과장 등을 지칭할 시에는 '님'자를 붙인다.

✔ **해설** 통상적으로 직위를 모르는 면접관을 지칭할 때는 "면접위원님"이 무난하고 직위 뒤에는 "님"자를 사용한다.

※ 경어의 구분

　㉠ 겸양어 : 상대나 화제의 인물에 대해서 경의를 표하기 위해 사람에게 관계가 되는 자신의 행위나 또는 동작 등을 낮추어서 하는 말을 의미한다.

　　예 저희, 저희들, 우리들

　　예 기다리실 줄 알았는데…

　　예 설명해 드리겠습니다.

　　예 여쭈어 본다, 모시고 간다, 말씀 드린다.

　㉡ 존경어 : 상대나 화제의 인물에 대해서 경의를 표하기 위해 그 사람의 행위나 동작 등을 높여서 하는 말을 의미한다.

　　예 안녕하세요(×) ⇒ 안녕하십니까(○)

　　예 사용하세요(×) ⇒ 사용하십시오(○)

　㉢ 공손어 : 상대방에게 공손한 마음을 표현할 때나 자신의 품위를 지키기 위하여 사용하는 말이다.

Answer 1.④ 2.② 3.①

4 다음 중 이메일 네티켓에 관한 설명으로 부적절한 것은?

① 대용량 파일의 경우에는 압축해서 첨부해야 한다.

② 메일을 발송할 시에는 발신자를 명확하게 표기해야 한다.

③ 메일을 받을 수신자의 주소가 정확한지 확인을 해야 한다.

④ 영어는 일괄적으로 대문자로 표기해야 한다.

> ✔해설 영어의 경우에는 대소문자를 명확히 구분해서 표기해야 한다.

5 다음에서 설명하고 있는 개념으로 적절한 것은?

> 이것은 일정한 생활문화권에서 오랜 생활습관을 통해 하나의 공통된 생활방법으로 정립되어 관습적으로 행해지는 사회계약적 생활규범으로, 언어문화권에 따라 다르고 같은 언어문화권이라도 지방에 따라 다를 수 있다.

① 봉사   ② 책임

③ 준법   ④ 예절

> ✔해설 ① 봉사 : 직업인에게 봉사란 자신보다 고객의 가치를 최우선으로 하는 서비스 개념이다.
> ② 책임 : 책임은 모든 결과는 나의 선택으로 인한 결과임을 인식하는 태도로, 상황을 회피하지 않고 맞닥뜨려 해결하는 자세가 필요하다.
> ③ 준법 : 준법은 민주 시민으로서 기본적으로 지켜야 하는 의무이며 생활 자세이다.
> ④ 예절 : 예절은 일정한 생활문화권에서 오랜 생활습관을 통해 하나의 공통된 생활방법으로 정립되어 관습적으로 행해지는 사회계약적 생활규범으로, 언어문화권에 따라 다르고 같은 언어문화권이라도 지방에 따라 다를 수 있다.

6 다음 중 악수 예절로 적절한 것은?

① 악수를 하는 동안에 상대의 눈을 쳐다보지 않는다.

② 악수를 할 때는 왼손을 사용한다.

③ 악수는 인사 몇 마디를 주고받는 정도의 시간 안에 끝내야 한다.

④ 악수는 상대보다 더 힘 있게 해야 한다.

> **✔해설** 악수 예절
> • 악수를 하는 동안에는 상대에게 집중하는 의미로 반드시 눈을 맞추고 미소를 짓는다.
> • 악수를 할 때는 오른손을 사용하고, 너무 강하게 쥐어짜듯이 잡지 않는다.
> • 악수는 힘 있게 해야 하지만 상대의 뼈를 부수듯이 손을 잡지 말아야 한다.
> • 악수는 서로의 이름을 말하고 간단한 인사 몇 마디를 주고받는 정도의 시간 안에 끝내야 한다.

7 다음 중 직장에서의 전화걸기 예절로 옳지 않은 것은?

① 전화를 건 이유를 숙지하고 이와 관련하여 대화를 나눌 수 있도록 준비한다.

② 전화는 정상적인 업무가 이루어지고 있는 근무 시간이 종료된 뒤에 걸도록 한다.

③ 정보를 얻기 위해 전화를 하는 경우라면 얻고자 하는 내용을 미리 메모하도록 한다.

④ 전화를 해달라는 메시지를 받았다면 가능한 한 48시간 안에 답해주도록 한다.

> **✔해설** 전화걸기
> • 전화를 걸기 전에 먼저 준비를 한다. 정보를 얻기 위해 전화를 하는 경우라면 얻고자 하는 내용을 미리 메모하도록 한다.
> • 전화를 건 이유를 숙지하고 이와 관련하여 대화를 나눌 수 있도록 준비한다.
> • 전화는 정상적인 업무가 이루어지고 있는 근무 시간에 걸도록 한다.
> • 당신이 통화를 원하는 상대와 통화할 수 없을 경우에 대비하여 비서나 다른 사람에게 메시지를 남길 수 있도록 준비한다.
> • 전화는 직접 걸도록 한다.
> • 전화를 해달라는 메시지를 받았다면 가능한 한 48시간 안에 답해주도록 한다.

Answer 4.④ 5.④ 6.③ 7.②

8 다음 중 개인윤리와 직업윤리에 대한 올바른 설명을 모두 고른 것은?

> ㉠ 직업윤리는 개인윤리에 비해 특수성을 갖고 있다.
> ㉡ 개인윤리가 보통 상황에서의 일반적 윤리규범이라고 한다면, 직업윤리는 좀 더 구체적 상황에서의 실천규범이다.
> ㉢ 모든 사람은 근로자라는 공통점 속에서 모두 같은 직업윤리를 가지게 된다.
> ㉣ 직업윤리는 개인윤리를 바탕으로 성립되는 규범이기 때문에, 항상 개인윤리보다 우위에 있다.

① ㉠㉡   ② ㉠㉢

③ ㉠㉣   ④ ㉡㉢

✔**해설** 직업윤리는 특정 직업에서 보이는 특수하고 구체적인 윤리를 말한다. 개인윤리의 경우에는 일반적인 상황에 대한 윤리를 의미한다.
    ㉢ 모든 사람은 근로자라는 공통점을 가질 수도 있겠지만, 어떤 직업을 갖느냐에 따라 서로 다른 직업윤리를 가질 수 있다.
    ㉣ 직업윤리는 개인윤리를 바탕으로 성립되고 조화가 필요하며, 항상 직업윤리가 개인윤리보다 우위에 있다고 말할 수 없다.

9 다음 설명은 직업윤리의 덕목 중 무엇에 해당하는가?

> 자신의 일이 누구나 할 수 있는 것이 아니라 해당 분야의 지식과 교육을 밑바탕으로 성실히 수행해야만 가능한 것이라 믿고 수행하는 태도를 말한다.

① 소명의식   ② 직분의식

③ 전문가의식   ④ 봉사의식

✔**해설** ① 소명의식 : 자신이 맡은 일은 하늘에 의해 맡겨진 일이라고 생각하는 태도
    ② 직분의식 : 자신이 하고 있는 일이 사회나 기업을 위해 중요한 역할을 하고 있다고 믿고 자신의 활동을 수행하는 태도
    ④ 봉사의식 : 직업 활동을 통해 다른 사람과 공동체에 대해 봉사하는 정신을 갖추고 실천하는 태도

10 다음 중 근로윤리에 관한 설명으로 옳지 않은 것은?

① 정직은 신뢰를 형성하는 데 기본적인 규범이다.

② 정직은 부정직한 관행을 인정하지 않는다.

③ 신용을 위해 동료와 타협하여 부정직을 눈감아준다.

④ 신용을 위해 잘못된 것도 정직하게 밝혀야 한다.

✔해설 ③ 타협하거나 부정직을 눈감아 주지 말아야 한다.

11 다음은 직장 내 SNS 활용에 있어서의 매너에 관한 사항이다. 잘못 설명된 것을 고르면?

① 대화시작은 인사로 시작하고 마무리 또한 인사를 하는 습관을 들여야 한다.

② 메신저 등을 사용함에 있어서 매너에도 특별히 신경을 써야 한다.

③ 불필요한 내용은 금지하고 업무에 대한 내용으로 간략히 활용해야 한다.

④ 직급이 높은 상사라 하더라도 업무의 효율성을 높이기 위해 메신저로 업무 보고하는 것이 좋다.

✔해설 아무리 빠른 정보화 사회이고 업무 효율성을 높인다 하더라도 상사에게 주요 내용을 보고할 시에는 직접 찾아가서 보고하는 것이 좋다. 더불어 상사의 입장에서는 부하 직원이 예의 없어 보일 수도 있다.

12 다음은 비즈니스 매너 중 업무상 방문 및 가정방문에 관한 설명이다. 이 중 가장 바르지 않은 항목을 고르면?

① 사전에 회사 방문에 대한 약속을 정한 후에 명함을 준비해서 방문해야 한다.

② 회사를 방문할 시에는 오후 3~5시 사이가 적정하며, 사전에 초대를 받지 않은 사람과의 동행이라 하더라도 그 전에 회사를 방문한다고 약속을 했으므로 미초대자와 동행을 해도 이는 매너에 어긋나지 않는다.

③ 가정을 방문할 시에는 정시에 도착해야 한다.

④ 가정방문 초청을 받고 도착해서 레인 코트 및 모자 등은 벗어야 하지만, 외투는 벗지 않아도 된다.

✔해설 사전에 초대받지 않은 사람과의 동행은 매너에 어긋나는 행동이 된다.

13 다음은 직장 내 예절에 관한 내용 중 퇴근할 시에 관한 설명이다. 이 중 바르지 않은 것은?

① 사무실의 업무 상 보안을 위해 책상 서랍이나 또는 캐비닛 등에 대한 잠금장치를 해야 한다.

② 가장 마지막에 퇴근하는 사람의 경우에는 사무실 내의 컴퓨터 및 전등의 전원을 확인하고 문단속을 잊지 말아야 한다.

③ 상사보다 먼저 퇴근하게 될 경우에는 "지시하실 업무는 없으십니까? 없다면 먼저 퇴근 하겠습니다" 라고 인사를 해야 한다.

④ 다른 직원들보다 먼저 퇴근할 시에는 잔업을 하고 있는 사람에게 방해가 될 수 있으므로 조용히 사무실을 빠져나가야 한다.

✔해설 타 직원들보다 먼저 퇴근을 할 경우에는 잔무처리를 하는 사람들에게 "먼저 들어가 보겠습니다."라고 인사를 건네야 한다.

14 다음 중 사무실 매너로써 가장 바르지 않은 것은?

① 어려울 시에는 서로를 위로하며 격려한다.

② 업무가 끝나면 즉각적으로 보고를 하고 중간보고는 생략한다.

③ 내방객 앞에서는 직원 간 상호 존대의 표현을 한다.

④ 서로를 존중하고 약속을 지킨다.

> ✔ **해설** 업무가 끝나면 즉각적으로 보고하고 경우에 따라 중간보고를 해야 한다. 그럼으로써 업무의 진행 상황을 파악할 수 있으며 수정을 할 수 있기 때문이다. 또한 긍정적인 자세로 지시받고 기한 및 수량 등을 정확히 파악해야 한다.

15 SERVICE의 7가지 의미에 대한 설명으로 옳은 것은?

① S : 서비스는 감동을 주는 것

② V : 서비스는 고객에게 좋은 이미지를 심어주는 것

③ C : 서비스는 미소와 함께 신속하게 하는 것

④ R : 서비스는 고객을 존중하는 것

> ✔ **해설** ERVICE의 7가지 의미
> ⊙ S(smile & speed) : 서비스는 미소와 함께 신속하게 하는 것
> ⓒ E(emotion) : 서비스는 감동을 주는 것
> ⓒ R(respect) : 서비스는 고객을 존중하는 것
> ⓔ V(value) : 서비스는 고객에게 가치를 제공하는 것
> ⓜ I(image) : 서비스는 고객에게 좋은 이미지를 심어 주는 것
> ⓗ C(courtesy) : 서비스는 예의를 갖추고 정중하게 하는 것
> ⓢ E(excellence) : 서비스는 고객에게 탁월하게 제공되어져야 하는 것

Answer 12.② 13.④ 14.② 15.④

16 다음 전화응대에 대한 내용 중 회사의 위치를 묻는 경우의 응대로 가장 거리가 먼 것을 고르면?

① 먼저 응대 중인 사람에게 양해의 말을 전한 뒤에 전화를 받는다.

② 전화를 건 상대가 있는 현재 위치를 묻는다.

③ 회사까지 어떠한 교통수단을 활용할 것인지를 묻는다.

④ 회사로 전화를 한 사람의 위치에서 좌우전후방으로 방향을 명확하게 안내한다.

> ✔해설 ①번은 전화 응대 중에 전화가 걸려온 경우에 해당하는 응대방법이다.

17 다음 근무예절에 관한 내용으로 바르지 않은 것은?

① 결근이나 지각을 할 시에는 출근 시간 전에 상사에게 전화상으로 사정을 말하고 양해를 구해야 한다.

② 문서 및 서류 등은 보관함에 넣고 집기류는 제자리에 두어야 한다.

③ 만약 외출한 곳에서 퇴근시간을 넘겨도 사무실로 들어와 늦은 시간이더라도 상사에게 보고를 해야 한다.

④ 슬리퍼는 팀 내에서만 착용하고, 상사에게 보고할 시에는 구두를 착용해야 한다.

> ✔해설 외출한 곳에서 퇴근시간을 넘길 시에는 상사에게 현지퇴근 보고를 해야 한다.

18 다음 중 바르지 않은 용모 및 복장에 대한 내용은?

① 용모는 직업의식의 적극적인 표현이다.

② 옷차림만으로도 사람의 인품, 생활태도 등을 평가할 수 있다.

③ 사복을 입을 경우에 복장 선택은 자유지만, 그 자유로 인해 엉뚱한 평가를 받을 수 있다.

④ 겉으로 보이는 용모는 인격의 일부분이 아니다.

> ✔해설 겉으로 보이는 용모도 인격의 일부분이다. 더불어서 옷차림은 사람의 이미지 형성에 있어서 영향을 미친다. 그러므로 직업, 상황 등에 맞는 옷차림이 중요하다.

19 다음은 호칭에 관련한 내용들이다. 아래의 내용을 읽고 가장 옳지 않은 것을 고르면?

① 이름을 모를 시에는 직위에 "님" 존칭을 붙인다.

② 상사에게는 성, 직위 다음에 "님"의 존칭을 붙인다.

③ 상급자에게 그 하급자이면서 자기에게는 상급자를 말할 때는 '님'을 붙여야 한다.

④ 타 부서의 상급자는 부서명을 위에 붙인다.

> **해설** 상급자에게 그 하급자이면서 자기에게는 상급자를 말할 때는 "님"을 붙이지 않고 직책과 직급명만을 말해야 한다.

20 다음과 같은 직업윤리의 덕목을 참고할 때, 빈칸에 공통으로 들어갈 알맞은 말은 어느 것인가?

> 사회시스템은 구성원 서로가 신뢰하는 가운데 운영이 가능한 것이며, 그 신뢰를 형성하고 유지하는데 필요한 가장 기본적이고 필수적인 규범이 바로 (   )인 것이다.
>
> 그러나 우리 사회의 (   )은(는) 아직까지 완벽하지 못하다. 거센 역사의 소용돌이 속에서 여러 가지 부당한 핍박을 받은 경험이 있어서 그럴 수도 있지만, 원칙보다는 집단내의 정과 의리를 소중히 하는 문화적 정서도 그 원인이라 할 수 있다.

① 성실   ② 정직

③ 인내   ④ 희생

> **해설** 이러한 정직과 신용을 구축하기 위한 4가지 지침으로 다음과 같은 것들이 있다.
> - 정직과 신뢰의 자산을 매일 조금씩 쌓아가자.
> - 잘못된 것도 정직하게 밝히자.
> - 정직하지 못한 것을 눈감아 주지 말자.
> - 부정직한 관행은 인정하지 말자.

PART

04

한국사 및 영어

1 다음 내용을 시대순으로 나열하면?

> ㉠ 백제는 수도를 사비로 천도하고 국호를 남부여로 고침
> ㉡ 대가야의 멸망과 가야연맹체의 완전 해체
> ㉢ 위의 고구려 침입
> ㉣ 평양으로 천도한 고구려의 백제의 한성 함락
> ㉤ 백제의 수군 정비와 요서지방으로의 진출

① ㉢-㉠-㉡-㉢-㉤
② ㉢-㉣-㉠-㉡-㉣
③ ㉢-㉣-㉤-㉠-㉡
④ ㉢-㉤-㉣-㉠-㉡

✔해설 ㉠ 6세기 초반
㉡ 6세기 후반
㉢ 3세기
㉣ 5세기
㉤ 4세기

2 다음 중 고려가 거란의 침입을 물리친 결과 나타난 것끼리 묶은 것은?

> ㉠ 여진족의 대두   ㉡ 광군사의 설치
> ㉢ 천리장성과 나성의 축조   ㉣ 고려 · 송 · 거란이 정립하는 국제관계의 안정

① ㉠㉡
② ㉠㉢
③ ㉡㉢
④ ㉢㉣

✔해설 거란의 항쟁결과
㉠ 국제관계에서 세력의 균형이 이루어졌다(거란, 송, 고려).
㉡ 강감찬의 건의로 국방을 강화하기 위하여 개경에 나성을 축조하였다.
㉢ 압록강 어귀에서 동해안 도련포에 이르는 천리장성을 축조하였다(거란과 여진의 침입에 대한 방어를 위해).

3 다음은 고려시대에 일어난 역사적 사건을 시대순으로 나열한 것이다. ㈎시기에 발생한 역사적 사실에 대한 설명으로 옳은 것을 모두 고르면?

> 이자겸의 난 → ㈎ → 무신정변 → 몽고의 침입 → 위화도회군

> ㉠ 풍수지리설을 배경으로 서경천도운동이 일어났다.
> ㉡ 최고 집정부인 교정도감이 설치되었다.
> ㉢ 금국정벌론과 칭제건원이 제기되었다.
> ㉣ 고구려 계승이념에 대한 이견과 갈등이 일어났다.
> ㉤ 과거제도와 노비안검법이 시행되었다.

① ㉠, ㉡, ㉤
② ㉠, ㉢, ㉣
③ ㉡, ㉢, ㉤
④ ㉢, ㉣, ㉤

✔해설 이자겸의 난과 무신정변 사이에 일어난 역사적 사건은 묘청의 서경천도운동이다.
　㉠ 묘청의 서경천도운동은 서경길지설을 바탕으로 일어났다.
　㉡ 교정도감은 최충헌이 무신정변을 통해 권력을 잡은 후 인사행정 및 기타 권력유지를 위해 설치한 기관이다.
　㉢ 묘청의 서경천도운동으로 당시 금(여진)의 침입에 대해 금국정벌론과 칭제건원을 주장하였다.
　㉣ 묘청의 서경천도운동 당시 서경파는 고구려 계승이념에 따라 북진정책을, 개경파의 김부식은 신라 계승의식을 표방하였다.
　㉤ 고려전기 광종 대 실시된 정책들이다.

4 다음 중 고려시대에 화폐가 널리 유통되지 못한 이유로 옳은 설명은?

> ㉠ 정부 내에서 화폐 사용에 대한 관리들의 반대가 심하였다.
> ㉡ 화폐를 주조하는 데 필요한 구리나 은의 생산이 매우 미약하였다.
> ㉢ 자급자족적인 경제구조로 농민들이 화폐의 필요성을 느끼지 못하였다.
> ㉣ 귀족들이 국가가 화폐발행을 독점하고 강제로 사용하게 하는 것에 불만을 가졌다.

① ㉠㉢
② ㉡㉢
③ ㉡㉣
④ ㉢㉣

✔해설 고려 성종 때 건원중보, 숙종 때 해동통보, 해동중보, 삼한통보 등의 화폐를 만들었으나 대부분의 농민들은 자급자족의 경제활동을 하여 화폐의 필요성을 거의 느끼지 않았고 귀족들도 국가가 화폐발행을 독점하여 강제적으로 사용하게 하는 것에 불만을 느꼈다. 여전히 곡식이나 베가 유통의 매개가 되었다.

Answer 1.④ 2.④ 3.② 4.④

5 다음은 조광조의 개혁정책에 관한 내용이다. 이와 관련된 내용으로 옳은 것은?

> • 현량과를 통한 관리의 선발
> • 서원과 향약의 전국적인 보급
> • 소격의 폐지 및 유교 이외의 사상을 배척
> • 위훈삭제로 기묘사화가 발생

① 정도전, 조준과 같은 급진적 사대부이다.
② 태조, 세조 때 실시된 6조직계제와 성격이 같다.
③ 붕당정치의 폐단을 막기 위해 시행한 정책이다.
④ 훈구파를 견제하고 사림 중심의 정치를 실현하려 하였다.

✔해설 조광조는 중종 때의 재상으로 그는 훈구파를 견제하고 사림파의 권력을 강화하기 위해 다양한 정책을
제시하였다. 하지만 이러한 개혁정치는 훈구파의 반발을 사게 되어 결국 기묘사화로 이어지고 말았다.
① 조광조는 대표적인 사림세력으로 고려말 급진 사대부가 아닌 온건 사대부의 후예이다.
② 조광조가 추구한 정치는 사림들에 의한 신권 중심의 왕도정치였다.
③ 붕당정치의 폐단을 개혁하고 한 정책은 탕평책으로서 이는 조선후기 숙종 때부터 정조 때에 실시된
정책이다.

6 다음 사료를 통해 알 수 있는 고려의 정책은?

> • 태조 18년에 신라왕 김부가 항복하였으므로 신라국을 없애고 김부로 하여금 경주의 사심관으로 삼
> 아 부호장 이하의 관직자들에게 일을 살피도록 하였다. 이에 여러 공신들에게 이를 본받아 각각 그
> 본주(本柱)의 사심관으로 삼으니 사심관은 이에서 비롯되었다.
> • 국초에 향리의 자제를 뽑아 서울에서 인질로 삼고 또 그 향사의 고문(顧問)에 대비하니 이를 기인
> (其人)이라 하였다. 문종 31년에 모든 기인은 천 정 이상의 주는 "족정"으로 하여 나이 40 이하 30
> 정 이상의 자를 뽑아 올리는 것을 허락하고 천 정 이하의 주는 "반족정"으로 하여 강(强), 정진(正
> 眞)한 자를 뽑아 올리게 하였다.

① 민족의 재통일에 역점을 두었다.
② 호족세력과의 연합과 통제에 주력하였다.
③ 유교적 통치체제의 확립에 기여하였다.
④ 국방력 강화를 통한 북진정책에 주력하였다.

✔해설 기인제도나 사심관제도는 호족세력을 견제하면서 왕권을 강화하려는 의도에서 시행된 것이다.

7 다음 자료를 통하여 추론할 수 있는 고려 지방제도의 특징으로 옳은 것은?

> • 고려는 전국에 주·부·군·현을 설치하고 또 속현과 향·소·부곡을 두었다. 임내가 많은 군현은 1주에 10여 현이나 되었고 임내 가운데 큰 것은 주읍의 호수보다 많은 데도 한두 명의 호장이 주관하니 그들의 작폐가 이루 말할 수 없다.
> • 여름 4월에 귀화부곡, 소복별감을 두었다. 일찍이 대성이 밀성 사람 조천이 수령을 죽인 죄를 논하여 귀화부곡으로 강등시켰다. 밀성 사람 박의가 매를 길러 국왕의 총애를 받고 좌우에 뇌물을 바쳐 왕에게 이르기를, "밀성은 대읍으로 공부가 심히 많은데, 부곡으로 강등시켜 진무할 자가 없으니 그곳 백성들이 유망함을 막지 못할까 두렵다."하니, 이러한 명령이 있었다.

① 모든 군·현에 임기 1년의 지방관을 파견하였다.
② 지방행정은 실질적으로 그곳의 향리가 담당하였다.
③ 강등된 부곡은 일반 군·현으로의 승격이 불가능하였다.
④ 속현과 부곡의 사람들은 일반 군·현민에 비하여 천대받았다.

> **해설** 첫 번째 자료에서는 지방관이 파견되지 않은 속현의 행정을 그 지방의 향리가 담당하고 있음을 보여 주고 있으며, 두 번째 자료에서는 부곡은 일반 군·현에 비하여 천대받고 있었음을 말해 주며 강등된 부곡은 일반 군·현으로의 승격이 가능하였음을 보여 주고 있다.

8 다음의 개혁정치들이 실패로 끝나게 된 근본적인 원인으로 바른 것은?

> • 공민왕의 개혁정치
> • 흥선대원군의 개혁정치
> • 갑신정변

① 하층민중의 반발이 심하였다.
② 개혁추진세력이 미약하였다.
③ 외세의 힘에 의지하여 추진되었다.
④ 봉건적 지배체제를 재확립하기 위해 시행되었다.

> **해설** 공민왕 때에는 개혁을 추진할 신진사대부의 세력이 권문세족에 비하여 미약하였고, 흥선대원군 집정 시에는 개혁추진세력을 끌어들이지 못한 채 흥선대원군 혼자 고군분투했다고 볼 수 있으며, 갑신정변을 일으킨 개화당은 민중과 유리되어 있었다.

Answer 5.④ 6.② 7.② 8.②

9 다음 내용을 통해 알 수 있는 조선시대의 대외정책은?

> ㉠ 여진족의 귀순을 장려하기 위해 관직, 토지, 주택 등을 주어 우리 주민으로 동화시키거나, 무역소와 북평관 등을 두어 국경무역과 조공무역을 허락하였다.
> ㉡ 무력으로 여진족을 진압하여 세종 때에는 최윤덕, 이천, 김종서 등의 활약으로 4군과 6진이 설치되고 압록강과 두만강의 국경이 확정되었다.

① 사대관계에 입각하여 외교정책을 추진하였다.

② 강경책과 회유책을 상황에 따라 병행하는 제도였다.

③ 실리를 추구하기 위해 실시한 중립외교정책이다.

④ 대의명분을 중시하여 추구한 관념적 외교론이다.

> ✔ 해설 제시된 내용은 조선전기 여진에 대한 외교정책이다. 조선 외교정책의 기본은 사대교린(事大交隣)이었다. 사대(事大)는 중국에 취하는 입장이고, 교린(交隣)은 일본과여진, 동남아시아의 국가에 취하는 정책으로, 특히 교린정책은 강경책과 회유책을 병합하였다. ㉠은 교린정책 중 회유책을, ㉡은 강경책을 나타내고 있다. 일본에 대한 외교정책도 이와 같아 회유책으로서는 3포를 개항하여 교역을 허락하고, 강압책으로는 세종 때 이종무에 의해 쓰시마섬을 정벌한 것이 그 예이다.

10 다음과 같은 사건을 계기로 전개된 민족운동에 대한 설명으로 옳은 것은?

> • 명성황후 시해사건
> • 단발령
> • 을사조약 체결
> • 고종황제의 강제퇴위

① 반봉건적 · 반침략적 성격을 가진다.

② 민족의 실력을 양성하여 국권회복을 시도하고자 하였다.

③ 일본과의 수교를 반대하였다.

④ 반외세 자주정신을 바탕으로 항일무장투쟁을 전개하였다.

> ✔ 해설 제시된 사건들은 의병운동의 계기가 된 사건들이다.
> ① 동학농민운동
> ② 애국계몽운동
> ③ 위정척사운동

11 다음 시기와 관련이 깊은 사실을 모두 고르면?

> 지배자와 피지배자의 분화가 촉진되어 평등사회는 계급사회로 바뀌어 갔고, 족장(군장)이라 불리는 지배자가 나타났다.

ㅤㅤㅤ⊙ 빗살무늬 토기의 사용ㅤㅤㅤㅤㅤ○ 농사의 시작
ㅤㅤㅤ© 고인돌의 제작ㅤㅤㅤㅤㅤㅤㅤㅤ② 선민사상의 대두

① ⊙, ○ㅤㅤㅤㅤㅤㅤㅤㅤㅤㅤㅤㅤㅤㅤ② ○, ©
③ ○, ②ㅤㅤㅤㅤㅤㅤㅤㅤㅤㅤㅤㅤㅤㅤㅤ④ ©, ②

✔해설 제시된 내용은 생산경제가 발달하여 사유재산이 발생함에 따라 빈부의 격차가 생기고 계급이 형성되었으며 지배자가 등장한 청동기 시대에 대한 설명이다. 고인돌은 강력한 지배계급의 발생을 보여 주는 것이며, 선민사상은 정치권력이나 경제력이 우세한 부족이 스스로 하늘의 후손이라고 주장한 것으로 군장 세력이 성장하는 과정에서 나타났다.
ㅤ⊙, ○은 신석기 시대에 해당하는 사실이다.

12 다음 중 삼국시대의 분묘에 관한 설명으로 옳지 않은 것은?

① 발해의 분묘는 신라의 영향을 받아 대부분이 돌무지덧널무덤이다.
② 신라의 분묘 중 규모가 큰 것은 돌무지덧널무덤인데, 그 대표적 분묘로서 천마총을 들 수 있다.
③ 백제의 고분은 고구려의 영향을 받은 굴식 돌방무덤과 중국 남조의 영향을 받은 벽돌무덤이 있다.
④ 통일신라의 분묘는 고구려의 영향을 받은 굴식 돌방무덤이며, 봉토 주위에 둘레돌을 둘러 12지 신상을 조각하기도 하였다.

✔해설 ① 발해의 분묘는 굴식 돌방무덤이다.

13 다음 글에 대한 설명으로 옳은 것은?

> 농경과 정착생활을 시작하면서 인간은 자연의 섭리를 생각하게 되었다. 그리하여 농사에 큰 영향을 끼치는 자연현상이나 자연물에도 정령이 있다는 믿음이 생겨났다.

① 태양이나 물의 숭배가 대표적이다.
② 구석기시대에 나타난 종교생활이다.
③ 곰과 호랑이를 부족의 수호신으로 섬겼다.
④ 우세한 부족이 스스로 하늘의 후손이라고 주장하였다.

> ✔해설 제시된 글은 애니미즘에 대한 설명으로, 자연계의 모든 사물에 생명이 있고, 따라서 영혼이 깃들어 있다고 생각하여 생겨났다. 특히 '농사에 큰 영향을 끼치는 자연현상이나 자연물'이라는 점을 주목하면 태양과 물이 농사에 필수적인 요소였다는 것을 생각할 수 있다.

14 (가), (나) 사이에 있었던 역사적 사실을 〈보기〉에서 고른 것은?

> (가) 16세기 말 일본의 도요토미 히데요시는 100여 년에 걸친 전국 시대의 혼란을 수습하여 통일 국가를 이룩하였다. 도요토미는 불평 세력의 관심을 밖으로 돌리고 자신의 대륙 진출 야욕을 펴기 위해 조선을 침략하였다.
> (나) 국력이 강성해진 후금은 국호를 청으로 바꾸고, 조선에 군신 관계를 요구하였다. 그러나 조선 조정은 청의 요구를 거절하였고, 이에 청 태종은 조선을 침략하였다.

> 〈보기〉
> ㉠ 광해군은 중립 외교 정책을 추진하였다.
> ㉡ 거란과 외교 담판으로 강동 6주를 획득하였다.
> ㉢ 명이 쇠퇴하고 여진족이 급성장하였다.
> ㉣ 쌍성총관부를 공격하여 철령 이북의 땅을 회복하였다.

① ㉠㉡　　　　　　　　　　　　② ㉠㉢
③ ㉡㉢　　　　　　　　　　　　④ ㉢㉣

> ✔해설 (가)는 임진왜란, (나)는 병자호란에 관한 내용이다. 임진왜란 후 중국에서는 명의 국력이 쇠퇴하고 여진족이 성장하였다. 광해군이 집권하여 명과 후금 사이의 중립 외교 정책을 폈으나, 인조반정 후 친명 배금 정책의 결과로 정묘호란과 병자호란이 일어났다.

15 다음과 같은 글을 남긴 인물에 대한 설명으로 옳은 것은?

> 지금 서양 세력이 동양으로 뻗쳐오는 환란을 동양 사람이 일치단결해서 극력 방어함이 최상책이라는 것은 비록 어린아이일지라도 극히 아는 일이다. 그런데도 무슨 이유로 일본은 이러한 순리의 형세를 돌아보지 않고 같은 인종인 이웃나라를 치고 우의(友誼)를 끊어 스스로 방휼(蚌鷸)의 형세(漁父之利)를 만들어 어부를 기다리는 듯하는가? 한, 청 양국인의 소망은 크게 깨져 버리고 말았다. 만약 일본이 정략을 고치지 않고 핍박이 날로 심해진다면 부득이 차라리 다른 인종에게 망할지언정 차마 같은 인종에게 욕을 당하지 않겠다는 소리가 한·청 두 나라 사람의 폐부(肺腑)에서 용솟음쳐서 상하 일체가 되어 스스로 백인의 앞잡이가 될 것이 불을 보듯 뻔한 형세이다.

① 상하이 홍커우 공원에서 일제에게 폭탄을 투척하였다.
② 하얼빈 역에서 이토 히로부미를 저격하였다.
③ 도쿄에서 일본 왕에게 폭탄을 투척하였다.
④ 동양척식주식회사와 식산은행에 폭탄을 투척하였다.

✔**해설** 제시된 글은 동양 평화론을 주창한 안중근의 글이다.
  ② 안중근은 이토 히로부미가 동양의 평화를 깨고 한국과 중국을 침략하는 것을 보고 분노를 느껴 그를 하얼빈 역에서 사살하였다. 안중근은 뤼순 감옥에서 마지막을 보내며 동양 평화론을 남겼다.
  ① 상하이 홍커우 의거는 윤봉길이다.
  ③ 도쿄에서 일본 국왕 암살 미수 사건은 이봉창이다.
  ④ 동양척식주식회사와 식산은행 폭파 기도는 나석주이다.

16 다음 사건들을 시기 순으로 알맞게 연결한 것은?

> ㉠ 4·19 혁명　　　　　　　　㉡ 제주도 4·3 항쟁
> ㉢ 6·25 전쟁　　　　　　　　㉣ 8·15 광복

① ㉡ - ㉢ - ㉠ - ㉣
② ㉡ - ㉣ - ㉠ - ㉢
③ ㉣ - ㉡ - ㉢ - ㉠
④ ㉣ - ㉢ - ㉠ - ㉡

✔**해설** ㉠ 4·19 혁명(1960)
  ㉡ 제주도 4·3 항쟁(1947~1948)
  ㉢ 6·25 전쟁(1950~1953)
  ㉣ 8·15 광복(1945)

Answer 13.① 14.② 15.② 16.③

17 다음 중 고대사회의 성격에 대한 설명으로 옳지 않은 것은?

① 율령반포를 통해 체제정비가 추진되었다.
② 불교를 통해 왕권강화를 사상적으로 뒷받침하였다.
③ 정복활동을 통해 영토를 확장시켰다.
④ 족장들이 독립된 세력으로 지위를 강화시켰다.

> **✔해설** ④ 고대국가단계에서는 부족장들이 왕권 아래 복속되어 가기 시작했다.

18 발해를 우리 민족사로 볼 수 있는 내용으로 옳지 않은 것은?

① 지배층의 대부분이 고구려인이다.
② 고구려인의 중앙관제인 3성 6부제를 계승하였다.
③ 온돌, 굴식 돌방무덤이 고구려양식을 계승하였다.
④ 일본에 보낸 외교문서에 고구려국임을 자처하였다.

> **✔해설** 발해를 우리 민족사로 볼 수 있는 증거
> ㉠ 고구려 출신 장군인 대조영이 건국하였다는 점
> ㉡ 지배층의 대부분을 고구려계 유민이 차지하였다는 점
> ㉢ 일본에 보낸 외교문서에도 스스로 고구려 왕으로 지칭한 점
> ㉣ 미술이나 고분양식 등에서도 고구려의 계승의식을 찾아 볼 수 있다는 점(정혜공주의 묘의 고분양식, 연화무늬기와 벽돌)

19 다음 중 고구려 사회의 모습에 대한 설명으로 옳은 것은?

① 평야지대의 높은 생산력을 바탕으로 일찍부터 대외정복활동에 눈에 돌렸고 사회기풍도 씩씩하였다.
② 고구려 지배계층의 혼인풍속으로 형사취수제와 서옥제가 있었고, 평민들의 경우에는 매매혼이 주로 이루어져 많은 예물을 신부집에 보냈다.
③ 5부 출신 귀족들은 전쟁이 나면 스스로 무장하여 적과 싸웠고, 높은 관직을 맡으며 국정 운영에 참여하였다.
④ 빈번한 전쟁으로 인해 엄격한 법 집행은 곤란하였으나 법률을 어기거나 사회질서를 해치는 자는 드물었다.

① 국가의 지리적 여건이 산간지역이었으므로 식량 생산이 충분치 못하여 일찍부터 대외정복활동에 눈을 돌렸다.

② 평민들의 경우 남녀 간에 자유로운 교제를 통해 결혼을 하였고, 신부집에 고기와 술을 보낼 뿐 달리 예물을 보내지 않았다.

④ 빈번한 전쟁으로 인해 오히려 엄격한 법 집행이 필요하였다.

20 다음의 사실들의 공통점은?

• 기인제도   • 과거제도
• 시무 28조   • 12목 설치

---

① 중앙집권 강화

② 문벌귀족사회 형성

③ 양반제 확립

④ 정치세력 교체

시무 28조에서는 유교사상에 입각한 중앙집권적 관료정치를 주장하였고, 과거제도와 12목을 설치하여 지방의 제도를 정비하고 기인제도로 지방의 호족을 견제하는 것은 중앙 집권 체제를 더욱 강화시키는 것이다.

21 조선 전기의 농업과 거리가 먼 것은?

① 휴경지의 소멸   ② 농사직설의 간행

③ 2년 3작의 실시   ④ 상품작물의 재배

④ 상품작물의 재배는 조선후기 농업의 특징이다.

22 다음 중 조선 초기의 노비에 대한 설명으로 옳지 않은 것은?

① 천인신분의 대부분을 차지하였다.
② 매매, 상속, 증여의 대상이 되었다.
③ 혼인을 하여 가정을 이룰 수 있었다.
④ 전세, 공납, 군역의 의무를 부담하였다.

> ✔해설 ④ 상민에 대한 내용이다.

23 고려의 대외관계에서 다음과 같은 역사적 사실과 관계 깊은 민족은?

• 강화도로 수도를 옮김
• 삼별초의 항쟁
• 경주 황룡사 9층탑 소실

① 여진　　　　　　　　　　　　② 거란
③ 왜　　　　　　　　　　　　　④ 몽고

> ✔해설 무신정권기에 몽고는 30여년 동안 6차례 정도 고려에 침입하였다. 이에 집권층은 강화도로 천도하여 몽고에 대항하였으며, 백성 및 노비들이 대몽항쟁의 주축이 되었다. 장기간의 전쟁수행으로 인해 백성들의 삶이 피폐해졌으며, 경주 황룡사 9층탑, 부인사 대장경판 등이 소실되었다. 또한 무신정권이 무너지고 온건파가 세력을 잡으면서 몽고와의 화의를 맺고 전쟁이 마무리되었다. 몽고와의 강화에 반대한 삼별초는 강화도, 진도, 제주도 등 거점을 옮기면서 항쟁을 계속하였으나 결국 진압되었다.

24 밑줄 친 '우리'에 해당하는 계층의 활동으로 옳은 것은?

> 아! 우리는 본시 모두 사대부였는데 혹은 의(醫)에 들어가고 혹은 역(譯)에 들어가 7, 8대 또는 10여 대를 대대로 전하니 …(중략)… 문장과 덕(德)은 비록 사대부에 비길 수 없으나, 명공(名公) 거실(巨室) 외에 우리보다 나은 자는 없다.

① 집단으로 상소하여 청요직(淸要職) 허통(許通)을 요구하였다.

② 형평사를 창립하고, 평등한 대우를 요구하는 형평운동을 펼쳤다.

③ 관권과 결탁하고 향회를 장악하여, 향촌 사회에서 영향력을 키우려 하였다.

④ 유향소를 복립하여 향리를 감찰하고 향촌 사회의 풍속을 바로잡으려 하였다.

> **✔ 해설** 밑줄 친 우리에 해당하는 계층은 중인 신분이다.
> ② 형평운동은 백정 출신들이 전개한 신분해방운동이다.
> ③ 조선 후기 신향(新鄕) 세력에 대한 설명이다.
> ④ 성종 대에 사림파가 주도한 유향소 복립 운동에 대한 설명이다.

25 다음 활동을 전개한 단체로 옳은 것은?

> 평양 대성학교와 정주 오산학교를 설립하였고 민족 자본을 일으키기 위해 평양에 자기 회사를 세웠다. 또한 민중 계몽을 위해 태극 서관을 운영하여 출판물을 간행하였다. 그리고 장기적인 독립운동의 기반을 마련하여 독립전쟁을 수행할 목적으로 국외에 독립운동 기지 건설을 추진하였다.

① 보안회 ② 신민회
③ 대한 자강회 ④ 대한 광복회

> **✔ 해설** 신민회는 교육구국운동의 일환으로 정주의 오산학교, 평양의 대성학교, 강화의 보창학교 등을 설립하였고 그 외 여러 계몽 강연이나 학회운동 및 잡지·서적 출판운동, 그리고 민족산업진흥운동, 청년운동, 무관학교 설립과 독립군 기지 창건 운동 등에 힘썼다.

Answer 22.④ 23.④ 24.① 25.②

26 다음 중 신라 왕호와 그 역사적 의미가 바르게 연결된 것을 모두 고른 것은?

> ⊙ 거서간 · 차차웅 - 정치적 군장과 제사장의 기능 분리
> ⓒ 이사금 - 연장자의 의미로, 박 · 석 · 김 3부족이 연맹하여 교대로 왕을 선출
> ⓒ 마립간 - 김씨가 왕위 계승권을 독점하면서 왕권 강화
> ⓔ 왕 - 지증왕이 처음 사용하였고, 중국식 정치 제도를 받아들이기 시작

① ⓒⓒ
② ⊙ⓒⓔ
③ ⊙ⓒⓔ
④ ⊙ⓒⓒⓔ

✔해설 ⊙ 거서간은 정치, 차차웅은 종교의 우두머리로, 정치적 군장과 제사장이 분리된 제정분리 사회임을 알 수 있다.
ⓒ 「삼국사기」에 따르면 이사금은 '齒理(치리)'라는 뜻으로 이가 많은 사람 즉, 연장자를 의미한다. 신라 제3대 유리왕부터 사용하였으며 박 · 석 · 김 3부족이 연맹하여 교대로 왕을 선출하였다.
ⓒ 마립간은 대수장이라는 뜻으로 이사금 칭호에 이어 내물왕 때 처음 시작되었고 이때부터 김씨가 왕위를 세습하기 시작하였다.
ⓔ 왕의 호칭을 최초로 사용한 사람은 제22대 지증왕으로 즉위 4년째 되는 해에 마립간의 호칭을 폐지하고 왕의 칭호를 사용했다.

27 다음의 ( ) 안에 들어갈 말의 순서로 옳은 것은?

> 신라는 귀족세력의 약화를 위해 신문왕 때 ( )을(를) 지급하였으나, 경덕왕 때 ( )이(가) 부활되었고, 성덕왕 때는 자유농민의 확보를 위해 ( )을(를) 마련하였다.

① 정전제 - 녹읍제 - 관료전
② 관료전 - 녹읍제 - 정전제
③ 별시전 - 정전제 - 녹읍제
④ 공신전 - 식읍제 - 정전제

✔해설 통일신라에서는 신문왕 때 귀족세력을 누르기 위하여 녹읍을 폐지하고 대신 관료전을 지급하였다. 그러나 경덕왕 때에 귀족의 반발로 다시 녹읍제가 부활되었고, 사원의 면세전이 계속 증가하여 국가재정이 위태롭게 되었다. 또한 성덕왕 때에는 백성들에게 정전을 지급하고 국가에 조를 바치게 하였다.

28 고려시대 여성의 지위를 바르게 설명한 것은?

① 여자는 호주가 될 수 없었다.

② 여성의 재가가 비교적 자유로웠다.

③ 여성의 사회 진출에는 제한이 없었다.

④ 가정에서 여성의 지위는 남성보다 높았다.

> ✔해설 ① 고려시대에는 여성의 지위가 비교적 높았다. 여자도 호주가 될 수 있었고, 호적에서 자녀 간에 차별을 두지 않고 연령순으로 기록하였다.
> ② 여성의 재가가 비교적 자유로웠다. 또 남편이 먼저 죽으면 재산의 분배권을 아내가 가지기도 하였다.
> ③④ 여성의 사회 진출에는 제한이 있었지만, 가정생활이나 경제 운영에서는 여성의 지위가 남성과 거의 대등한 위치에 있었다.

29 다음 보기 중 부여 사회의 특수성만 모아 놓은 것은?

㉠ 우제점법	㉡ 1책 12법
㉢ 제정분리	㉣ 벼농사의 발달

① ㉠, ㉡　　　　　　　　　　　② ㉠, ㉢

③ ㉢, ㉣　　　　　　　　　　　④ ㉡, ㉣

> ✔해설 부여 사회의 특징
> • 정치 : 5부족연맹체, 왕→마가, 우가, 저가, 구가
> • 경제 : 반농반목, 말, 주옥, 모피 생산
> • 제천행사 : 영고(12월)
> • 풍습 : 순장, 우제점복, 형사취수제, 일부다처제

30 다음은 삼국지 위지 동이전에 제시된 어느 나라의 형벌 내용이다. 어느 나라의 것인가?

> • 사람을 죽인 자는 사형에 처하고 그 가족은 노비로 삼는다.
> • 절도자는 12배를 배상한다.
> • 간음한 자는 사형에 처한다.
> • 부녀의 투기를 사형에 처하되 그 시체를 남쪽 산에 버려서 썩게 한다.

① 고구려   ② 부여

③ 옥저   ④ 동예

✔해설 위에 제시된 것은 진수의 「삼국지 위지 동이전」에 나와 있는 부여의 4대 금법의 내용이다. 이를 통해 부여의 생명존중사상, 사유재산의 보호, 연좌법의 적용, 가부장적 가족제도의 확립을 알 수 있다. 고조선의 8조 금법과는 살인과 절도 조항이 공통적으로 들어가 있다.

31 백제 건국의 주도세력이 고구려와 같은 계통임을 보여주는 문화유산으로 옳은 것은?

① 공주 송산리 고분
② 부여 능산리 고분
③ 백제 금동 대향로
④ 서울 석촌동 고분

✔해설 백제 건국의 주도세력이 고구려와 같은 계통임을 알 수 있는 사실은 백제의 석촌동 고분과 고구려의 장군총이 같은 형태의 계단식 돌무지무덤(계단식 적석총)이라는 점과 고구려와 백제의 건국이야기의 구조가 비슷하다는 점, 백제 개로왕이 북위에 보낸 국서 등이 있다.
① 남조의 영향을 받은 벽돌무덤
② 사비시대의 고분으로 굴식돌방무덤
③ 부여 능산리 고분에서 출토, 도교 및 불교사상의 영향

32 다음과 같은 특징을 가진 사회에 대한 설명으로 옳은 것은?

> 천군이 지배하는 소도라는 독립 영역을 두고, 죄인이 들어오더라도 잡아가지 못하게 하였다.

① 도둑질한 자에게는 12배를 배상하게 하였다.
② 다른 부족의 영역을 침범하면 노비나 가축으로 변상하게 하였다.
③ 철이 많이 생산되어 교역 수단으로 활용되었다.
④ 매매혼의 일종인 민며느리제가 행하여졌다.

✔해설 천군은 삼한에서 존재하던 제사장이고 소도는 천군이 다스리고 하늘에 제사지내던 곳으로 이를 통해 삼한이 제정분리 사회라는 것을 알 수 있다.
① 1책 12법은 부여에 해당한다.
② 동예의 책화에 대한 내용이다.
③ 삼한 중 철이 생산되던 지역은 변한이었다.
④ 민며느리제는 옥저의 결혼제도이다.

33 다음 중 통일신라와 발해에 대한 설명으로 옳지 않은 것은?

① 양국 사이에 동족의식은 전혀 없었다.
② 발해의 문화는 고구려 문화를 계승하였다.
③ 문화적인 면에서 강한 경쟁의식을 가지고 있었다.
④ 발해 멸망 후 그 지배층이 고려로 흡수되었다.

✔해설 ① 통일신라와 발해는 친선책과 대립의식, 민족의식이 있었다. 발해 멸망기에는 거란의 공격을 받은 발해가 911년경 신라에 사신을 보내어 도움을 요청하였고 신라는 이를 수락 하였으며 「삼국사기」와 최치원의 글에 발해를 북국으로 지칭하고 있어 동일 민족의식 또는 양국이 같은 운명체라는 의식도 있었음을 알 수 있다.

34 다음의 기록이 보이는 왕대의 정치변화를 바르게 설명한 것은?

> (왕이) 양역을 절반으로 줄이라고 명하셨다. 왕이 말하였다. "호포나 결포는 모두 문제점이 있다. 이제는 1필로 줄이는 것으로 온전히 돌아갈 것이니 경들은 대책을 강구하라."

① 특정 붕당이 정권을 독점하는 일당 전제화의 추세가 대두되었다.

② 왕위 계승에 대한 정통성과 관련항 두 차례의 예송이 발생하였다.

③ 정치 집단은 소수의 가문 출신으로 좁아지면서 그 기반이 축소되었다.

④ 붕당을 없애자는 논리에 동의하는 관료들을 중심으로 탕평정국을 운영하였다.

> ✔**해설** 제시된 기록은 영조의 균역법에 대한 내용이다.
> ① 숙종
> ② 현종
> ③ 19세기 세도정치

35 다음 정치 세력에 대한 설명으로 옳은 것은?

> • 임진왜란 당시 의병을 일으키고 향촌사회의 기반을 유지하여 전란이 끝난 뒤 정국을 주도할 수 있었다.
> • 인목대비를 서인(庶人)으로 낮추고 왕의 적통인 영창 대군 살해에 관여하였다.

① 예송논쟁을 통해 서인과 대립을 하였다.

② 명과 후금사이에 중립외교를 주장하였다.

③ 숙종 때 환국을 통해 중앙정계를 장악하였다.

④ 명에 대한 의리 명분론을 강화하였다.

> ✔**해설** 제시된 자료는 조선시대 북인에 대한 설명이다. 북인들은 조식의 문하생이 중심이 되었으며, 광해군에게 협력하였다. 북인의 특징에 대한 이해를 묻는 문제이다.
> ② 북인은 광해군 집권 당시 중립외교를 취하여 대의명분을 중요시하는 서인, 남인들과 대립하였다.
> ① 예송논쟁은 조선 현종 때 궁중의례의 적용문제, 특히 복상기간을 둘러싸고 서인과 남인 사이에 크게 논란이 벌어진 두 차례의 사건이다.
> ③ 숙종 때 환국을 통해 정치권력을 독점한 세력은 서인이다.
> ④ 명에 대한 의리 명분론을 중시한 세력은 서인이다.

36 다음 중 우리나라 근대사 사건이 순서대로 나열된 것은?

① 병인양요 – 갑신정변 – 만인소 사건 – 동학운동 – 교조신원운동

② 강화도조약 – 임오군란 – 거문도사건 – 동학운동 – 아관파천

③ 병인양요 – 강화도조약 – 임오군란 – 아관파천 – 을미사변

④ 강화도조약 – 거문도사건 – 갑신정변 – 청·일전쟁 – 만민공동회

> ✔해설 병인양요(1866) – 강화도조약(1876) – 신사유람단 파견(1881) – 만인소사건(1881) – 임오군란(1882) – 갑신정변(1884) – 거문도사건(1885) – 교조신원운동(1892) – 동학운동(1894) – 청·일전쟁(1894) – 을미사변(1895) – 아관파천(1896) – 만민공동회(1898) – 국채보상운동(1907) – 헤이그특사사건(1907)

37 다음은 조선시대에 시행된 제도들이다. 이 제도들이 시행된 배경과 목적이 가장 바르게 짝지어진 것은?

> • 흉년에는 조세를 감면해 주었다.
> • 의창과 상평창에서 환곡제를 운영하였다.
> • 농번기엔 잡역에 동원하지 못하게 하였다.
> • 5가(家)를 1통(統)으로 묶어 관리하였다.
> • 호적을 작성하고 호패제를 실시하였다.

① 양반층의 토지 겸병 – 자영농민의 육성

② 농민의 토지 이탈 – 농민에 대한 통제 강화

③ 이민족의 빈번한 침입 – 국방력의 강화

④ 토지제도의 문란 – 국가수조권의 강화

> ✔해설 조선 사회에서 농민생활의 안정은 곧 국가 사회의 안정과 직결되어 있었다. 때문에 농민생활을 안정시키기 위해 정부는 흉년 시 조세를 감면하고, 농번기에 잡역 동원을 금하였으며, 의창과 상평창을 설치하였다. 그러나 이러한 사회시설은 당시의 농민문제에 대한 근본적인 대책일 수는 없었으며, 다만 농민에게 최소한의 생활을 보장해 줌으로써 농토에서의 농민의 유망을 방지하기 위한 미봉책에 불과하였다. 오히려 정부는 농민들을 효과적으로 통제하기 위하여 오가작통법과 호패법을 적극적으로 실시하였고, 이를 통하여 농토로부터 농민의 이탈을 억제하고자 하였다.

38 다음 주장을 한 인물에 대한 설명으로 옳은 것을 모두 고른 것은?

> 대체로 재물은 비유하건대 샘과 같은 것이다. 퍼내면 차고 버려두면 말라버린다. 그러므로 비단 옷을 입지 않아서 나라에 비단을 짜는 사람이 없게 되면 여공이 쇠퇴하고, 쭈그러진 그릇을 싫어하지 않고 기교를 숭상하지 않아서 수공업자가 도야하는 일이 없게 되면 기예가 망하게 되며, 농사가 황폐하여져서 그 법을 잃게 되므로 사·농·공·상의 4민이 모두 곤궁하여 서로 구제할 수 없게 된다.

> ㉠ 「의산문답」에서 지전설을 주장하였다.
> ㉡ 「우서」를 저술하여 중국과 우리나라의 문물제도를 비교하였다.
> ㉢ 「북학의」를 저술하고 청의 풍속·제도를 소개하였다.
> ㉣ 생산과 소비의 관계를 '우물론'에 비유하였다.

① ㉠㉡   ② ㉠㉢

③ ㉡㉢   ④ ㉢㉣

✔해설 제시된 자료는 박제가 '북학의'의 일부분이다. 제시된 자료를 통해 박제가를 추론하고, 그가 주장한 북학 사상에 대한 이해를 묻고 있는 문제이다.

㉢ 박제가는 청에 다녀온 후 「북학의」를 저술하여 북벌론을 비판하고 청 문물의 수용을 주장했다. 박제가는 박지원의 주장을 이어받아 수레와 선박의 이용, 대외 교역의 강화, 소비 권장을 통한 생산 자극 등을 강조하였다.

㉣ 박제가는 생산과 소비의 관계를 '우물물'에 비유하며 소비는 생산을 촉진한다고 주장하였다.

㉠ 홍대용은 「의산문답」에서 지전설을 주장하며 중국 중심의 세계관을 극복할 것을 주장하며 민족의 주체성을 강조하였다.

㉡ 유수원은 「우서」를 저술해서 상공업의 진흥과 기술의 혁신을 강조하고, 사농공상의 직업 평등과 전문화를 주장하였다.

39 (가)~(라) 시기에 있었던 사실로 옳지 않은 것은?

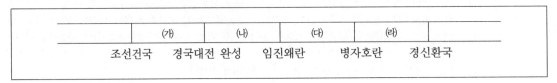

	(가)	(나)	(다)	(라)	
조선건국		경국대전 완성	임진왜란	병자호란	경신환국

① (가) - 쓰시마를 정벌하고 4군 6진을 설치하였다.

② (나) - 연분9등법과 전분6등법의 공법을 실시하였다.

③ (다) - 명과 후금 사이에서 중립외교가 추진되었다.

④ (라) - 예송논쟁으로 서인과 남인이 대립하였다.

공법(연분9등법, 전분6등법)은 ㈎ 세종 때 시행되었다.
① 세종 – 쓰시마정벌 및 4군 6진 개척
③ 광해군 – 중립외교 실시
④ 현종 – 예송논쟁

40 다음 자료와 관련이 있는 국왕의 정책으로 옳은 것을 〈보기〉에서 고른 것은?

> 이인좌의 난은 조선 후기 이인좌, 이웅보 등의 소론이 주도한 반란이다. 소론은 경종의 치세하에 노론과의 대립에서 우위를 점하였다. 그러나 노론이 지지한 국왕이 즉위하자 위협을 느끼게 되었다. 이에 소론의 과격파들은 국왕이 숙종의 아들이 아니며 경종의 죽음에 관계되었다고 주장하며, 왕과 노론을 제거하고 소현세자의 증손을 왕으로 추대하고자 하였다. 여기에 일부 남인들도 가담하였으나 결국 난은 진압되었다.

〈보기〉

㉠ 규장각 설치 　　　　　　　　　　㉡ 「속오례의」 편찬
㉢ 균역법 실시 　　　　　　　　　　㉣ 장용영 설치

① ㉠㉡ 　　　　　　　　　　　　　② ㉠㉢
③ ㉡㉢ 　　　　　　　　　　　　　④ ㉡㉣

제시된 자료의 '이인좌의 난'을 통해 영조에 대한 설명임을 알 수 있다. 영조는 자신의 출생과 세자 책봉, 즉위 과정에서 붕당의 극심한 폐단을 목격하여 강력한 탕평책을 추진하게 된다.
㉡ 영조는 국조오례의를 보완한 의례집인 「속오례의」를 편찬하였다.
㉢ 영조는 민생 안정을 위하여 균역법을 실시하여 군역의 부담을 완화하였다.
㉠ 정조는 국왕직속의 학술 및 정책을 연구하는 관서인 규장각을 설치하였다.
㉣ 정조는 군사적 기반 강화를 위해 장용영을 설치하였다.
※ 영조 탕평책 vs 정조 탕평책 : 영조의 '완론탕평'은 군주가 중립적 입장에서 붕당의 강경파를 배제한 것이라면, 정조의 '준론탕평'은 군주의 정국 주도를 영조의 '완론탕평'보다 강력히 시행한다는 점에서 차이가 있다.

Answer 38.④ 39.② 40.③

41 다음 조약과 관련한 설명으로 가장 적절한 것은?

> • 제4관 조선국은 부산 외에 두 곳을 개항하고, 일본인이 왕래 통상함을 허가한다.
> • 제7관 조선국은 일본국의 항해자가 자유로이 해안을 측량하도록 허가한다.
> • 제11관 양국이 우호 관계를 맺은 이상 별도로 통상장정을 제정하여 양국 상민들을 편리하게 한다.

① 인민의 범죄에 치외법권이 인정되었다.

② 상인의 개항장 간행이정(내지통상권)을 100리로 확대하였다.

③ 조선을 청의 속방으로 규정하고, 청상인의 내지 통상권을 명시하였다.

④ 최혜국 대우와 관세 조항이 함께 명시되었다.

> ✔해설 제시된 지문은 강화도 조약(1876)에 관한 설명이다. 강화도조약은 최초의 근대적 조약이지만 치외법권
> 과 연안 측량권이 인정된 불평등 조약이었다.
> ② 조일 수호 조규 속약(1882)
> ③ 조·청 상민 수륙 무역장정(1882)
> ④ 조미 수호 통상 조약(1882)

42 다음 사진은 일제의 식민지 지배 정책의 변천을 나타낸 것이다. ㈎에 해당하는 시기에 일제가 실시한 정책으로 옳지 않은 것은?

 ⇨  ⇨ ㈎

일제가 토지조사를 위해 측량하는 모습

치안유지법에 의해 송치되는 민족운동가

① 국가 총동원령

② 징병제 실시

③ 황국 신민 서사 암송

④ 헌병 경찰제 실시

✔ 해설 제시된 자료의 토지조사사업은 1910~1918년 일본이 한국의 식민지적 토지소유관계를 공고히 하기 위해 시행하였으며, 치안유지법은 1925년 일제가 반정부·반체제운동을 누르기 위해 제정한 법률이다. 문제는 일제의 식민지 지배 정책의 변천을 묻고 있으므로 (가)에 들어갈 수 있는 일제의 식민지 지배 정책은 1930~40년대의 정책이 된다.

④ 헌병 경찰제는 1910년대 일제가 헌병으로 하여금 군사, 경찰뿐 아니라 일반 치안 유지를 위한 경찰 업무도 담당하게 한 제도이다.

① 국가 총동원령은 일제가 1938년 4월 공포하여 5월부터 시행한 일본의 전시통제법이다.

② 징병제 실시는 1943년 8월 태평양 전쟁이 확대되면서 조선인에 대한 군사 징발을 실시하였다.

③ 황국신민서사는 일제가 1937년에 만들어 조선인들에게 외우게 한 맹세이다.

※ 치안유지법 : 일본 역사상 가장 폭력을 휘둘러 언론탄압법으로 악명 높은 법률이다. 처음에는 일본 공산당이 적용 대상이었지만 대상은 멈추지 않고 확대하여 사회주의와 노동 운동과 종교가도 경계의 대상이 되었고 나중에는 일체의 반정부적인 언론이 탄압되었다. 제2차 세계 대전 이후에 결성된 치안유지법 피해자 연맹은 치안유지법에 의해 고문 또는 처형당한 피해자 수는 내지에서만 75,000명에 이르렀다고 보고 있다.

43 다음 중 임진왜란 직후 그 영향으로 나타난 현상이 아닌 것은?

① 일본문화의 발전

② 당백전의 발행

③ 신분제도의 동요

④ 북방 여진족의 급속한 성장

✔ 해설 ② 당백전은 대원군이 실추된 왕실의 존엄성을 회복하기 위해 임진왜란 때 불타버린 경복궁을 중건하면서 부족한 재원을 보충하기 위해 발행되었다.

※ 임진왜란의 영향

　㉠ 국내적 영향

　　• 재정 궁핍 : 인구의 격감, 토지황폐, 토지대장의 소실로 재정수입이 감소되었다. 이에 대한 타개책으로 납속이나 공명첩이 발급되었다.

　　• 신분의 동요 : 호적대장과 노비문서의 소실, 공명첩과 속오군의 등장으로 신분의 구분이 모호해졌다.

　　• 민란의 발생 : 사회가 혼란해지면서 이몽학의 난과 같은 민란이 도처에서 일어났다.

　　• 문화재의 소실 : 경복궁과 불국사가 병화를 당했으며, 사고가 소실되었다.

　㉡ 국제적 영향

　　• 중국 : 조선과 명이 전쟁에 지친 틈을 계기로 북방의 여진족이 급속히 성장하여 청을 건국하였다.

　　• 일본 : 활자, 서적, 그림 등 문화재를 약탈하고 학자와 도공 등 기술자를 납치해 갔다. 그리하여 왜란 후에 성리학이 전해지고, 도자기술·회화·인쇄술이 발달하였다.

Answer 41.① 42.④ 43.②

44 다음 자료를 통해 알 수 있는 단체에 대한 설명으로 옳은 것은?

> 회고하여 보면 조선의 여성운동은 거의 분산되어 있었다. 통일된 조직이 없었고 통일된 목표와 지도정신도 없었다. …… 우리가 실제로 우리 자신을 위하여, 우리 사회를 위하여 분투하려면 조선 자매 전체의 역량을 하나로 모아 운동을 전면적으로 전개하지 않으면 안 된다.

① 신민회의 자매단체였다.
② 농촌진흥운동을 적극 지원하였다.
③ 신간회가 해산되면서 해체되었다.
④ 기독교계열의 여성만이 참여하였다.

✔해설 제시된 자료는 근우회 취지문이다. 근우회는 1927년에 창립하고 1931년에 해산된 여성 항일구국운동 및 여성 지위향상운동 단체이다.
③ 1931년 신간회가 해소되면서 해체되었다.
① 근우회는 신간회의 자매단체였다.
② 농촌진흥운동은 1932년부터 1940년까지 혁명적 농민조합운동의 확산에 대비하고 농민을 일제의 체제 내로 끌어들이기 위해 일제가 전개한 운동이다.
④ 근우회는 기독교계열의 여성과 사회주의계열의 여성이 참여하는 민족유일당이었다.

45 다음 자료의 사건과 관련된 국가에 대한 설명으로 옳은 것은?

> 어재연은 이미 전사하였으나 적들은 이 사실을 모른 채 수비가 여전히 굳게 유지 되고 있는 줄 알고 모두 도주하였다. 적들의 후퇴 소식이 전해지자 조야가 온통 들끓었다.
>
> 「매천야록」

① 러시아 견제를 위해 거문도를 불법으로 점령하였다.
② 강화읍을 점령하고 외규장각 도서를 약탈하였다.
③ 러시아 주도의 삼국간섭에 프랑스와 함께 참여하였다.
④ 서구 열강 중 최초로 조선과 수교하였다.

✔해설 제시된 자료는 신미양요이다. 제너럴셔먼호 사건이 원인이 되어 미국의 극동함대가 강화도를 침략하였고 광성보에서 어재연이 항전하였으나 전사하였다. 1880년대 김홍집이 황준쎈의 〈조선책략〉을 도입하여 미국과 수교의 중요성을 알렸고 청의 알선으로 1882년 조선은 서구 열강 중 최초로 미국과 조·미 수호통상조약을 체결하였다.
① 거문도사건은 영국, ② 병인양요는 프랑스, ③ 삼국간섭은 러시아·프랑스·독일과 관련된 사건이다.

46 다음 자료와 관련된 민족 운동에 대한 설명으로 옳은 것은?

> 이날 서울 거리의 광경은 열광적으로 독립 만세를 연창하는 군중, …… 사람이 너무도 어마어마하게 많으니까, 이것을 바라보는 일본 사람도 기가 콱 질리지 않을 수가 없었을 것이다. 이 날 우리는 일본인을 구타하거나 그들의 물품을 파괴 또는 약탈하는 등의 일은 전혀 하지 않았다.

① 대한민국 임시 정부 수립의 계기가 되었다.
② 민족주의계와 사회주의계의 대립과 갈등을 극복하는 계기가 되었다.
③ 일제의 민족차별과 식민지교육이 운동의 배경이 되었다.
④ 순종의 인산일을 기해 일어났다.

✔해설 제시된 자료는 3·1 운동의 모습을 표현한 것이다. 3·1 운동의 전개과정은 총 3단계로 나눌 수 있는데, 1단계(점화기), 2단계(도시 확대기)는 비폭력주의를 내세웠으나, 3단계(농촌 확산기)에 이르면 무력적인 저항운동으로 변모하게 된다.
① 3·1 운동은 민주공화제의 대한민국 임시정부를 수립하는 계기가 되었다.
② 민족 유일당 운동을 촉발하는 계기가 되었던 것은 정우회 선언(1926)이다.
③ 민족자결주의의 대두, 제1차 세계대전 종전, 고종황제 독살 의혹 등이 3·1 운동의 배경이다.
④ 순종의 인산일을 기해 일어난 것은 6·10 만세운동(1926)이다.

47 조선시대의 정책 중 국가의 재정수입의 확대와 관련이 깊은 것은?

> ㉠ 장인의 등록제를 폐지하였다.
> ㉡ 양전사업을 실시하였다.
> ㉢ 호적대장을 작성하였다.
> ㉣ 금난전권을 철폐하였다.

① ㉠㉡
② ㉠㉣
③ ㉡㉢
④ ㉢㉣

✔해설 조선시대의 사회정책은 민생안정을 도모하기 위하여 중농정책을 실시하였다. 토지의 개간과 양전사업을 실시하고 새로운 농업기술과 농기구를 개발하였다. 또한 농민의 효과적 통제를 위해 오가작통법과 호패법을 실시하여 농토로부터의 이탈을 막았다. 농민은 조세와 요역을 통하여 국가재정을 부담하였기 때문에 이들의 안정은 곧 사회의 안정과 직결되어 있었다.

Answer 44.③ 45.④ 46.① 47.③

48 (가), (나)의 인물에 대한 내용으로 옳지 않은 것은?

(가)	(나)
김원봉	김구

① (가) – 의열단을 조직하여 활동하였다.

② (가) – 남만주 지역에서 중국군과 한·중 연합 작전을 전개하였다.

③ (나) – 대한민국 임시정부에서 주석으로 선임되었다.

④ (나) – 한인애국단을 조직하여 임시정부의 침체를 극복하려고 하였다.

✔ 해설 제시된 자료 (가)는 의열단을 이끌었던 김원봉, (나)는 한인애국단을 이끌었던 김구이다. 이 두 인물과 관련한 중요한 사건에 대해 묻는 문제이다.

② 조선혁명군(총사령 양세봉)은 남만주 일대에서 중국의용군과 연합작전을 전개하였다.

① 김원봉이 중심이 되어 만주 길림에서 의열단을 조직하였다.

③ 김구는 대한민국 임시정부 4차 개헌 시기에 주석중심제로 지도체제가 바뀌면서 주석으로 선임되어 강력한 지도력을 발휘하였다.

④ 김구는 한인애국단을 조직하였다.

※ 한·중 연합작전
한국 독립군과 항일 중국군의 합의 내용(1931)
1. 한중 양군은 최악의 상황이 오는 경우에도 장기간 항전할 것을 맹세한다.
2. 중동 철도를 경계선으로 서부 전선은 중국이 맡고, 동부 전선은 한국이 맡는다.
3. 전시의 후방 전투 훈련은 한국 장교가 맡고, 한국군에 필요한 군수품 등은 중국군이 공급한다.
— 광복, 제2권, 「한국광복군 사령부」 —

49 다음 자료에 나타난 민주화 운동에 대한 설명으로 옳은 것은?

> 오늘 우리는 전 세계 이목이 우리를 주시하는 가운데 40년 독재정치를 청산하고 희망찬 민주국가를 건설하기 위한 거보를 전 국민과 함께 내딛는다. 국가의 미래요, 소망인 꽃다운 젊은이를 야만적인 고문으로 죽여 놓고 그것도 모자라서 뻔뻔스럽게 국민을 속이려 했던 현 정권에게 국민의 분노가 무엇인지를 분명히 보여 주고, 국민적 여망인 개헌을 일방적으로 파기한 4·13 폭거를 철회시키기 위한 민주장정을 시작한다.

① 5년 단임의 대통령 직선제로 개헌을 이루어냈다.

② 유신체제가 시작되는 계기가 되었다.

③ 대통령 간선제 개헌을 이루어냈다.

④ 3선 개헌안이 통과되는 계기가 되었다.

✔해설 제시된 자료에 나타난 민주화 운동은 6월 민주 항쟁이다. 6월 민주 항쟁 발생의 시대적 배경, 원인과 결과에 대해 전반적으로 이해하고 있는지를 묻고 있는 문제이다.
① 6월 민주 항쟁을 통해 대통령 직선제 개헌을 이루어냈다.
② 유신 체제는 박정희 정권이 대외적 위기감을 극복하고 독재 기반을 강화하여 영구집권을 하기 위해서 시작하였다.
③ 6월 민주 항쟁은 대통령 간선제가 아닌 대통령 직선제 개헌을 이루어냈다.
④ 3선 개헌은 대통령의 3선 연임을 허용하는 개헌안을 통과시켜 박정희 대통령의 장기 집권의 기반을 마련한 것이다.

50 다음은 대한민국 정부 수립 과정의 일이다. ㈎좌·우합작운동과 ㈏남북협상이 들어갈 적절한 시기는?

> 건국준비위원회 – 모스크바 3상회의 – (㉠) – 1차 미·소공동위원회 – (㉡) – 2차 미·소공동위원회 – (㉢) – UN총결의 – (㉣) – 대한민국 정부 수립

	㈎	㈏		㈎	㈏
①	㉠	㉡	②	㉠	㉢
③	㉡	㉢	④	㉡	㉣

✔해설 건국준비위원회(1945. 8. 15) – 모스크바 3상회의(1945. 12) – 1차 미·소공동위원회(1946. 3) – 좌·우합작운동(1946. 10) – 2차 미·소공동위원회(1947. 5) – UN총결의(1948. 2) – 남북협상(1948. 4) – 대한민국 정부 수립(1948. 8. 15.)

▌1~5▌ 다음 중 단어의 뜻풀이로 옳은 것을 고르시오.

1 ① absorb : 완수하다, 성취하다, 해내다

② abandon : 버리다, 떠나다, 유기하다

③ accept : 흡수하다, 빨아들이다

④ accomplish : 받아들이다

> ✔ 해설 ① absorb : 흡수하다, 빨아들이다
> ③ accept : 받아들이다
> ④ accomplish : 완수하다, 성취하다, 해내다

2 ① accidental : 우연한, 돌발적인

② acceptable : 결석한, 결근한

③ accurate : 받아들여지는, 용인되는

④ absent : 정확한, 정밀한

> ✔ 해설 ② acceptable : 받아들여지는, 용인되는
> ③ accurate : 정확한, 정밀한
> ④ absent : 결석한, 결근한

3 ① courtesy : 공손함

② contepmt : 오류, 착오

③ construct : 철거하다, 허물다

④ construe : 진가를 알아보다, 고마워하다

> ✔해설 ② contepmt : 경멸, 멸시
> ③ construct : 건설하다, 구성하다
> ④ construe : 이해하다

4 ① capture : 포획하다, 점유하다

② cast : 옷을 입히다

③ cease : 던지다, 드리우다

④ clothe : 중단되다, 그치다

> ✔해설 ② cast : 던지다, 드리우다
> ③ cease : 중단되다, 그치다
> ④ clothe : 옷을 입히다

5 ① easily : 똑같이, 균등하게

② entirely : 쉽게. 분명히

③ equally : 전적으로, 완전히

④ especially : 특히, 특별히

> ✔해설 ① easily : 쉽게. 분명히
> ② entirely : 전적으로, 완전히
> ③ equally : 똑같이, 균등하게

Answer 1.② 2.① 3.① 4.① 5.④

┃6~10┃ 다음 중 단어의 뜻풀이로 옳지 않은 것을 고르시오.

6 ① garbage : 쓰레기
   ② gap : 영광
   ③ generation : 세대
   ④ geography : 지리학

   ✔해설 ② gap : 차이, 틈

7 ① ingenious : 재치 있는, 교묘한
   ② ingenuous : 무료의, 무보수의
   ③ inspection : 검사, 조사, 검열
   ④ incongruous : 일치하지 않는, 모순된

   ✔해설 ingenuous : 솔직한, 순진한

8 ① lamp : 어린 양
   ② lack : 부족, 결핍
   ③ lecture : 강의, 강연
   ④ lesson : 수업, 교훈

   ✔해설 ① lamb : 어린 양

9 ① merely : 한낱, 그저, 단지
   ② morally : 도덕적으로
   ③ mostly : 주로, 일반적으로
   ④ mainly : 가끔, 때때로

   ✔해설 ④ mainly : 주로, 대부분

10 ① observe : 보다, 관찰하다

② obey : 제안하다, 권하다

③ obtain : 얻다, 구하다

④ occupy : 차지하다, 점령하다

> ✔해설 ② obey : 준수하다, 순종하다

┃11~14┃ 다음 제시된 단어와 의미가 유사한 것을 고르시오.

11

indemnity

① compensation   ② insurance

③ policy   ④ masterpiece

> ✔해설 ① 배상하다 ② 보험 ③ 정책 ④ 걸작

12

legitimate

① compulsory   ② spontaneous

③ lawful   ④ criminal

> ✔해설 legitimate … 합법적인, 정당한
> ③ 법이 허용하는, 합법적인
> ① 강제적인, 필수의 ② 자발적인, 즉흥적인 ④ 범죄의

13

diminish

① decrease   ② blast

③ inherit   ④ fluent

> ✔해설 diminish … 감소하다, 줄어들다, 약화되다
> ① 줄다, 감소하다
> ② 폭발, 폭발시키다   ③ 상속받다, 물려받다   ④ 유창한, 능숙한

14

abhor

① terminate   ② prejudice

③ detest   ④ border

> ✔해설 abhor … 몹시 싫어하다, 혐오(증오)하다, 거부하다, 멸시하다
> ③ 몹시 싫어하다, 혐오하다
> ① 끝나다, 끝내다   ② 편견(을 갖게하다)   ④ 국경

▮15~17▮ 다음 제시된 단어와 반대되는 의미를 가진 단어를 고르시오.

15

concern

① fault   ② absorb

③ stretch   ④ uninfluential

> ✔해설 concern … 영향을 미치다.
> ④ uninfluential … 영향력이 없는

16

pessimism

① communism   ② demonstrate

③ practice   ④ optimism

> ✔해설 pessimism … 비관주의
> ④ optimism … 낙천주의

17

specific

① concrete   ② technical

③ circumstantial   ④ abstract

> ✔해설 specific … 구체적인
> ④ abstract … 추상적인

┃18~19┃ 다음 문장의 빈칸에 공통적으로 들어갈 단어를 고르시오.

18

> • The literary critic is _____ with the works of Goethe.
> • I'm not _____ with this part of the subject.

① familiar   ② friendly

③ close   ④ versed

> ✔해설 be familiar with ~와 친숙하다, 정통하다, 잘 알고 있다
> 「• 그 문학평론가는 괴테의 작품에 능통했다.
> • 나는 그 주제(문제)의 이 부분을 잘 모르겠다.」

19

• She is at _____ in Korean.

• His sermon came _____ to my heart.

• She don't feel at _____ with that man.

① home   ② country

③ house   ④ place

> ✔해설 be at home in ~에 능통하다, 익숙하다 come home to ~에 사무치다, 절실히 느끼다 feel at home with 편안하다
>
> 「• 그녀는 한국어에 능통하다(익숙하다).
> • 그의 설교는 나의 마음에 사무쳤다.
> • 그녀는 그 남자가 편안하지 않았다.」

▌20~22▌ 다음 밑줄 친 부분의 의미와 가장 가까운 것을 고르시오.

20

When it comes to undoing the strings of the parcel, he <u>is all thumb</u>.

① tactful   ② flexible

③ clumsy   ④ dexterous

> ✔해설 ③ be all thumb 손재주가 없다, 무디다
>
> 「그 소포의 끈을 푸는 일이라면, 그는 손재주가 없다.」

21

When you are <u>suffering from bad fortune</u>, I'll comfort you.

① at case

② down-and-out

③ passing away

④ to keep abreast of

> ✔해설 suffer from bad fortune 불행한 일을 당하다
>
> 「당신이 불행한 일로 고통을 받고 있을 때 내가 당신을 위로해 줄 것이다.」

22

> They will each do a security survey and estimate what I need and how much it will cost to <u>deter</u> future thieves.

① determine   ② arrest

③ persuade   ④ discourage

 해설 deter 단념시키다, 방해하다, 만류하다, 저지하다   determine ~에게 경심시키다, 결정하다, 확정하다   arrest 체포하다, 저지하다, 구인하다   persuade 설득하다, 권유하다, 납득시키다   discourage 단념시키다, 방해하다

「그들은 각자 안전점검을 하고 내가 필요한 것과 앞으로 도둑을 예방하기(단념시키기) 위한 비용이 얼마나 들 것인지를 산정할 것이다.」

▌23~24▌ 다음 빈칸에 들어가기에 적절한 것은?

23

> You are talking nonsense, Jack. What you have just said is quite _____.

① out of the point   ② to the point

③ beside the point   ④ against the point

 해설 ③ beside the point 요점에서 벗어난, 요령부득인
② to the point 적절한, 딱 들어맞는

「허튼 소리 하고 있군, Jack. 네가 방금 한 말은 요점에서 벗어난 거야.」

24

> Many novels by the Bronte sisters and other nineteenth-century female authors were initially published under masculine _____ in the belief that works by male authors would meet more favorable reception.

① anonymity   ② aliases

③ monikers   ④ pseudonyms

해설 initially 처음에, 시초에   publish 출판하다, 발표하다, 공표하다   masculine 남성의, 남자다운
① 익명 ②③ 별명 ④ 필명, 가명

「Bronte 자매와 19세기의 다른 여성 작가들의 많은 소설들은 남성 작가들의 작품이 호의적인 반응을 가져올 것이라는 믿음 하에 처음에는 남성들의 필명으로 출간되었다.」

Answer   19.①   20.③   21.②   22.④   23.③   24.④

25 (A), (B), (C)의 각 네모 안에서 문맥에 맞는 낱말로 가장 적절한 것은?

The American weekly news magazine Time has named Russia's president Vladimir Putin as its 2007 Person of the Year. He won the award for bringing (A) facility / stability to Russia at a time when it was experiencing chaos. Time's editor Richard Stengel said the magazine chose Putin because of his "extraordinary (B) attainment / attachment of leadership" in restoring Russia as a world power. President Putin is hugely popular in Russia. He has (C) reformed / conformed the economy and created great wealth. His critics, however, accuse him of being undemocratic and having too much control over the media.

	(A)	(B)	(C)
①	facility	attainment	reformed
②	facility	attachment	conformed
③	stability	attainment	conformed
④	stability	attainment	reformed

✔해설 (A) facility는 '시설, 쉬움, 재주'를 뜻하고 stability는 '안정, 안정성'을 의미하므로 stability가 옳다.
(B) attainment는 '위업, 공적'의 뜻을 attachment는 '부착, 집착'의 뜻을 의미하므로 attainment가 옳다.
(C) reform은 '개혁하다'의 뜻을 conform은 '따르다, 순응시키다'의 뜻이므로 문맥상 reformed가 옳다.

「미국의 뉴스 주간지인 타임지가 러시아의 Vladimir Putin 대통령을 2007년의 인물로 선정했다. 그는 혼란기의 러시아에 안정을 가져온 것 때문에 수상을 했다. 타임지의 편집자인 Richard Stengel은 잡지가 Putin을 선택한 이유는 러시아를 세계적인 강대국으로 부활시킨 그의 '탁월한 지도 업적' 때문이라고 말했다. Putin 대통령은 러시아에서 대단히 인기가 있다. 그는 경제를 개혁했고 큰 부를 창출했다. 그러나 그를 비평하는 사람들은 비민주적이고 언론을 지나치게 많이 통제한다고 그를 비난한다.」

26 ① He is impossible for us to persuade.

② English is difficult for us to master in a year or two.

③ Mary was good to leave the place immediately.

④ It is easy that we convince him.

> ✔해설 persuade 설득하다, ~을 납득시키다   be anxious to ~하고 싶어하다, ~하기를 갈망하다   convince ~에게 납득시키다
>
> ④ It is easy that we convince him. → It is easy for us to convince him(우리가 그를 납득시키는 것은 쉽다). easy, difficult 등은 진주어에 that절을 사용하지 못한다.

27 ① The kids spent the whole day running after butterflies.

② He tried his best only to fail.

③ She had her license suspended for reckless driving.

④ Taking by surprise, she tried not to lose her presence of mind.

> ✔해설 suspend 정지되다   reckless 무모한
>
> ④ 분사구문으로 주절의 주어인 she가 놀람을 ㅂ다는 수동의 관계이다. Take A by surprise(A를 놀라게 하다)의 표현에서 목적어가 없음을 이해한다. Taking → Taken
>
> 「① 어린이들은 온종일 나비를 쫓아다니면서 시간을 보냈다.
> ② 최선을 다했지만, 결국 실패했다.
> ③ 무모한 운전으로 면허를 정지당했다.」

28 ① When did you take a bath?

② Tomorrow will be Saturday.

③ He has come back just now.

④ Ten years have passed since he died.

> ✔해설 ③ has come → came, just now는 뚜렷한 과거를 나타내므로 현재완료가 아닌 과거형 동사가 되어야 한다.
>
> 「① 너 언제 목욕했니?
> ② 내일은 토요일일 것이다.
> ③ 그는 이제 막 돌아왔다.
> ④ 그가 죽은 지 10년이 지났다.」

Answer 25.④ 26.④ 27.④ 28.③

┃29~30┃ 다음 밑줄 친 부분에서 문법적으로 옳지 않은 것을 고르시오.

29

> ⓐ Just as I ⓑ finished eating, My brother ⓒ explained me a ⓓ question.

① ⓐ   ② ⓑ
③ ⓒ   ④ ⓓ

> ✔해설 ③ explained→explained to, explain은 3형식 동사로 직접적으로 간접목적어(사람)를 취하지 않고 부사구(전치사 + 사람)의 형태로 간접목적어를 취한다.
> 「내가 막 식사를 마쳤을 때, 내 동생은 나에게 문제를 설명했다.」

30

> Most European countries failed ⓐ to welcome Jewish refugees ⓑ after the war, which caused ⓒ many Jewish people ⓓ immigrate elsewhere.

① ⓐ   ② ⓑ
③ ⓒ   ④ ⓓ

> ✔해설 jewish 유대인의 refugee 난민, 망명자 immigrate (다른 나라로) 이주하다
> ④ cause가 5형식 동사로 쓰일 때에는 목적어 다음에 목적격 보어 자리에는 'to 부정사'의 형태로 와야 한다. 따라서 'to immigrate'로 고쳐야 한다.
> 「대부분의 유럽 국가들은 전쟁 후에 유대인 난민들을 환영하지 못했고, 이것으로 인해 많은 유대인들은 다른 나라로 이주했다.」

31 밑줄 친 부분이 어색한 것은?

① Dokdo belongs <u>to</u> Korea.

② Wolves are different <u>with</u> foxes.

③ We will suffer <u>from</u> lack of water.

④ He is having trouble <u>with</u> his homework.

> ✔해설 lack 부족 try 시도
> ① 독도는 한국에 속한다. (belong to ~에 속하다)
> ② 늑대는 여우와 다르다. (be different from ~과 다르다)
> ③ 우리는 물 부족으로 고통 받을 것이다. (suffer from ~으로 고통 받다)
> ④ 그는 그의 숙제에 어려움을 겪고 있다. (have trouble with ~에 대한 어려움을 겪다)

32 다음 중 두 사람이 나눈 대화의 내용이 어색한 것은?

① A : I'm going out for a walk. Can I do anything for you while I'm out?

B : Could you pick up some toothpaste at the drugstore?

② A : I'd like to make a reservation for two people for the second week of February.

B : I'm sorry, but there's nothing available that week.

③ A : Have you decided what you're going to major in?

B : Yes, I have. I'm planning to go to Australia during holidays.

④ A : What are you going to do after you graduate, Mr. Anderson?

B : I'm going to start my own business in my hometown.

> ✔해설 ① A : 밖으로 산책하러 나갈건데, 외출하는 동안 뭐 시킬 것 있어?
> B : 약국에서 치약 좀 사다줄 수 있니?
> ② A : 2월 둘째 주에 2인용으로 예약하고 싶습니다.
> B : 죄송합니다만, 그 주에는 이용할 수가 없습니다(예약분이 남아있지 않습니다).
> ③ A : 뭘 전공할 것인지 결정했니?
> B : 응, 나는 휴가 동안 호주에 갈 계획이야.
> ④ A : Anderson씨, 졸업 후에 무엇을 할 예정입니까?
> B : 고향에서 사업을 시작해 보려고요.

Answer 29.③ 30.④ 31.② 32.③

33 다음 중 A, B 대화의 연결이 부자연스러운 것은?

① A : I am really too tired to work any more.

   B : O.K. Let's call it a day.

② A : What would you do if you were in my shoes?

   B : I wish I were you.

③ A : You don't look yourself today.

   B : I've got a headache.

④ A : I can't thank you enough.

   B : You're welcome.

> **✔해설** call it a day (하루일과를) 끝내다, 마치다, 마감하다   in one's shoes ~의 입장이 되어, ~을 대신하여   look (like) oneself 평소와 다름없어 보이다, 건강해 보이다
>
> ① A : 나는 정말로 너무 피곤해서 더 이상 일을 할 수가 없어.
>   B : 좋아. 끝내자.
> ② A : 만약 네가 내 입장이라면 어떻게 하겠니?
>   B : 내가 너라면 좋을 텐데.
> ③ A : 오늘은 평소의 너처럼 보이지 않아(건강해 보이지 않아. 아픈 것 같아).
>   B : 두통이 있어.
> ④ A : 나는 너에게 충분히 감사할 수 없어(정말 고마워).
>   B : 천만에.

34 주어진 문장에 이어질 글의 순서가 가장 적합한 것은?

> When one person teaches another through speech or writing, this process is called learning by instruction.

> (A) As we all know, however, we can gain knowledge without being taught.
>
> (B) Simply stated, discovery is learning without a teacher, and instruction is learning through the help of one.
>
> (C) This is discovery, the process of learning something by observation, examination, or searching for facts, without being taught.

① (A) − (B) − (C)

② (A) − (C) − (B)

③ (B) − (A) − (C)

④ (B) − (C) − (A)

✔해설 「사람이 말이나 글을 통해서 다른 사람을 가르칠 때 이 과정은 교수에 의한 학습이라고 불리어진다. (A) 그러나 우리 모두가 알고 있듯이 우리는 가르침을 받지 않고도 지식을 얻을 수 있다. (C) 이것이 가르침을 받지 않고 관찰, 조사 또는 사실들의 추구에 의해 어떤 것을 배우는 과정인 발견이다. (B) 간단히 말해서 발견이란 교사 없이 배우는 것이고 교수란 교사의 도움을 통해 배우는 것이다.」

35 다음 글의 밑줄 친 곳에 알맞은 연결사는?

Psychologists tell us that to be happy we need a mixture of enjoyable leisure time and satisfying work. I doubt that my great-grandmother, who raised 14 children and took in laundry, had much of either. She did have a network of close friends and family, and maybe this is what fulfilled her. If she was happy with what she had, perhaps it was because she didn't expect life to be very different. We, _____, with so many choices and such pressure to succeed in every area, have turned happiness into one more thing we "must have." We're so self-conscious about our "right" to it that it's making us miserable. So we chase it and equate it with wealth and success, without noticing that the people who have those things aren't necessarily happier.

① for example
② on the other hand
③ in addition
④ in short

✔해설 psychologist 심리학자 satisfying 만족스러운, 충분한 great-grandmother 증조모 laundry 빨랫감, 세탁물 fulfill 충족시키다, 만족시키다, 수행하다 turn A into B A를 B로 바꾸다 one more 하나 더 self-conscious 자기를 의식하는, 자의식이 강한 miserable 비참한, 불행한 chase 뒤쫓다, 추적하다 equate A with B A와 B를 동일시하다, 동등하게 생각하다 notice 알아차리다, 분간하다, 주목하다 on the other hand 다른 한편으로는, 반면에 in addition 게다가, 더욱이 in short 간단히 말해서, 요약해서, 요컨대

「심리학자들은 행복해지기 위해서 우리는 즐거운 여가시간과 만족스러운 일의 혼합을 필요로 한다고 말한다. 나는 14명의 자식들을 키우고 빨래를 맡았던 증조모는 어느 하나를 많이 가졌다고 생각하지(믿지) 않는다. 그녀는 가까운 친구들과 가족을 가지고 있었고, 아마도 이것이 그녀를 만족시켰을 것이다. 만약 그녀가 가지고 있었던 것에 행복해 했다면, 아마도 그것은 그녀가 삶(인생)이 매우 달라지리라고 기대하지 않았기 때문일 것이었다. 반면에 너무나 많은 선택과 모든 분야에서 성공하기 위한 압박감을 가지고 있는 우리는 행복을 우리가 "가져야만 하는" 하나 더의 것으로 바꿔 왔다. 우리는 그것(행복)에 대한 우리의 "권리"를 너무 의식해서 그것이 우리를 불행하게 만들었다. 그래서 우리는 행복을 쫓으며, 부와 성공을 가지고 있는 사람들이 반드시 더 행복하지는 않다는 것을 알아차리지 못하고, 그것과 부와 성공을 동일시한다.」

Answer 33.② 34.② 35.②

36 다음 글의 요지로 가장 적절한 것은?

One way to keep your study time is to have a study buddy, someone who works alongside you and forces you to study. meet up with a reliable friend in the library or right after school, and make an agreement with that person to ger to your work right away. you don't even need to talk to the person. Simply sitting at the same table can be an incentive for you to get started. Once you get started, you'll find that you keep on rolling.

* incentive : 자극, 동기

① 틈틈이 공부할 시간을 만들어라.
② 학습법에 관한 다양한 정보를 얻어라.
③ 친구와 토론을 하며 공부하라.
④ 함께 공부할 친구를 둬라.

✔해설 buddy 친구 alongside 나란히, 곁에 meet up with ~을 만나다 reliable 믿음직한 make an agreement 합의를 보다 roll (방해 없이) 나아가다

함께 공부할 친구를 두라고 조언하고 있다. 친구와 같이 앉아서 공부하는 것만으로 자극이 되고 공부가 계속 진행된다는 내용을 통해 필자가 주장하는 바로 옳은 것은 ④이다.

「공부 시간을 지키는 한 가지 비결은 곁에서 공부하며 여러분이 공부하도록 만드는 사람인 '공부 친구'를 두는 것이다. 도서관이나 수업 직후에 믿음직한 친구를 만나서 공부를 바로 시작하겠다는 합의를 봐라. 여러분은 그 사람에게 이야기 할 필요조차 없고 단지 같은 탁자에 앉는 것이 여러분을 시작하게 하는 자극이 될 수 있다. 일단 시작한다면 여러분은 계속 9공부를) 하고 있음을 알게 될 것이다.」

37 다음 글의 주제를 가장 잘 나타내어 주는 것은?

Pollution comes from many different sources. In our city of the pollution in the air comes from cars. Pollution of the rivers comes from factories beside the rivers. Pollution of the land comes from smoke and gases in the air, and from chemicals in the water.

① Sources of pollution
② Pollution of the rivers
③ Pollution of the earth
④ Air pollution

✔해설 문두에 주제가 드러나 있고 부연설명이 뒤따른다.

「오염은 여러 다른 원인들로부터 생긴다. 도시의 공기오염은 자동차로부터 생긴다. 수질오염은 강변의 공장으로부터 생긴다. 토양오염은 공기 중의 매연과 가스, 그리고 수중의 화학물질 때문에 생긴다.」

38 다음 글의 밑줄 친 부분에 들어갈 말로 가장 적절한 것은?

Surnames came into existence throughout Europe in several ways. An important way to identify people was to _____. Alfred, the miller, who would later be called Alfred Miller, earned his living by producing flour from grain. Michael Cooper was at first Michael, the cooper or barrel maker. Theodore Smith was originally Theodore, the blacksmith who forged utensils and shoed horses. The names Weaver, Carpenter, and Taylor should need no explanation. There were identical surnames in other languages. For example, in German Schneider is the word for "tailor".

---

① refer to whose son they were

② add the name of the place they lived

③ use their types of work, or occupations

④ give them, nicknames according to their traits

✔해설 surname 성(= family name) come into existence 생기다, 성립되다 miller 제분업자 cooper 통 제조업자, 술장수 barrel (가운데가 불룩한) 통 blacksmith 대장장이 forge (철 등을) 벼려서 만들다 utensil 기구, 용구 weaver 베 짜는 사람, 직공 carpenter 목수 tailor 재단사
① 그들이 누구의 아들인지 언급한다.
② 그들이 살았던 곳을 이름에 덧붙인다.
④ 그들의 특색에 의한 별명을 그들에게 준다.

「성(姓)은 여러 가지 방식으로 유럽 도처에서 생기게 되었다. 사람을 확인하기 위한 한 가지 중요한 방식은 그들의 일이나 직업의 종류를 사용하는 것이다. 후에 Alfred Miller라고 불리게 된 제분업자 Alfred는 곡물에서 가루를 생산하여 생계를 꾸려나갔다. Michael Cooper는 처음에는 통 만드는 사람인 Michael이었다. Theodore Smith는 원래 용구나 말굽을 만드는 대장장이인 Theodore였다. Weaver, Carpenter와 Taylor라는 이름은 설명할 필요도 없다. 다른 언어에도 똑같은 성이 있었다. 예를 들어, 독일에서 Schneider는 '재단사'를 뜻하는 말이다.」

39 다음의 주어진 질문에 긍정적으로 대답한 사람을 모두 열거한 것은?

> Is it interesting to learn about dinosaurs?

> Cindy : No creature on this planet has ever made me excited like dinosaurs have. Even bones or parts of their bones are a sight to see.
>
> Glen : Dinosaur studios are not related with what's happening now to us. All the guessing and wondering about the dead creature is waste of time.
>
> Dick : Some may not enjoy ancient history, but there are many, like me, who would rather see some dinosaur bones in a museum than go to a rock concert.

① Cindy

② Glen

③ Cindy, Dick

④ Glen, Dick

✔해설 dinosaur 공룡 sight 광경, 풍경, 시야 creature 신의 창조물, 동물, 생물 would rather ~ than … … 보다는 차라리 ~하고 싶다

「공룡에 관하여 공부하는 것이 재미있습니까?
Cindy : 이 지구상의 어떤 동물들도 공룡만큼 제게 흥분을 가져다 주지 못했습니다. 그들의 뼈나 뼈의 조각마저도 굉장한 광경입니다.
Glen : 공룡연구는 시늠 우리들에게 일어나고 있는 것과는 상관이 없습니다. 죽은 동물에 대하여 추측하고 궁금해하는 것은 모두가 시간을 낭비하는 것입니다.
Dick : 어떤 사람들은 고대역사를 좋아하지 않을 수도 있겠지만 나와 같이 록음악연주회에 가기보다는 오히려 박물관의 공룡뼈를 보려는 사람들이 많이 있습니다.」

40 다음 대화의 흐름으로 보아 빈칸에 들어갈 표현으로 가장 적절한 것은?

> A : I'm about to give up studying for the test.
>
> B : never give up. I know you can do well.
>
> A : But it seems endless. I have o memorize so many thing.
>
> B : But you can do it! _____

① Just go head

② I'm not a push over.

③ seriously, was it good?

④ how is that possible.

be about to do 막 ~하려고 하다 give up 버리다, 그만두다, 포기하다, 단념하다, 체념하다 endless 끝없는, 무한한, 영원한 memorize 외우다, 암기하다, 기억하다 go ahead 앞으로 나아가다, 계속하다, 먼저 하세요, 어서

「Mary : 나는 막 시험공부를 포기하려고 해.
Tom : 절대 포기하지 마. 나는 네가 잘 할 수 있다는 것을 알아.
Mary : 하지만 그것(시험공부)은 끝이 없는 것 같아. 나는 너무 많은 것들을 외워야 하거든.
Tom : 하지만 너는 그것을 할 수 있어! 단지 계속(공부)하면.」

41 전체 흐름과 관계가 없는 문장은?

① Every day, countless new websites are born. ② Make your own Internet address book and record the sites which are useful to you. ③ Don't get angry if you get too many spam e-mails. ④ This information can save your time and effort in the future.

countless 셀 수 없이 record 기록하다 useful 유용한, 도움이 되는 get angry 화내다

「① 매일 새로운 웹 사이트들이 셀 수 없이 탄생한다. ②인터넷 주소 책을 만들고 유용한 웹 사이트를 기록해놓아라. ③만약 스팸 메일을 많이 받더라도 화를 내지 마라. ④이 정보는 미래에 너의 시간과 노력을 절약해 줄 것이다.」

42 글쓴이가 부모로부터 배운 것이 아닌 것은?

My parents had a great influence on me. My mother taught me to work hard. She tried to teach me that happiness comes from doing my best. From my father, I learned to look on the bright side of things. He also taught me that I should be honest.

① 정직하게 살아라.　　　　　　② 열심히 일하라.
③ 소질을 계발하라.　　　　　　④ 최선을 다하면 행복이 온다.

「나의 부모님은 나에게 큰 영향을 미치셨다. 나의 어머니는 열심히 일하라고 가르치셨다. 그녀는 나에게 최선을 다하면 행복이 온다고 가르치려 노력하셨다. 아버지로부터는 밝은 면을 보고 살라는 걸 배웠다. 그는 또한 정직하라고 가르치셨다.」

Answer　39.③　40.①　41.③　42.③

43 다음 글의 내용과 일치하는 것은?

Although many people think of reptiles as slimy, snakes and other reptiles are covered with scales that are dry to the touch. Scales are outgrowths of the animal's skin. Although in some species they are nearly invisible, in most they form a tile-like covering. The turtle's shell is made up hardened scales that are fused together. The crocodile has a tough but more flexible covering.

① All reptiles have scales.
② All reptiles are dangerous.
③ Every reptile has hard scales.
④ The scales of all reptiles are alike.

✔해설 reptile 파충류의 동물, 비열한 사람, 파행하는 slimy 끈적끈적한, 불쾌한, 비열한, 점액성의 scale 비늘, 껍질 outgrowth 파생물, 부산물, 성장 invisible 눈에 안 보이는, 얼굴을 보이지 않는
① 모든 파충류들은 비늘을 가지고 있다. (본문의 처음에서 말하고 있다.)
② 모든 파충류들은 위험하다. (본문에서 언급되지 않고 있다.)
③ 모든 파충류들은 딱딱한 비늘을 가지고 있다. (거북이만을 예로 들고 있다.)
④ 모든 파충류들의 비늘은 서로 같다. (파충류들의 비늘이 모두 같지 않다.)
「많은 사람들은 파충류들이 끈적끈적하다고 생각하지만, 뱀들과 다른 파충류들은 만져보면 건조한 외피로 덮여 있다. 비늘은 동물 피부의 부산물이다. 비록 일부 종들은 외피들이 거의 눈에 보이진 않지만, 대부분의 종에서 그것들은 타일과 같은 외피를 이루고 있다. 거북이 등딱지는 함께 붙어있는 경화된 비늘로 이루어져 있다. 악어는 거칠지만 매우 유연한 외피를 가지고 있다.」

44 다음 글에서 설명하는 숲의 기능은?

Trees push their roots deep into the soil. Even when there are storms, the roots hold the soil in place. Without trees, the soil is washed away by the rainwater.

① 휴식 장소 제공   ② 토양 침식 방지
③ 병충해 예방   ④ 공기 정화

✔해설 나무의 뿌리가 토양을 고정하는 역할을 한다고 언급하였으므로 토양 침식방지가 적절하다.
「나무들은 그들의 뿌리를 토양에 깊숙이 밀어 넣는다. 심지어 강한 태풍이 와도 나무의 뿌리는 토양에 단단히 고정되어 있다. 나무가 없이는 토양은 빗물에 씻겨 내려져간다.」

45 다음 밑줄 친 'new'의 의미는?

> Hashim : Can I ask you a question?
> Yuri : Sure! Go ahead.
> Hashim : Why do you think all these people are staring at me in the subway?
> Yuri : Well, you have to understand. There aren't that many Sudanese people in Korea.
> They don't mean anything ; you're just 'new' to them.
> Hashim : Oh, okay… I see.

① They prefer new people.

② They love new products.

③ They think Hashim is new in Korea.

④ They haven't seen a Sudanese in person.

해설 지하철에 탄 사람들에게 Hashim과 같은 수단(Sudan) 사람은 '새로운(new)' 사람, 즉, 수단 사람을 처음 보았다는 의미이다.

「Hashim : 질문해도 될까요?
Yuri : 네, 물론이죠.
Hashim : 왜 지하철의 이 모든 사람들이 저를 보고 있나요?
Yuri : 이해해야 되요. 한국에는 수단사람들이 많이 없어요. 그들에게 당신은 새로운 사람일 뿐이에요.
Hashim : 아…그렇군요.」

46 다음 글에서 언급되지 않은 것은?

> The official name of South Africa is the Republic of South Africa. It is located at the southern tip of Africa. Its population is about 40 million, It uses English and Afrikaans as their official language.

① 위치   ② 인구

③ 언어   ④ 기후

해설 「남아프리카의 공식명칭은 남아프리카공화국이다. 그곳은 아프리카 대륙의 남단에 위치하고 있다. 인구는 약 4천만 명이다. 그들은 영어와 (남아프리카의) 공용 네덜란드 말을 공용어로 사용한다.」

Answer   43.① 44.② 45.④ 46.④

47 다음 글에 나타난 필자의 심경으로 가장 적절한 것은?

> A famous scientist, sixty years old, had been hard at work more than thirty years studying the theory of light. One day he went out of his laboratory, leaving his little dog asleep before the fire. On the table was a heap of manuscript papers, containing all the discoveries which the scientist had made during those thirty years. When his master was gone, the little dog rose up, jumped upon the table, and overthrew the lighted candle. When the master came back, he found all of his papers on fire.

① thankful   ② satisfied

③ regretful   ④ desperate

 해설 laboratory 연구실, 실험실   asleep 잠들어, 죽어서   heap 더미, 쌓아올리다   manuscript 원고
contain 담고 있다, 내포하다 overthrow 뒤엎다
④ 오랜 시간 연구한 자료가 불에 타는 것을 보고 좌절했다.

「60세인 한 유명한 과학자가 30년 넘게 빛의 이론을 연구하면서 열심히 일했다. 어느 날 그는 불 앞에서 잠이 든 조그만 개를 두고 자기 연구실을 나왔다. 테이블 위에는 그 과학자가 지난 30년 동안 발견한 모든 것들을 담고 있는 원고 한 더미가 있었다. 주인이 없을 때, 그 작은 개는 일어나 테이블 위로 뛰어 올라서는 불 켜진 초를 뒤엎었다. 주인은 돌아왔을 때 자기 원고 전부가 불타고 있는 것을 발견했다.」

48 다음 글에서 밑줄 친 "this"가 가리키는 것은?

> In Germany in January 1921, a daily newspaper cost 0.30 marks. Less than 2 years later, in November 1922, the same newspaper cost 70,000,000 marks. All other prices in the economy rose by similar amounts. This episode is one of history's most spectacular examples of <u>this</u>. Although the United States has never experienced <u>this</u> even close to that in Germany in the 1920s, <u>this</u> has at times been an economic problem. During the 1970s, for instance, the overall level of prices more than doubled, and President Gerald Ford called <u>this</u> "public enemy number one."

① inflation   ② tax

③ unemployment   ④ deficit

해설 spectacular 심한, 굉장한 at times 때때로 overall 전체적인
① 지문의 '이것'은 물가가 급격히 상승하는 현상을 가리키고 있다. ①의 inflation은 부풀어 오른다는 뜻의 inflate라는 동사에서 유래한 말로, 물가가 상승하는 경제 현상을 지칭하는 용어이다.
① 인플레이션 ② 세금 ③ 실업 ④ 적자

「1921년 1월 독일의 일간신문 한 부는 0.30 마르크였다. 2년이 채 지나지 않은 1922년 11월, 같은 신문이 70,000,000 마르크였다. 모든 다른 가격이 비슷한 정도로 올랐다. 이 일화는 역사상 가장 심했던 이것의 예이다. 미국은 1920년대의 독일과 가까운 정도의 이것을 겪은 적은 없지만, 이것은 종종 경제상의 문제가 되었다. 예를 들면, 1970년대에 물가는 전체적으로 2배 이상이 되었고, 제럴드 포드 대통령은 이것을 가리켜 '제1의 공공의 적'이라고 불렀다.」

▌49~50▌ 다음 글을 읽고 물음에 답하시오.

Great progress in using solar energy has been made. Not only is the sun now used in cooking, ⓐ _____ it also supplies power for such things as beacon lights for ships and airplanes. It operates telephone lines, movie cameras, portable radios, electric clocks, and hearing aids. It is also being used to operate communications satellites. Some home and office buildings in many countries are now being heated with solar energy.

In one country in the Middle East, several new apartment houses use solar power for heating in winter and cooling in summer.

49 ⓐ에 들어갈 알맞은 것은?

① but　　　　　　　　　② therefore
③ and　　　　　　　　　④ when

✔해설 ① not only but also구문이므로 빈칸에 but이 어울린다.

「태양에너지의 사용은 커다란 발전을 가져왔다. 태양에너지는 요리에 사용되는 것뿐만 아니라 배나 비행기의 신호등과 같은 것들에도 에너지를 공급한다. 전화선, 무비 카메라, 휴대용 라디오, 전기시계, 보청기 등과 같은 것들을 작동시키고 통신위성에도 사용하고 있다. 많은 나라의 가정과 회사에서는 현재 태양에너지로 난방을 하고 있다. 중동의 한 나라에서는 새로 짓고 있는 몇몇의 집들이 여름의 냉방과 겨울의 난방을 위해 태양에너지를 사용한다.」

50 윗글의 제목으로 가장 적합한 것은?

① The definition of solar energy　　② The use of solar energy
③ The limit of solar energy　　　　④ The problem of solar energy

✔해설 ② 태양에너지의 쓰임에 대한 설명글이다.

PART

05

면접

CHAPTER 01 면접의 기본

1 면접준비

(1) 면접의 기본 원칙

① **면접의 의미** … 면접이란 다양한 면접기법을 활용하여 지원한 직무에 필요한 능력을 지원자가 보유하고 있는지를 확인하는 절차라고 할 수 있다. 즉, 지원자의 입장에서는 채용 직무수행에 필요한 요건들과 관련하여 자신의 환경, 경험, 관심사, 성취 등에 대해 기업에 직접 어필할 수 있는 기회를 제공받는 것이며, 기업의 입장에서는 서류전형만으로 알 수 없는 지원자에 대한 정보를 직접적으로 수집하고 평가하는 것이다.

② **면접의 특징** … 면접은 기업의 입장에서 서류전형이나 필기전형에서 드러나지 않는 지원자의 능력이나 성향을 볼 수 있는 기회로, 면대면으로 이루어지며 즉흥적인 질문들이 포함될 수 있기 때문에 지원자가 완벽하게 준비하기 어려운 부분이 있다. 하지만 지원자 입장에서도 서류전형이나 필기전형에서 모두 보여주지 못한 자신의 능력 등을 기업의 인사담당자에게 어필할 수 있는 추가적인 기회가 될 수도 있다.

[서류 · 필기전형과 차별화되는 면접의 특징]

- 직무수행과 관련된 다양한 지원자 행동에 대한 관찰이 가능하다.
- 면접관이 알고자 하는 정보를 심층적으로 파악할 수 있다.
- 서류상의 미비한 사항과 의심스러운 부분을 확인할 수 있다.
- 커뮤니케이션 능력, 대인관계 능력 등 행동 · 언어적 정보도 얻을 수 있다.

③ 면접의 유형

　㉠ **구조화 면접** : 구조화 면접은 사전에 계획을 세워 질문의 내용과 방법, 지원자의 답변 유형에 따른 추가 질문과 그에 대한 평가 역량이 정해져 있는 면접 방식으로 표준화 면접이라고도 한다.

- 표준화된 질문이나 평가요소가 면접 전 확정되며, 지원자는 편성된 조나 면접관에 영향을 받지 않고 동일한 질문과 시간을 부여받을 수 있다.
- 조직 또는 직무별로 주요하게 도출된 역량을 기반으로 평가요소가 구성되어, 조직 또는 직무에서 필요한 역량을 가진 지원자를 선발할 수 있다.
- 표준화된 형식을 사용하는 특성 때문에 비구조화 면접에 비해 신뢰성과 타당성, 객관성이 높다.

　㉡ **비구조화 면접** : 비구조화 면접은 면접 계획을 세울 때 면접 목적만을 명시하고 내용이나 방법은 면접관에게 전적으로 일임하는 방식으로 비표준화 면접이라고도 한다.

- 표준화된 질문이나 평가요소 없이 면접이 진행되며, 편성된 조나 면접관에 따라 지원자에게 주어지는 질문이나 시간이 다르다.
- 면접관의 주관적인 판단에 따라 평가가 이루어져 평가 오류가 빈번히 일어난다.
- 상황 대처나 언변이 뛰어난 지원자에게 유리한 면접이 될 수 있다.

④ 경쟁력 있는 면접 요령

　㉠ **면접 전에 준비하고 유념할 사항**

- 예상 질문과 답변을 미리 작성한다.
- 작성한 내용을 문장으로 외우지 않고 키워드로 기억한다.
- 지원한 회사의 최근 기사를 검색하여 기억한다.
- 지원한 회사가 속한 산업군의 최근 기사를 검색하여 기억한다.
- 면접 전 1주일간 이슈가 되는 뉴스를 기억하고 자신의 생각을 반영하여 정리한다.
- 찬반토론에 대비한 주제를 목록으로 정리하여 자신의 논리를 내세운 예상답변을 작성한다.

　㉡ **면접장에서 유념할 사항**

- 질문의 의도 파악 : 답변을 할 때에는 질문 의도를 파악하고 그에 충실한 답변이 될 수 있도록 질문사항을 유념해야 한다. 많은 지원자가 하는 실수 중 하나로 답변을 하는 도중 자기 말에 심취되어 질문의 의도와 다른 답변을 하거나 자신이 알고 있는 지식만을 나열하는 경우가 있는데, 이럴 경우 의사소통능력이 부족한 사람으로 인식될 수 있으므로 주의하도록 한다.

- 답변은 두괄식 : 답변을 할 때에는 두괄식으로 결론을 먼저 말하고 그 이유를 설명하는 것이 좋다. 미괄식으로 답변을 할 경우 용두사미의 답변이 될 가능성이 높으며, 결론을 이끌어 내는 과정에서 논리성이 결여될 우려가 있다. 또한 면접관이 결론을 듣기 전에 말을 끊고 다른 질문을 추가하는 예상치 못한 상황이 발생될 수 있으므로 답변은 자신이 전달하고자 하는 바를 먼저 밝히고 그에 대한 설명을 하는 것이 좋다.
- 지원한 회사의 기업정신과 인재상을 기억 : 답변을 할 때에는 회사가 원하는 인재라는 인상을 심어주기 위해 지원한 회사의 기업정신과 인재상 등을 염두에 두고 답변을 하는 것이 좋다. 모든 회사에 해당되는 두루뭉술한 답변보다는 지원한 회사에 맞는 맞춤형 답변을 하는 것이 좋다.
- 나보다는 회사와 사회적 관점에서 답변 : 답변을 할 때에는 자기중심적인 관점을 피하고 좀 더 넓은 시각으로 회사와 국가, 사회적 입장까지 고려하는 인재임을 어필하는 것이 좋다. 자기중심적 시각을 바탕으로 자신의 출세만을 위해 회사에 입사하려는 인상을 심어줄 경우 면접에서 불이익을 받을 가능성이 높다.
- 난처한 질문은 정직한 답변 : 난처한 질문에 답변을 해야 할 때에는 피하기보다는 정면 돌파로 정직하고 솔직하게 답변하는 것이 좋다. 난처한 부분을 감추고 드러내지 않으려 회피하려는 지원자의 모습은 인사담당자에게 입사 후에도 비슷한 상황에 처했을 때 회피할 수도 있다는 우려를 심어줄 수 있다. 따라서 직장생활에 있어 중요한 덕목 중 하나인 정직을 바탕으로 솔직하게 답변을 하도록 한다.

(2) 면접의 종류 및 준비 전략

① 인성면접

　㉠ 면접 방식 및 판단기준
- 면접 방식 : 인성면접은 면접관이 가지고 있는 개인적 면접 노하우나 관심사에 의해 질문을 실시한다. 주로 입사지원서나 자기소개서의 내용을 토대로 지원동기, 과거의 경험, 미래 포부 등을 이야기하도록 하는 방식이다.
- 판단기준 : 면접관의 개인적 가치관과 경험, 해당 역량의 수준, 경험의 구체성·진실성 등

　㉡ 특징 : 인성면접은 그 방식으로 인해 역량과 무관한 질문들이 많고 지원자에게 주어지는 면접질문, 시간 등이 다를 수 있다. 또한 입사지원서나 자기소개서의 내용을 토대로 하기 때문에 지원자별 질문이 달라질 수 있다.

ⓒ 예시 문항 및 준비전략

• 예시 문항

> • 3분 동안 자기소개를 해 보십시오.
> • 자신의 장점과 단점을 말해 보십시오.
> • 학점이 좋지 않은데 그 이유가 무엇입니까?
> • 최근에 인상 깊게 읽은 책은 무엇입니까?
> • 회사를 선택할 때 중요시하는 것은 무엇입니까?
> • 일과 개인생활 중 어느 쪽을 중시합니까?
> • 10년 후 자신은 어떤 모습일 것이라고 생각합니까?
> • 휴학 기간 동안에는 무엇을 했습니까?

• 준비전략 : 인성면접은 입사지원서나 자기소개서의 내용을 바탕으로 하는 경우가 많으므로 자신이 작성한 입사지원서와 자기소개서의 내용을 충분히 숙지하도록 한다. 또한 최근 사회적으로 이슈가 되고 있는 뉴스에 대한 견해를 묻거나 시사상식 등에 대한 질문을 받을 수 있으므로 이에 대한 대비도 필요하다. 자칫 부담스러워 보이지 않는 질문으로 가볍게 대답하지 않도록 주의하고 모든 질문에 입사 의지를 담아 성실하게 답변하는 것이 중요하다.

② 발표면접

㉠ 면접 방식 및 판단기준

• 면접 방식 : 지원자가 특정 주제와 관련된 자료를 검토하고 그에 대한 자신의 생각을 면접관 앞에서 주어진 시간 동안 발표하고 추가 질의를 받는 방식으로 진행된다.

• 판단기준 : 지원자의 사고력, 논리력, 문제해결력 등

㉡ 특징 : 발표면접은 지원자에게 과제를 부여한 후, 과제를 수행하는 과정과 결과를 관찰·평가한다. 따라서 과제수행 결과뿐 아니라 수행과정에서의 행동을 모두 평가할 수 있다.

ⓒ 예시 문항 및 준비전략

• 예시 문항

[신입사원 조기 이직 문제]

※ 지원자는 아래에 제시된 자료를 검토한 뒤, 신입사원 조기 이직의 원인을 크게 3가지로 정리하고 이에 대한 구체적인 개선안을 도출하여 발표해 주시기 바랍니다.

※ 본 과제에 정해진 정답은 없으나 논리적 근거를 들어 개선안을 작성해 주십시오.

• A기업은 동종업계 유사기업들과 비교해 볼 때, 비교적 높은 재무안정성을 유지하고 있으며 업무강도가 그리 높지 않은 것으로 외부에 알려져 있음.

• 최근 조사결과, 동종업계 유사기업들과 연봉을 비교해 보았을 때 연봉 수준도 그리 나쁘지 않은 편이라는 것이 확인되었음.

• 그러나 지난 3년간 1~2년차 직원들의 이직률이 계속해서 증가하고 있는 추세이며, 경영진 회의에서 최우선 해결과제 중 하나로 거론되었음.

• 이에 따라 인사팀에서 현재 1~2년차 사원들을 대상으로 개선되어야 하는 A기업의 조직문화에 대한 설문조사를 실시한 결과, '상명하복식의 의사소통'이 36.7%로 1위를 차지했음.

• 이러한 설문조사와 함께, 신입사원 조기 이직에 대한 원인을 분석한 결과 파랑새 증후군, 셀프홀릭 증후군, 피터팬 증후군 등 3가지로 분류할 수 있었음.

〈동종업계 유사기업들과의 연봉 비교〉

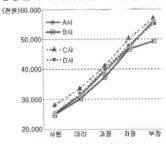

〈우리 회사 조직문화 중 개선되었으면 하는 것〉

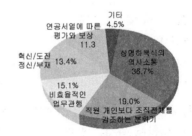

〈신입사원 조기 이직의 원인〉

• 파랑새 증후군
– 현재의 직장보다 더 좋은 직장이 있을 것이라는 막연한 기대감으로 끊임없이 새로운 직장을 탐색함.
– 학력 수준과 맞지 않는 '하향지원', 전공과 적성을 고려하지 않고 일단 취업하고 보자는 '묻지마 지원'이 파랑새 증후군을 초래함.

• 셀프홀릭 증후군
– 본인의 역량에 비해 가치가 낮은 일을 주로 하면서 갈등을 느낌.

• 피터팬 증후군
– 기성세대의 문화를 무조건 수용하기보다는 자유로움과 변화를 추구함.
– 상명하복, 엄격한 규율 등 기성세대가 당연시하는 관행에 거부감을 가지며 직장에 답답함을 느낌.

- 준비전략 : 발표면접의 시작은 과제 안내문과 과제 상황, 과제 자료 등을 정확하게 이해하는 것에서 출발한다. 과제 안내문을 침착하게 읽고 제시된 주제 및 문제와 관련된 상황의 맥락을 파악한 후 과제를 검토한다. 제시된 기사나 그래프 등을 충분히 활용하여 주어진 문제를 해결할 수 있는 해결책이나 대안을 제시하며, 발표를 할 때에는 명확하고 자신 있는 태도로 전달할 수 있도록 한다.

③ 토론면접

　　㉠ 면접 방식 및 판단기준
- 면접 방식 : 상호갈등적 요소를 가진 과제 또는 공통의 과제를 해결하는 내용의 토론 과제를 제시하고, 그 과정에서 개인 간의 상호작용 행동을 관찰하는 방식으로 면접이 진행된다.
- 판단기준 : 팀워크, 적극성, 갈등 조정, 의사소통능력, 문제해결능력 등

　　㉡ 특징 : 토론을 통해 도출해 낸 최종안의 타당성도 중요하지만, 결론을 도출해 내는 과정에서의 의사소통능력이나 갈등상황에서 의견을 조정하는 능력 등이 중요하게 평가되는 특징이 있다.

　　㉢ 예시 문항 및 준비전략
- 예시 문항

> - 군 가산점제 부활에 대한 찬반토론
> - 담뱃값 인상에 대한 찬반토론
> - 비정규직 철폐에 대한 찬반토론
> - 대학의 영어 강의 확대 찬반토론
> - 워크숍 장소 선정을 위한 토론

- 준비전략 : 토론면접은 무엇보다 팀워크와 적극성이 강조된다. 따라서 토론과정에 적극적으로 참여하며 자신의 의사를 분명하게 전달하며, 갈등상황에서 자신의 의견만 내세울 것이 아니라 다른 지원자의 의견을 경청하고 배려하는 모습도 중요하다. 갈등상황을 일목요연하게 정리하여 조정하는 등의 의사소통능력을 발휘하는 것도 좋은 전략이 될 수 있다.

④ 상황면접

　　㉠ 면접 방식 및 판단기준
- 면접 방식 : 상황면접은 직무 수행 시 접할 수 있는 상황들을 제시하고, 그러한 상황에서 어떻게 행동할 것인지를 이야기하는 방식으로 진행된다.
- 판단기준 : 해당 상황에 적절한 역량의 구현과 구체적 행동지표

ⓒ **특징** : 실제 직무 수행 시 접할 수 있는 상황들을 제시하므로 입사 이후 지원자의 업무수행능력을 평가하는 데 적절한 면접 방식이다. 또한 지원자의 가치관, 태도, 사고방식 등의 요소를 통합적으로 평가하는 데 용이하다.

ⓒ **예시 문항 및 준비전략**

• 예시 문항

> 당신은 생산관리팀의 팀원으로, 생산팀이 기한에 맞춰 효율적으로 제품을 생산할 수 있도록 관리하는 역할을 맡고 있습니다. 3개월 뒤에 제품A를 정상적으로 출시하기 위해 생산팀의 생산 계획을 수립한 상황입니다. 그러나 원가가 곧 실적으로 이어지는 구매팀에서는 최대한 원가를 줄여 전반적 단가를 낮추려고 원가절감을 위한 제안을 하였으나, 연구개발팀에서는 구매팀이 제안한 방식으로 제품을 생산할 경우 대부분이 구매팀의 실적으로 산정될 것이므로 제대로 확인도 해보지 않은 채 적합하지 않은 방식이라고 판단하고 있습니다. 당신은 어떻게 하겠습니까?

• 준비전략 : 상황면접은 먼저 주어진 상황에서 핵심이 되는 문제가 무엇인지를 파악하는 것에서 시작한다. 주질문과 세부질문을 통하여 질문의 의도를 파악하였다면, 그에 대한 구체적인 행동이나 생각 등에 대해 응답할수록 높은 점수를 얻을 수 있다.

⑤ **역할면접**

㉠ **면접 방식 및 판난기준**

• 면접 방식 : 역할면접 또는 역할연기 면접은 기업 내 발생 가능한 상황에서 부딪히게 되는 문제와 역할을 가상적으로 설정하여 특정 역할을 맡은 사람과 상호작용하고 문제를 해결해 나가도록 하는 방식으로 진행된다. 역할연기 면접에서는 면접관이 직접 역할연기를 하면서 지원자를 관찰하기도 하지만, 역할연기 수행만 전문적으로 하는 사람을 투입할 수도 있다.

• 판단기준 : 대처능력, 대인관계능력, 의사소통능력 등

㉡ **특징** : 역할면접은 실제 상황과 유사한 가상 상황에서의 행동을 관찰함으로서 지원자의 성격이나 대처 행동 등을 관찰할 수 있다.

㉢ **예시 문항 및 준비전략**

• 예시 문항

> [금융권 역할면접의 예]
> 당신은 ○○은행의 신입 텔러이다. 사람이 많은 월말 오전 한 할아버지(면접관 또는 역할담당자)께서 ○○은행을 사칭한 보이스피싱으로 500만 원을 피해 보았다며 소란을 일으키고 있다. 실제 업무상황이라고 생각하고 상황에 대처해 보시오.

• 준비전략 : 역할연기 면접에서 측정하는 역량은 주로 갈등의 원인이 되는 문제를 해결 하고 제시된 해결방안을 상대방에게 설득하는 것이다. 따라서 갈등해결, 문제해결, 조정·통합, 설득력과 같은 역량이 중요시된다. 또한 갈등을 해결하기 위해서 상대방에 대한 이해도 필수적인 요소이므로 고객지향을 염두에 두고 상황에 맞게 대처해야 한다.

역할면접에서는 변별력을 높이기 위해 면접관이 압박적인 분위기를 조성하는 경우가 많기 때문에 스트레스 상황에서 불안해하지 않고 유연하게 대처할 수 있도록 시간과 노력을 들여 충분히 연습하는 것이 좋다.

2 면접 이미지 메이킹

(1) 성공적인 이미지 메이킹 포인트

① 복장 및 스타일

　㉠ 남성

> • 양복 : 양복은 단색으로 하며 넥타이나 셔츠로 포인트를 주는 것이 효과적이다. 짙은 회색이나 감청색이 가장 단정하고 품위 있는 인상을 준다.
> • 셔츠 : 흰색이 가장 선호되나 자신의 피부색에 맞추는 것이 좋다. 푸른색이나 베이지색은 산뜻한 느낌을 줄 수 있다. 양복과의 배색도 고려하도록 한다.
> • 넥타이 : 의상에 포인트를 줄 수 있는 아이템이지만 너무 화려한 것은 피한다. 지원자의 피부색은 물론, 정장과 셔츠의 색을 고려하며, 체격에 따라 넥타이 폭을 조절하는 것이 좋다.
> • 구두 & 양말 : 구두는 검정색이나 짙은 갈색이 어느 양복에나 무난하게 어울리며 깔끔하게 닦아 준비한다. 양말은 정장과 동일한 색상이나 검정색을 착용한다.
> • 헤어스타일 : 머리스타일은 단정한 느낌을 주는 짧은 헤어스타일이 좋으며 앞머리가 있다면 이마나 눈썹을 가리지 않는 선에서 정리하는 것이 좋다.

ⓛ 여성

- 의상 : 단정한 스커트 투피스 정장이나 슬랙스 슈트가 무난하다. 블랙이나 그레이, 네이비, 브라운 등 차분해 보이는 색상을 선택하는 것이 좋다.
- 소품 : 구두, 핸드백 등은 같은 계열로 코디하는 것이 좋으며 구두는 너무 화려한 디자인이나 굽이 높은 것을 피한다. 스타킹은 의상과 구두에 맞춰 단정한 것으로 선택한다.
- 액세서리 : 액세서리는 너무 크거나 화려한 것은 좋지 않으며 과하게 많이 하는 것도 좋은 인상을 주지 못한다. 착용하지 않거나 작고 깔끔한 디자인으로 포인트를 주는 정도가 적당하다.
- 메이크업 : 화장은 자연스럽고 밝은 이미지를 표현하는 것이 좋으며 진한 색조는 인상이 강해 보일 수 있으므로 피한다.
- 헤어스타일 : 커트나 단발처럼 짧은 머리는 활동적이면서도 단정한 이미지를 줄 수 있도록 정리한다. 긴 머리의 경우 하나로 묶거나 단정한 머리망으로 정리하는 것이 좋으며, 짙은 염색이나 화려한 웨이브는 피한다.

② 인사

㉠ 인사의 의미 : 인사는 예의범절의 기본이며 상대방의 마음을 여는 기본적인 행동이라고 할 수 있다. 인사는 처음 만나는 면접관에게 호감을 살 수 있는 가장 쉬운 방법이 될 수 있기도 하지만 제대로 예의를 지키지 않으면 지원자의 인성 전반에 대한 평가로 이어질 수 있으므로 각별히 주의해야 한다.

ⓛ 인사의 핵심 포인트

- 인사말 : 인사말을 할 때에는 밝고 친근감 있는 목소리로 하며, 자신의 이름과 수험번호 등을 간략하게 소개한다.
- 시선 : 인사는 상대방의 눈을 보며 하는 것이 중요하며 너무 빤히 쳐다본다는 느낌이 들지 않도록 주의한다.
- 표정 : 인사는 마음에서 우러나오는 존경이나 반가움을 표현하고 예의를 차리는 것이므로 살짝 미소를 지으며 하는 것이 좋다.
- 자세 : 인사를 할 때에는 가볍게 목만 숙인다거나 흐트러진 상태에서 인사를 하지 않도록 주의하며 절도 있고 확실하게 하는 것이 좋다.

③ 시선처리와 표정, 목소리

　㉠ **시선처리와 표정** : 표정은 면접에서 지원자의 첫인상을 결정하는 중요한 요소이다. 얼굴표정은 사람의 감정을 가장 잘 표현할 수 있는 의사소통 도구로 표정 하나로 상대방에게 호감을 주거나, 비호감을 사기도 한다. 호감이 가는 인상의 특징은 부드러운 눈썹, 자연스러운 미간, 적당히 볼록한 광대, 올라간 입 꼬리 등으로 가볍게 미소를 지을 때의 표정과 일치한다. 따라서 면접 중에는 밝은 표정으로 미소를 지어 호감을 형성할 수 있도록 한다. 시선은 면접관과 고르게 맞추되 생기 있는 눈빛을 띄도록 하며, 너무 빤히 쳐다본다는 인상을 주지 않도록 한다.

　㉡ **목소리** : 면접은 주로 면접관과 지원자의 대화로 이루어지므로 목소리가 미치는 영향이 상당하다. 답변을 할 때에는 부드러우면서도 활기차고 생동감 있는 목소리로 하는 것이 면접관에게 호감을 줄 수 있으며 적당한 제스처가 더해진다면 상승효과를 얻을 수 있다. 그러나 적절한 답변을 하였음에도 불구하고 콧소리나 날카로운 목소리, 자신감 없는 작은 목소리는 답변의 신뢰성을 떨어뜨릴 수 있으므로 주의하도록 한다.

④ 자세

　㉠ **걷는 자세**

　　• 면접장에 입실할 때에는 상체를 곧게 유지하고 발끝은 평행이 되게 하며 무릎을 스치듯 11자로 걷는다.
　　• 시선은 정면을 향하고 턱은 가볍게 당기며 어깨나 엉덩이가 흔들리지 않도록 주의한다.
　　• 발바닥 전체가 닿는 느낌으로 안정감 있게 걸으며 발소리가 나지 않도록 주의한다.
　　• 보폭은 어깨넓이만큼이 적당하지만, 스커트를 착용했을 경우 보폭을 줄인다.
　　• 걸을 때도 미소를 유지한다.

　㉡ **서있는 자세**

　　• 몸 전체를 곧게 펴고 가슴을 자연스럽게 내민 후 등과 어깨에 힘을 주지 않는다.
　　• 정면을 바라본 상태에서 턱을 약간 당기고 아랫배에 힘을 주어 당기며 바르게 선다.
　　• 양 무릎과 발뒤꿈치는 붙이고 발끝은 11자 또는 V형을 취한다.
　　• 남성의 경우 팔을 자연스럽게 내리고 양손을 가볍게 쥐어 바지 옆선에 붙이고, 여성의 경우 공수자세를 유지한다.

ⓒ 앉은 자세

• 남성

> • 의자 깊숙이 앉고 등받이와 등 사이에 주먹 1개 정도의 간격을 두며 기대듯 앉지 않도록 주의한다. (남녀 공통 사항)
> • 무릎 사이에 주먹 2개 정도의 간격을 유지하고 발끝은 11자를 취한다.
> • 시선은 정면을 바라보며 턱은 가볍게 당기고 미소를 짓는다. (남녀 공통 사항)
> • 양손은 가볍게 주먹을 쥐고 무릎 위에 올려놓는다.
> • 앉고 일어날 때에는 자세가 흐트러지지 않도록 주의한다. (남녀 공통 사항)

• 여성

> • 스커트를 입었을 경우 왼손으로 뒤쪽 스커트 자락을 누르고 오른손으로 앞쪽 자락을 누르며 의자에 앉는다.
> • 무릎은 붙이고 발끝을 가지런히 하며, 다리를 왼쪽으로 비스듬히 기울이면 단정해 보이는 효과가 있다.
> • 양손을 모아 무릎 위에 모아 놓으며 스커트를 입었을 경우 스커트 위를 가볍게 누르듯이 올려놓는다.

(2) 면접 예절

① 행동 관련 예절

ⓖ 지각은 절대금물 : 시간을 지키는 것은 예절의 기본이다. 지각을 할 경우 면접에 응시할 수 없거나, 면접 기회가 주어지더라도 불이익을 받을 가능성이 높아진다. 따라서 면접장소가 결정되면 교통편과 소요시간을 확인하고 가능하다면 사전에 미리 방문해 보는 것도 좋다. 면접 당일에는 서둘러 출발하여 면접 시간 20~30분 전에 도착하여 회사를 둘러보고 환경에 익숙해지는 것도 성공적인 면접을 위한 요령이 될 수 있다.

ⓛ 면접 대기 시간 : 지원자들은 대부분 면접장에서의 행동과 답변 등으로만 평가를 받는다고 생각하지만 그렇지 않다. 면접관이 아닌 면접진행자 역시 대부분 인사실무자이며 면접관이 면접 후 지원자에 대한 평가에 있어 확신을 위해 면접진행자의 의견을 구한다면 면접진행자의 의견이 당락에 영향을 줄 수 있다. 따라서 면접 대기 시간에도 행동과 말을 조심해야 하며, 면접을 마치고 돌아가는 순간까지도 긴장을 늦춰서는 안 된다. 면접 중 압박적인 질문에 답변을 잘 했지만, 면접장을 나와 흐트러진 모습을 보이거나 욕설을 한다면 면접 탈락의 요인이 될 수 있으므로 주의해야 한다.

ⓒ **입실 후 태도** : 본인의 차례가 되어 호명되면 또렷하게 대답하고 들어간다. 만약 면접장 문이 닫혀 있다면 상대에게 소리가 들릴 수 있을 정도로 노크를 두세 번 한 후 대답을 듣고 나서 들어가야 한다. 문을 여닫을 때에는 소리가 나지 않게 조용히 하며 공손한 자세로 인사한 후 성명과 수험번호를 말하고 면접관의 지시에 따라 자리에 앉는다. 이 경우 착석하라는 말이 없는데 먼저 의자에 앉으면 무례한 사람으로 보일 수 있으므로 주의한다. 의자에 앉을 때에는 끝에 앉지 말고 무릎 위에 양손을 가지런히 얹는 것이 예절이라고 할 수 있다.

ⓒ **옷매무새를 자주 고치지 마라.** : 일부 지원자의 경우 옷매무새 또는 헤어스타일을 자주 고치거나 확인하기도 하는데 이러한 모습은 과도하게 긴장한 것 같아 보이거나 면접에 집중하지 못하는 것으로 보일 수 있다. 남성 지원자의 경우 넥타이를 자꾸 고쳐 맨다거나 정장 상의 끝을 너무 자주 만지작거리지 않는다. 여성 지원자는 머리를 계속 쓸어 올리지 않고, 특히 짧은 치마를 입고서 신경이 쓰여 치마를 끌어 내리는 행동은 좋지 않다.

ⓒ **다리를 떨거나 산만한 시선은 면접 탈락의 지름길** : 자신도 모르게 다리를 떨거나 손가락을 만지는 등의 행동을 하는 지원자가 있는데, 이는 면접관의 주의를 끌 뿐만 아니라 불안하고 산만한 사람이라는 느낌을 주게 된다. 따라서 가능한 한 바른 자세로 앉아 있는 것이 좋다. 또한 면접관과 시선을 맞추지 못하고 여기저기 둘러보는 듯한 산만한 시선은 지원자가 거짓말을 하고 있다고 여겨지거나 신뢰할 수 없는 사람이라고 생각될 수 있다.

② **답변 관련 예절**

ⓒ **면접관이나 다른 지원자와 가치 논쟁을 하지 않는다.** : 질문을 받고 답변하는 과정에서 면접관 또는 다른 지원자의 의견과 다른 의견이 있을 수 있다. 특히 평소 지원자가 관심이 많은 문제이거나 잘 알고 있는 문제인 경우 자신과 다른 의견에 대해 이의가 있을 수 있다. 하지만 주의할 것은 면접에서 면접관이나 다른 지원자와 가치 논쟁을 할 필요는 없다는 것이며 오히려 불이익을 당할 수도 있다. 정답이 정해져 있지 않은 경우에는 가치관이나 성장배경에 따라 문제를 받아들이는 태도에서 답변까지 충분히 차이가 있을 수 있으므로 굳이 면접관이나 다른 지원자의 가치관을 지적하고 고치려 드는 것은 좋지 않다.

ⓒ **답변은 항상 정직해야 한다.** : 면접이라는 것이 아무리 지원자의 장점을 부각시키고 단점을 축소시키는 것이라고 해도 절대로 거짓말을 해서는 안 된다. 거짓말을 하게 되면 지원자는 불안하거나 꺼림칙한 마음이 들게 되어 면접에 집중을 하지 못하게 되고 수많은 지원자를 상대하는 면접관은 그것을 놓치지 않는다. 거짓말은 그 지원자에 대한 신뢰성을 떨어뜨리며 이로 인해 다른 스펙이 아무리 훌륭하다고 해도 채용에서 탈락하게 될 수 있음을 명심하도록 한다.

ⓒ 경력직을 경우 전 직장에 대해 험담하지 않는다. : 지원자가 전 직장에서 무슨 업무를 담당했고 어떤 성과를 올렸는지는 면접관이 관심을 둘 사항일 수 있지만, 이전 직장의 기업문화나 상사들이 어땠는지는 그다지 궁금해 하는 사항이 아니다. 전 직장에 대해 험담을 늘어놓는다든가, 동료와 상사에 대한 악담을 하게 된다면 오히려 지원자에 대한 부정적인 이미지만 심어줄 수 있다. 만약 전 직장에 대한 말을 해야 할 경우가 생긴다면 가능한 한 객관적으로 이야기하는 것이 좋다.

ⓔ 자기 자신이나 배경에 대해 자랑하지 않는다. : 자신의 성취나 부모 형제 등 집안사람들이 사회·경제적으로 어떠한 위치에 있는지에 대한 자랑은 면접관으로 하여금 지원자에 대해 오만한 사람이거나 배경에 의존하려는 나약한 사람이라는 이미지를 갖게 할 수 있다. 따라서 자기 자신이나 배경에 대해 자랑하지 않도록 하고, 자신이 한 일에 대해서 너무 자세하게 얘기하지 않도록 주의해야 한다.

3 면접 질문 및 답변 포인트

(1) 가족 및 대인관계에 관한 질문

① 당신의 가정은 어떤 가정입니까?

면접관들은 지원자의 가정환경과 성장과정을 통해 지원자의 성향을 알고 싶어 이와 같은 질문을 한다. 비록 가정 일과 사회의 일이 완전히 일치하는 것은 아니지만 '가화만사성'이라는 말이 있듯이 가정이 화목해야 사회에서도 화목하게 지낼 수 있기 때문이다. 그러므로 답변 시에는 가족사항을 정확하게 설명하고 집안의 분위기와 특징에 대해 이야기하는 것이 좋다.

② 친구 관계에 대해 말해 보십시오.

지원자의 인간성을 판단하는 질문으로 교우관계를 통해 답변자의 성격과 대인관계능력을 파악할 수 있다. 새로운 환경에 적응을 잘하여 새로운 친구들이 많은 것도 좋지만, 깊고 오래 지속되어온 인간관계를 말하는 것이 더욱 바람직하다.

(2) 성격 및 가치관에 관한 질문

① 당신의 PR포인트를 말해 주십시오.

PR포인트를 말할 때에는 지나치게 겸손한 태도는 좋지 않으며 적극적으로 자기를 주장하는 것이 좋다. 앞으로 입사 후 하게 될 업무와 관련된 자기의 특성을 구체적인 일화를 더하여 이야기하도록 한다.

② 당신의 장·단점을 말해 보십시오.

지원자의 구체적인 장·단점을 알고자 하기 보다는 지원자가 자기 자신에 대해 얼마나 알고 있으며 어느 정도의 객관적인 분석을 하고 있나, 그리고 개선의 노력 등을 시도하는지를 파악하고자 하는 것이다. 따라서 장점을 말할 때는 업무와 관련된 장점을 뒷받침할 수 있는 근거와 함께 제시하며, 단점을 이야기할 때에는 극복을 위한 노력을 반드시 포함해야 한다.

③ 가장 존경하는 사람은 누구입니까?

존경하는 사람을 말하기 위해서는 우선 그 인물에 대해 알아야 한다. 잘 모르는 인물에 대해 존경한다고 말하는 것은 면접관에게 바로 지적당할 수 있으므로, 추상적이라도 좋으니 평소에 존경스럽다고 생각했던 사람에 대해 그 사람의 어떤 점이 좋고 존경스러운지 대답하도록 한다. 또한 자신에게 어떤 영향을 미쳤는지도 언급하면 좋다.

(3) 학교생활에 관한 질문

① 지금까지의 학교생활 중 가장 기억에 남는 일은 무엇입니까?

가급적 직장생활에 도움이 되는 경험을 이야기하는 것이 좋다. 또한 경험만을 간단하게 말하지 말고 그 경험을 통해서 얻을 수 있었던 교훈 등을 예시와 함께 이야기하는 것이 좋으나 너무 상투적인 답변이 되지 않도록 주의해야 한다.

② 성적은 좋은 편이었습니까?

면접관은 이미 서류심사를 통해 지원자의 성적을 알고 있다. 그럼에도 불구하고 이 질문을 하는 것은 지원자가 성적에 대해서 어떻게 인식하느냐를 알고자 하는 것이다. 성적이 나빴던 이유에 대해서 변명하려 하지 말고 담백하게 받아드리고 그것에 대한 개선노력을 했음을 밝히는 것이 적절하다.

③ 학창시절에 시위나 집회 등에 참여한 경험이 있습니까?

기업에서는 노사분규를 기업의 사활이 걸린 중대한 문제로 인식하고 거시적인 차원에서 접근한다. 이러한 기업문화를 제대로 인식하지 못하여 학창시절의 시위나 집회 참여 경험을 자랑스럽게 답변할 경우 감점요인이 되거나 심지어는 탈락할 수 있다는 사실에 주의한다. 시위나 집회에 참가한 경험을 말할 때에는 타당성과 정도에 유의하여 답변해야 한다.

(4) 지원동기 및 직업의식에 관한 질문

① 왜 우리 회사를 지원했습니까?

이 질문은 어느 회사나 가장 먼저 물어보고 싶은 것으로 지원자들은 기업의 이념, 대표의 경영능력, 재무구조, 복리후생 등 외적인 부분을 설명하는 경우가 많다. 이러한 답변도 적절하지만 지원 회사의 주력 상품에 관한 소비자의 인지도, 경쟁사 제품과의 시장점유율을 비교하면서 입사동기를 설명한다면 상당히 주목 받을 수 있을 것이다.

② 만약 이번 채용에 불합격하면 어떻게 하겠습니까?

불합격할 것을 가정하고 회사에 응시하는 지원자는 거의 없을 것이다. 이는 지원자를 궁지로 몰아넣고 어떻게 대응하는지를 살펴보며 입사 의지를 알아보려고 하는 것이다. 이 질문은 너무 깊이 들어가지 말고 침착하게 답변하는 것이 좋다.

③ 당신이 생각하는 바람직한 사원상은 무엇입니까?

직장인으로서 또는 조직의 일원으로서의 자세를 묻는 질문으로 지원하는 회사에서 어떤 인재상을 요구하는 가를 알아두는 것이 좋으며, 평소에 자신의 생각을 미리 정리해 두어 당황하지 않도록 한다.

④ 직무상의 적성과 보수의 많음 중 어느 것을 택하겠습니까?

이런 질문에서 회사 측에서 원하는 답변은 당연히 직무상의 적성에 비중을 둔다는 것이다. 그러나 적성만을 너무 강조하다 보면 오히려 솔직하지 못하다는 인상을 줄 수 있으므로 어느 한 쪽을 너무 강조하거나 경시하는 태도는 바람직하지 못하다.

⑤ 상사와 의견이 다를 때 어떻게 하겠습니까?

과거와 다르게 최근에는 상사의 명령에 무조건 따르겠다는 수동적인 자세는 바람직하지 않다. 회사에서는 때에 따라 자신이 판단하고 행동할 수 있는 직원을 원하기 때문이다. 그러나 지나치게 자신의 의견만을 고집한다면 이는 팀원 간의 불화를 야기할 수 있으며 팀 체제에 악영향을 미칠 수 있으므로 신호하지 않는다는 것에 유념하여 답해야 한다.

⑥ 근무지가 지방인데 근무가 가능합니까?

근무지가 지방 중에서도 특정 지역은 되고 다른 지역은 안 된다는 답변은 바람직하지 않다. 직장에서는 순환 근무라는 것이 있으므로 처음에 지방에서 근무를 시작했다고 해서 계속 지방에만 있는 것은 아님을 유의하고 답변하도록 한다.

(5) 여가 활용에 관한 질문

취미가 무엇입니까?

기초적인 질문이지만 특별한 취미가 없는 지원자의 경우 대답이 애매할 수밖에 없다. 그래서 가장 많이 대답하게 되는 것이 독서, 영화감상, 혹은 음악감상 등과 같은 흔한 취미를 말하게 되는데 이런 취미는 면접관의 주의를 끌기 어려우며 설사 정말 위와 같은 취미를 가지고 있다하더라도 제대로 답변하기는 힘든 것이 사실이다. 가능하면 독특한 취미를 말하는 것이 좋으며 이제 막 시작한 것이라도 열의를 가지고 있음을 설명할 수 있으면 그것을 취미로 답변하는 것도 좋다.

(6) 지원자를 당황하게 하는 질문

① 성적이 좋지 않은데 이 정도의 성적으로 우리 회사에 입사할 수 있다고 생각합니까?

비록 자신의 성적이 좋지 않더라도 이미 서류심사에 통과하여 면접에 참여하였다면 기업에서는 지원자의 성적보다 성적 이외의 요소, 즉 성격·열정 등을 높이 평가했다는 것이라고 할 수 있다. 그러나 이런 질문을 받게 되면 지원자는 당황할 수 있으나 주눅 들지 말고 침착하게 대처하는 면모를 보인다면 더 좋은 인상을 남길 수 있다.

② 우리 회사 회장님 함자를 알고 있습니까?

회장이나 사장의 이름을 조사하는 것은 면접일을 통고받았을 때 이미 사전 조사되었어야 하는 사항이다. 단답형으로 이름만 말하기보다는 그 기업에 입사를 희망하는 지원자의 입장에서 답변하는 것이 좋다.

③ 당신은 이 회사에 적합하지 않은 것 같군요.

이 질문은 지원자의 입장에서 상당히 곤혹스러울 수밖에 없다. 질문을 듣는 순간 그렇다면 면접은 왜 참가시킨 것인가 하는 생각이 들 수도 있다. 하지만 당황하거나 흥분하지 말고 침착하게 자신의 어떤 면이 회사에 적당하지 않은지 겸손하게 물어보고 지적당한 부분에 대해서 고치겠다는 의지를 보인다면 오히려 자신의 능력을 어필할 수 있는 기회로 사용할 수도 있다.

④ 다시 공부할 계획이 있습니까?

이 질문은 지원자가 합격하여 직장을 다니다가 공부를 더 하기 위해 회사를 그만 두거나 학습에 더 관심을 두어 일에 대한 능률이 저하될 것을 우려하여 묻는 것이다. 이때에는 당연히 학습보다는 일을 강조해야 하며, 업무 수행에 필요한 학습이라면 업무에 지장이 없는 범위에서 야간학교를 다니거나 회사에서 제공하는 연수 프로그램 등을 활용하겠다고 답변하는 것이 적당하다.

⑤ 지원한 분야가 전공한 분야와 다른데 여기 일을 할 수 있겠습니까?

수험생의 입장에서 본다면 지원한 분야와 전공이 다르지만 서류전형과 필기전형에 합격하여 면접을 보게 된 경우라고 할 수 있다. 이는 결국 해당 회사의 채용 방침상 전공에 크게 영향을 받지 않는다는 것이므로 무엇보다 자신이 전공하지는 않았지만 어떤 업무도 적극적으로 임할 수 있다는 자신감과 능동적인 자세를 보여주도록 노력하는 것이 좋다.

❖ 한국남부발전 면접 기출

(1) 최신 면접기출

① 본인이 자기소개서에 대외활동을 많이 했다고 하였는데 무엇이 가장 기억에 남습니까?

② 본인이 작성한 보고서를 상사가 받아들이지 않는다면 어떻게 하겠습니까?

③ 본인 스스로 생각하기에 본인은 성실한 사람입니까?

④ 우리 회사의 인재상에 대해 말해보시오.

⑤ 본인의 경력사항에 대해 말해보시오.

⑥ 본인이 지금까지 살면서 가장 성취감을 느꼈던 일은 무엇이었습니까?

⑦ 인사총무, 노무, 구매계약 파트 중 본인이 제일 자신 있는 분야는 무엇입니까?

⑧ 우리 회사의 단점은 무엇이라고 생각합니까?

⑨ 발전소에 대해서 얼마나 알고 있다고 생각합니까?

⑩ 한국남부발전이 나아가야 할 방향에 대해 본인의 생각을 말해보시오.

⑪ 지원 분야와 관련하여 본인이 전문성을 키우기 위해 남들과 달리 특별한 노력을 했던 경험이 있다면 말해보시오.

⑫ 타인과 협력하는 과정에서 갈등이 발생하였을 때 그 해결방법에 대해 말해보시오.

⑬ 1분 간 자기소개를 해보시오.

⑭ 공기업 입사를 희망하는 이유가 무엇입니까?

⑮ 다른 발전소도 많은 데 왜 굳이 남부발전을 지원한 이유는 무엇입니까?

⑯ 연고지도 아닌 부산까지 와서 일할 의향이 있습니까?

⑰ 왜 다른 분야가 아닌 사무분야에 지원한 이유가 무엇입니까?

⑱ 컴퓨터 프로그램을 능숙하게 다룰 줄 아십니까?

⑲ 상사의 부정을 보았다면 어떻게 하겠습니까?

⑳ 대학에서 전공학과를 선택한 이유는 무엇입니까?

㉑ 본인이 스스로를 평가한다면 100점 만점에 몇 점이라고 생각합니까?

㉒ 어떤 목표를 세우고 그 목표를 달성하기 위해 노력했던 경험과 그 결과를 구체적으로 설명해 보시오.

㉓ 학교공부 외에 또 다른 새로운 분야에 대한 지식이나 능력을 갖추기 위하여 노력했던 경험을 말해보시오.

㉔ 지금까지 살아오면서 무엇인가를 위해 끈기 있게 노력하여 성취했던 경험에 대해 말해보시오.

㉕ 한꺼번에 여러 가지 일을 해본적 있는가?

㉖ 채용된다면 지원한 직무에서 구체적으로 어떤 일을 하고 싶은지 설명해 보시오.

(2) 역량면접

① 외국인과 함께 일하는 것에 대해 어떻게 생각하는가?

② 책임감을 가지고 임했던 일 중 성취 또는 실패했던 경험에 대해 말해보시오.

③ 발전소 설계 시 가장 중요하다고 생각하는 것은 무엇인지 말해보시오.

④ 발전소 운영 향상을 위해 남부발전이 해야 할 내부노력이 있다면 무엇인지 말해보시오.

⑤ 발전소가 환경에 악영향을 미친다고 생각하는 국민들의 이해 및 이미지 개선을 위해 펼쳐야 하는 홍보활동에 대해 말해보시오.

⑥ 한국남부발전의 바람직한 기업문화와 복지정책은 무엇인지 말해보시오.

⑦ 많은 공기업들이 민영화 방안에 의해 분리되거나 민영화가 되었는데 공기업의 수익성, 공익성 중 어느 쪽이 우선이라고 생각하는지 말해보시오.

⑧ 등산 시 음주사고가 일어나는 경우가 있는데, 이를 방지할 수 있는 방안에 대해 말해 보시오.

⑨ 세계경제구조와 한국경제환경에 대한 자신의 생각을 말해보시오.

⑩ LNG와 LPG의 차이점에 대해 설명하시오.

⑪ 극한강도설계법에 의한 안전율 검토에 대해 설명하시오.

⑫ 베어링의 종류에 대해 설명하시오.

⑬ 허용응용력설계법과 극한강도설계법에 대해 설명하시오.

⑭ 용접의 종류에 대해 설명하시오.

⑮ 프아송 비에 대해 설명하시오.

⑯ 수격현상에 대해 설명하시오.

(3) PT면접

① 열전달의 법칙에 대해 발표하시오.

② 열병합발전의 원리에 대해 발표하시오.

③ 태양광발전을 좀 더 실생활에 널리 사용할 수 있는 방법에 대해 발표하시오.

④ 풍력발전의 설비용량을 높이기 위한 방법에 대해 발표하시오.

⑤ 한국남부발전에서 가동하고 있는 신재생에너지 외의 다른 신재생에너지에는 어떤 것이 있으며 그것을 어떻게 전력화시킬 수 있는지 발표하시오.

⑥ 사내벤처와 남부발전의 관계에 대해 발표하시오.

(4) 그룹토론

① 배가격 인상에 대해 토론하시오.

② 남극 개발에 대해 토론하시오.

③ 독도 방파제 건설에 대해 토론하시오.

④ 무인 로봇의 전투화와 관련하여 토론하시오.

⑤ 개발은 필요한 것인지에 대해 토론하시오.

⑥ 디지털 혁신을 위한 KOSPO의 기업문화에 대해 토론하시오.

⑦ 에너지 정책 변화에 대해 토론하시오.

(5) 인성면접

① 우리나라에 있는 많은 공기업들 중 왜 한국남부발전에 지원했나?

② 한국남부발전이 하고 있는 사업 분야에 대해 알고 있는 것을 말하시오.

③ 한국남부발전에 입사해서 가장 해보고 싶은 일이 무엇인가?

④ 지금까지 했던 프로젝트 중에 직무와 관련 있는 프로젝트가 있으면 말해보시오.

⑤ 공무원과 일을 처리하는데 있어서 예상되는 문제점은 무엇이며 본인은 어떻게 극복하겠는가.

⑥ 공기업의 사회공헌 활동은 필수적이라고 생각하는가?

⑦ 자기소개서에 쓴 자신을 뽑아야 되는 이유를 서류랑 한 글자도 다르지 않게 똑같이 말해보시오.

⑧ 요즘은 해외 경험이 필수인데 왜 해외에 나가지 않았는지 특별한 이유가 있다면 말해보시오.

⑨ 무상급식 관련 복지정책에 대한 본인의 의견은 어떠한지 말해보시오.

⑩ 상사와 갈등이 지속적으로 생긴다면 어떻게 대처하겠는가?

⑪ 최신 시사에 대해 준비한 것이 있으면 무엇이든지 말해 보시오.

⑫ 입사 후에 자신이 배치 받은 직무가 마음에 들지 않을 때 어떻게 할 것인가?

⑬ 학창시절 가장 좋아했던 과목은 무엇인가? 그리고 그 이유는 무엇인가?

⑭ 본인이 가진 장점 중 한국남부발전에서 일하기에 가장 적합한 특성은 무엇인가?

⑮ 블로그나 SNS의 영향력이 날로 커지고 있는데 이를 이용할 방안이 있는가?

⑯ 자신에 대해서 자랑할 수 있는 것 다섯 가지를 말해보시오.

⑰ 자신의 인생에 있어서 최우선 순위 3가지를 말해보시오.

⑱ (자신이 술을 전혀 하지 못한다고 가정하고) 회식이 잦다면 어떻게 할 것인가?

⑲ 같은 부서의 직속 선배가 본인보다 3살 어릴 경우에 어떤 느낌이 들 것 같은가?

⑳ 자신이 면접관이라면 지금 여기 앉아있는 지원자 중 누구를 뽑을 것인가?

㉑ 근무지에 연고가 없어도 장기간 근무가 가능한가?

㉒ 학교 다닐 때 했던 일 중에 가장 창의적인 일은 무엇인가?

㉓ 상사가 불합리한 지시를 한다면 어떻게 행동할 것인지?

㉔ 일과 삶을 100분위로 나눈다면?

㉕ 자신은 사무적 또는 활동적 업무 중 어떤 것을 선호하는가?

㉖ 오해가 생겼을 때 자기가 잘못 했다는 것을 인정한 경험은?

㉗ 원칙 중시와 융통성 발휘를 놓고 갈등한 경험은?

㉘ 하루에 거짓말을 몇 번씩 하는가?

㉙ 본인이 예전에 살던 지역과 지금 살고 있는 지역 비교하여 말해보시오.

㉚ 객관적으로 평가하였을 때 본인의 영어실력은 어느 정도라고 생각합니까?

㉛ 시키지 않았는데 다른 사람의 일을 해본적 있는가?

㉜ 상사의 부정을 보았다면 어떻게 행동할 것인가?

Check List

- [ ]
- [ ]
- [ ]
- [ ]
- [ ]
- [ ]
- [ ]
- [ ]
- [ ]
- [ ]
- [ ]
- [ ]
- [ ]
- [ ]
- [ ]
- [ ]
- [ ]
- [ ]

Check List

자격증

한번에 따기 위한 서원각 교재

한 권에 따기 시리즈 / 기출문제 정복하기 시리즈를 통해 자격증 준비하자!

서원각 용어사전 시리즈

상식은 "용어사전"

용어사전으로 중요한 용어만 한눈에 보자

중요한 용어만 공부하자!

1 시사용어사전 1200

매일 접하는 각종 기사와 정보 속에서 현대인이
놓치기 쉬운, 그러나 꼭 알아야 할 최신 시사상식
을 쏙쏙 뽑아 이해하기 쉽도록 정리했다!

2 경제용어사전 1030

주요 경제용어는 거의 다 실었다! 경제가 쉬워지
는 책, 경제용어사전!

3 부동산용어사전 1300

부동산에 대한 이해를 높이고 부동산의 개발과 활
용, 투자 및 부동산 용어 학습에도 적극적으로 이
용할 수 있는 부동산용어사전!

- 최신 관련 기사 수록
- 다양한 용어를 수록하여 1000개 이상의 용어 한눈에 파악
- 용어별 중요도 표시 및 꼼꼼한 용어 설명
- 파트별 TEST를 통해 실력점검